U0366330

建筑与市政工程施工现场专业人员继续教育教材

建筑材料管理新法规

中国建设教育协会继续教育委员会　组织编写

李慧平　编

中国建筑工业出版社

图书在版编目（CIP）数据

建筑材料管理新法规/中国建设教育协会继续教育委员会组织编写. —北京：中国建筑工业出版社，2016.4

建筑与市政工程施工现场专业人员继续教育教材

ISBN 978-7-112-19234-2

Ⅰ.①建…　Ⅱ.①中…　Ⅲ.①建筑材料-管理-法规-继续教育-教材　Ⅳ.①D922.292

中国版本图书馆 CIP 数据核字（2016）第 050063 号

本书作为建筑施工企业材料管理人员岗位技能培训教材，侧重于将材料管理视为经济和技术的复合型管理，视材料员为项目建设参与者，力图从更高角度、更全面理解建筑企业材料管理的概念、内容和职能，转变传统观念中将材料员仅作为材料活动操作者的认识，使其具备参与企业管理和经济活动的更多技能。

本书主要重点介绍了《建筑法》、《政府采购法》、《安全生产法》的主要条款，简要介绍了《广告法》、《统计法》和《环境保护法》的部分内容；介绍了《建设工程勘察设计管理条例》、《中华人民共和国政府采购法实施条例》等八项法规和《建筑业企业资质管理规定》、《房屋建筑和市政基础设施工程施工分包管理办法》等十九项规章的主要内容，对材料管理工作作出了专业提示。

本书适用于建筑与市政工程施工现场企业材料管理人员专业技能培训，也可供相关的专业技术人员参考。

责任编辑：朱首明　李　明　李　阳　赵云波
责任设计：李志立
责任校对：陈晶晶　赵　颖

建筑与市政工程施工现场专业人员继续教育教材
建筑材料管理新法规
中国建设教育协会继续教育委员会　组织编写
李慧平　编
*
中国建筑工业出版社出版、发行（北京西郊百万庄）
各地新华书店、建筑书店经销
北京红光制版公司制版
环球东方（北京）印务有限公司印刷
*
开本：787×1092毫米　1/16　印张：11　字数：273千字
2016年5月第一版　2016年5月第一次印刷
定价：**29.00**元
ISBN 978-7-112-19234-2
（28508）

版权所有　翻印必究
如有印装质量问题，可寄本社退换
（邮政编码 100037）

建筑与市政工程施工现场专业
人员继续教育教材
编审委员会

主　任： 沈元勤

副主任： 艾伟杰　李　明

委　员：（按姓氏笔画为序）

于燕驰	王　昭	邓铭庭	白　俊	台双良	朱首明
刘　冰	刘仁辉	刘传卿	刘善安	孙延荣	李　阳
李　波	李庚尧	李晓文	李雪飞	李慧平	肖兴华
吴　迈	宋志刚	张囡囡	陈春来	周显峰	赵泽红
俞宝达	姚莉萍	袁　蘋	徐　辉	高　原	梅晓丽
曾庆江	虞和定	阚咏梅	颜　龄		

参编单位：

中建一局培训中心

北京建工培训中心

山东省建筑科学研究院

哈尔滨工业大学

河北工业大学

河北建筑工程学院

上海建峰职业技术学院

杭州建工集团有限责任公司

浙江赐泽标准技术咨询有限公司

浙江铭轩建筑工程有限公司

华恒建设集团有限公司

序

　　建筑与市政工程施工现场专业人员队伍素质是影响工程质量、安全、进度的关键因素。我国从 20 世纪 80 年代开始，在建设行业开展关键岗位培训考核和持证上岗工作，对于提高建设行业从业人员的素质起到了积极的作用。进入 21 世纪，在改革行政审批制度和转变政府职能的背景下，建设行业教育主管部门转变行业人才工作思路，积极规划和组织职业标准的研发。在住房和城乡建设部人事司的主持下，由中国建设教育协会主编了建设行业的第一部职业标准——《建筑与市政工程施工现场专业人员职业标准》JGJ/T 250—2011，于 2012 年 1 月 1 日起实施。为推动该标准的贯彻落实，中国建设教育协会组织有关专家编写了考核评价大纲、标准培训教材和配套习题集。

　　随着时代的发展，建筑技术日新月异，为了让从业人员跟上时代的发展要求，使他们的从业有后继动力，就要在行业内建立终身学习制度。为此，为了满足建设行业现场专业人员继续教育培训工作的需要，继续教育委员会组织业内专家，按照《标准》中对从业人员能力的要求，结合行业发展的需求，编写了《建筑与市政工程施工现场专业人员继续教育教材》。

　　本套教材作者均为长期从事技术工作和培训工作的业内专家，主要内容都经过反复筛选，特别注意满足企业用人需求，加强专业人员岗位实操能力。编写时均以企业岗位实际需求为出发点，按照简洁、实用的原则，精选热点专题，突出能力提升，能在有限的学时内满足现场专业人员继续教育培训的需求。我们还邀请专家为通用教材录制了视频课程，以方便大家学习。

　　由于时间仓促，教材编写过程中难免存在不足，我们恳请使用本套教材的培训机构、教师和广大学员多提宝贵意见，以便我们今后进一步修订，使其不断完善。

中国建设教育协会继续教育委员会

2015 年 12 月

前　言

建筑业是推动我国经济社会发展，关系国计民生的支柱产业。建筑企业材料管理是建筑企业经营管理的重要组成部分，是体现企业现代化管理水平的重要标志和提高经济效益的重要途径。尤其是随着国家及行业管理体制和机制改革的不断深化，绿色建筑、"互联网＋"和现代物流的不断发展，大量新情况、新特点和新课题不断涌现，迫切需要建筑企业的相关管理人员不断转换观念、更新知识、提高素质，为推动建筑产业现代化作出新的贡献。本书内容力求贴近建筑企业经营管理，贴近材料管理人员参与企业管理和经济活动的工作实际，同时紧跟时代步伐，将建设行业经营新模式、材料管理新理念融入其中，是建筑企业材料管理人员的专业书籍，也可作建筑行业物流专业的参考资料。

本书作为建筑企业材料管理专业人员继续教育教材，选取了 2010 年至 2015 年 10 月国家、相关部委及行业管理部门出台的法律、法规和规章中直接涉及建筑企业材料管理的内容。同时，还特别选取了部分涉及建筑企业运营综合管理的内容，通过注释、举例等方式，说明材料管理在其中的工作定位和应注意的事项，以使建筑企业材料管理专业人员更新知识、更新理念，适应市场新需求和管理新要求。

本书由北京建工集团有限责任公司李慧平编写。在本书编辑出版过程中，得到了中国建筑工业出版社的大力支持和帮助，也得到了同行们的支持鼓励。对书中缺点和不足之处希望读者批评、指正。

目　　录

一、概论

（一）我国的法律体系

中国的法律体系大体由在宪法统领下的宪法及宪法相关法、民法商法、行政法、经济法、社会法、刑法、诉讼与非诉讼程序法七个部分构成，包括法律、行政法规、地方性法规三个层次。

法律体系

宪法及宪法相关法。宪法是国家的根本大法。宪法相关法是与宪法配套、直接保障宪法实施的宪法性法律规范的总和，包括《全国人民代表大会组织法》、《民族区域自治法》、《香港特别行政区基本法》、《澳门特别行政区基本法》、《立法法》、《全国人民代表大会和地方各级人民代表大会选举法》、《全国人民代表大会和地方各级人民代表大会代表法》、《国旗法》、《国徽法》等。

民法商法。我国目前尚无一部较完整的民法典，而是以《民法通则》为基本法律，辅之以其他单行民事法律，包括《物权法》、《合同法》、《担保法》、《拍卖法》、《商标法》、《专利法》、《著作权法》、《婚姻法》、《继承法》、《收养法》等。目前我国商法主要有《公司法》、《保险法》、《票据法》、《证券法》等。

行政法。一般行政法是指有关行政主体、行政行为、行政程序、行政责任等一般规定的法律法规，如《公务员法》、《行政处罚法》、《行政复议法》。特别行政法是指适用于各专门行政职能部门管理活动的法律法规，包括国防、外交、人事、民政、公安、国家安全、民族、宗教、侨务、教育、科学技术、文化、体育、医药卫生、城市建设、环境保护等行政管理方面的法律法规。

经济法。创造平等竞争环境、维护市场秩序方面的法律，我国现已制定《反不正当竞争法》、《消费者权益保护法》、《产品质量法》、《广告法》等。国家宏观调控和经济管理方面的法律，我国现已制定《预算法》、《审计法》、《会计法》、《中国人民银行法》、《价格法》、《税收征收管理法》、《个人所得税法》、《城市房地产管理法》、《土地管理法》等。

社会法。包括《劳动法》、《劳动合同法》、《工会法》、《未成年人保护法》、《老年人权益保障法》、《妇女权益保障法》、《残疾人保障法》、《矿山安全法》、《红十字会法》、《公益事业捐赠法》等。

刑法。包括 1997 年 3 月 14 日修订后的《刑法》和此后的刑法修正案以及全国人民代表大会常务委员会制定的有关惩治犯罪的决定等。

诉讼与非诉讼程序法。主要有《刑事诉讼法》、《民事诉讼法》、《行政诉讼法》、《海事诉讼特别程序法》、《仲裁法》等。

（二）建筑业和建筑企业依法治业治企的现实意义

　　建筑业作为国民经济的支柱产业，伴随着新中国走过了60多年历程，与法律体系有着共同的建立、健全和完善的过程。但面对新的经济形势和市场环境，也同样面临着许多新的机遇和挑战。60多年来，我国建筑业虽然取得了长足的进步，大型建筑施工企业进入世界500强，全球最大225家国际承包商中中国建筑企业也为数不少，不仅掌握了国际先进的施工技术、工程管理，也拥有领先的机械设备和建材产品；但是作为发展中的大国，我国仍存在地区间发展不平衡，建筑活动很大程度上仍属劳动密集、手工作业多、技术工艺和建材产品相对落后，加之地域辽阔而形成的施工工艺、建设标准、原材料资源、劳动者技能等差异，使建筑企业的技术工艺水平、企业治理水平参差不齐。因此，要切实实现依法治企除法律外，还需要大量的行业和地方法规规章。

1. 通用法律法规和规章

　　建筑企业的规范运行涉及企业治理、经济活动、行政管辖、社会活动、社会保障等法律法规。主要涉及的内容包括：

《中华人民共和国民法通则》

《中华人民共和国刑法》

《中华人民共和国著作权法》

《中华人民共和国专利法》

《中华人民共和国商标法》

《中华人民共和国合同法》

《中华人民共和国劳动法》

《中华人民共和国工会法》

《中华人民共和国担保法》

《中华人民共和国招标投标法》

《中华人民共和国公司法》

《中华人民共和国保险法》

《中华人民共和国票据法》

《中华人民共和国证券法》

《中华人民共和国环境保护法》

《中华人民共和国野生动物保护法》

《中华人民共和国气象法》

《中华人民共和国防震减灾法》

《中华人民共和国海关法》

《中华人民共和国可再生能源法》

《中华人民共和国循环经济促进法》

《中华人民共和国国家行政强制法》

《中华人民共和国企业国有资产法》

《中华人民共和国企业所得税法》

《中华人民共和国车船税法》

《中华人民共和国节能能源法》

《中华人民共和国铁路法》

《中华人民共和国建筑法》

《中华人民共和国审计法》

《中华人民共和国社会保险法》

《中华人民共和国劳动合同法》

《中华人民共和国劳动争议调解仲裁法》

《中华人民共和国企业劳动争议处理条例》

《中华人民共和国政府采购法》

《中华人民共和国职业病防治法》

《中华人民共和国侵权责任法》

《中华人民共和国安全生产法》

《中华人民共和国刑事诉讼法》

《中华人民共和国民事诉讼法》

《中华人民共和国仲裁法》

《中华人民共和国行政诉讼法》

《中华人民共和国海洋环境保护法》

《中华人民共和国特种设备安全法》

《中华人民共和国广告法》

《中华人民共和国职业教育法》

《企业名称登记管理实施办法》

《中华人民共和国中外合资经营企业法》

《外商投资企业法》

《企业经营范围登记管理规定》

《组织机构代码管理办法》

《中华人民共和国政府采购法实施条例》

《气象灾害防御条例》

《劳动人事争议仲裁办案规则》

《中华人民共和国劳动合同法实施条例》

《劳动保障监察条例》

《关于确立劳动关系有关事项的通知》

《关于加强建设等行业农民工劳动合同管理的通知》

《关于非全日制用工若干问题的意见》

《最低工资规定》

《职工带薪休假条例》

《全国年节及纪念日放假办法》

《工人考核条例》

《职业技能鉴定规定》

《企业职工培训规定》

《关于完善企业职工基本养老保险制度的决定》

《关于建立城镇职工基本医疗保险制度的决定》

地方或中央国有企业还应包括下列法规：

《企业国有资产产权登记管理办法》

《企业国有资产评估管理暂行办法》

《企业国有资本保值增值结果确认暂行办法》

《企业国有资产统计报告办法》

《企业国有资产产权转让管理暂行办法》

《关于进一步推行职工董事、职工监事制度的意见》

《中华人民共和国行政监察法实施条例》

《安全生产领域违纪行为政纪处分暂行规定》

若为上市公司还应包括下列法规：

《上市公司信息披露管理办法》

《上海证券交易所股票上市规则》

《深圳证券交易所股票上市规则》

《上市公司重大资产重组管理办法》

2. 建设行业法规规章

按照建设行业的运行特点和生产经营内容，住房和城乡建设部制定了大量行业内的法规和规章。因建设行业的生产经营及建设活动，涉及其他相关机构、组织、产品及其运行，所以作为建筑企业可能涉及的法规规章还包括：

（1）资质管理类

根据《建筑法》及其他相关法律、法规的规定，从事建设工程咨询、勘察设计、施工及监理业务的企业，仅可在符合其资质等级的范围内从事建筑活动。

工程总承包。根据建设部《关于培育发展工程总承包和工程项目管理企业的指导意见》（建市〔2003〕30号）等文件规定，鼓励具有工程勘察、设计或施工总承包资质的勘察、设计和施工企业，通过改造和重组，建立与工程总承包业务相适应的组织机构、项目管理体系，充实项目管理专业人员，提高融资能力，发展成为具有设计、采购、施工（施工管理）综合功能的工程公司，在其勘察、设计或施工总承包资质等级许可的工程项目范围内开展工程总承包业务。

施工总承包、专业承包和劳务分包。根据《建筑业企业资质管理规定》，建筑业企业资质分为施工总承包、专业承包和劳务分包三个序列，各个序列按照工程性质和技术特点分别划分为若干资质类别，各资质类别按照规定的条件划分为若干资质等级。取得施工总承包资质的企业，可以承接施工总承包工程。施工总承包企业可以对所承接的施工总承包工程内各专业工程全部自行施工，也可以将专业工程或劳务作业依法分包给具有相应资质的专业承包企业或劳务分包企业。取得专业承包资质的企业，可以承接施工总承包企业分包的专业工程和建设单位依法发包的专业工程。专业承包企业可以对所承接的专业工程全部自行施工，也可以将劳务作业依法分包给具有相应资质的劳务分包企业。取得劳务分包资质的企业，可以承接施工总承包企业或专业承包企业分包的劳务作业。

工程咨询企业。根据《工程咨询单位资格认定办法》等文件规定，工程咨询单位必须依法取得国家发改委颁发的工程咨询资格证书，凭证书开展相应的工程咨询业务。工程咨询单位专业资格划分为31个专业，服务范围包括八项内容，资格等级分为甲级、乙级、丙级。

建设工程勘察设计。根据《建设工程勘察设计资质管理规定》等文件规定，建设工程勘察、设计资质分为工程勘察资质、工程设计资质。工程勘察资质分为工程勘察综合资质、工程勘察专业资质、工程勘察劳务资质。工程设计资质分为工程设计综合资质、工程设计行业资质、工程设计专项资质。

安全生产。根据《中华人民共和国安全生产法》、《安全生产许可证条例》等法律法规规定，国家对建筑行业实行安全生产许可制度。企业未取得安全生产许可证的，不得从事生产活动。

环境影响评价。根据《建设项目环境影响评价资质管理办法》，凡接受委托为建设项目环境影响评价提供技术服务的机构，应取得《建设项目环境影响评价资质证书》，方可在资质证书规定的资质等级和评价范围内从事环境影响评价技术服务。环境影响评价资质分为甲、乙两个等级。

（2）招标、投标管理类

按照《建筑法》、《招投标法》、《建设工程设计招标管理办法》等法律法规对有关工程建设项目的勘察、设计、施工、监理的招投标程序等职能进行管理。

根据《建筑法》，建筑工程发包与承包的招标投标活动，应当遵循公开、公正、平等竞争的原则，择优选择承包单位。根据《招投标法》，在中国境内进行下列工程建设项目包括项目的勘察、设计、施工、监理以及与工程建设有关的重要设备、材料等的采购，必须进行招标：大型基础设施、公用事业等关系社会公共利益、公众安全的项目；全部或者部分使用国有资金投资或者国家融资的项目；使用国际组织或者外国政府贷款、援助资金的项目等。

（3）质量管理类

根据《建设工程质量管理条例》，建设单位、勘察单位、设计单位、施工单位、监理单位依法对建设工程质量负责。工程质量管理法规还包括《房屋建筑工程和市政基础设施工程竣工验收备案管理暂行办法》、《房屋建筑工程质量保修办法》、《港口工程竣工验收办法》、《公路工程竣（交）工验收办法》等。

（4）安全生产和环境保护管理类

工程承包过程中安全生产的主要法律法规包括《中华人民共和国安全生产法》、《建设工程安全生产管理条例》、《安全生产许可证条例》、《生产安全事故报告和调查处理条例》、《建筑施工企业安全生产许可证管理规定》等。

工程承包过程中环境保护的主要法律法规包括《中华人民共和国环境保护法》、《中华人民共和国环境影响评价法》、《建设项目环境保护管理条例》、《建设项目环境保护设施竣工验收管理规定》等。

（5）专业管理类

其他行业相关法律法规包括《中华人民共和国海洋环境保护法》、《中华人民共和国水污染防治法》、《水上水下施工作业通航安全管理规定》、《外商投资建筑业企业管理规定》、

《注册建造师管理规定》、《注册造价工程师管理办法》、《建设工程施工发包与承包计价管理办法》、《民用建筑节能条例》、《民用建筑工程室内环境污染控制规范》等。

（6）其他

建筑企业的生产经营活动，广泛涉及社会生活、行政管理和城市运行的许多方面，下面列举的只是其中一部分，仅供参考：

《不动产登记暂行条例》

《国有土地上房屋征收与补偿条例》

《城镇排水与污水处理条例》

《城镇污水排入排水管网许可管理办法》

《房屋建筑和市政基础设施工程设计文件审查管理办法》

《城市照明管理规定》

《关于开展中央支持地下综合管廊试点工作的通知》

《市政公用设施抗灾设防管理规定》

《历史文化名城名镇名村街区保护规划编制审批办法》

《城镇规划违法违纪行为处分办法》

《房地产经纪管理办法》

《商品房租赁管理办法》

（三）关于本书的几点说明

本书编者站在建筑企业的角度，选择 2010 年至 2015 年 9 月新发布或新修订的法律法规和规章，将其中涉及企业运行、经营生产、专业管理的相关内容进行摘录，更多地从建筑企业材料员的角度去解读，努力为提高材料管理及材料员知识水平和分析解决问题的能力提供帮助。

1. 选择摘录的时间和内容

近五年来，随着法律体系的不断完善，落实相关法律的各项条例规章不断细化。同时，与新形势、新特点相适应的暂行规定、鼓励性办法、地方性政策相继出台，适用于建筑企业的法律法规较为繁杂。本书选择的全部内容均为近五年内新发布、新修订的内容。

其中，第 2 章选择了修订内容较多、涉及建筑企业及材料员工作相对较多的五部法律，摘录部分条款进行说明或示例，实为示范性解读，以引导材料员从更高的层面、更宽的视角理解建筑活动中的材料管理，从更全面的企业管理理念、更系统的材料员工作去分析和解决工作中遇到的问题。第 3 章选择了国务院发布的有关工程建设类、行业管理类和行政管理类法规中涉及建筑活动的相关内容及部分条款。第 4 章选择住房和城乡建设部及有关部委发布的工程建设及施工企业类、行业管理类和行政管理类的有关办法、通知和规定等。虽然第 3 章和第 4 章内容系统性相对弱，内容摘录不全面，限于篇幅也未全部涉及，但试图通过引用修订前的原文、对比解读调整和变化部分，从而更加深刻地理解调整修订的意义以及对建筑企业的影响。

2. 涉及内容的深度和跨度

对涉及的条款内容，本书选取了直接摘录的方式，包括"章"、"节"、"条"的摘录，并没有追求全面、连贯，但重在是否与材料员"强"相关、"间接"相关或"应该"相关。

传统意义上的建筑企业材料员，是负责材料的采购、供应、运输和储备的专业管理人员。随着建筑企业经营方式的多样和管理活动拓展，材料管理作为企业经济活动的重要元素，影响着经济运行体制、成本核算方式、生产组织形式；影响着企业融资模式、商业盈利模式和项目运作形式；影响着技术方案、工艺做法、工程款支付、资源利用和员工队伍管理。因此，从事材料管理的专业人员，应具备的岗位技能、专业知识和法律基础要超越传统意义上的知识范围。正因如此，本书在选取内容和解读时，注重了知识或信息的"宽"度，跨越了单纯拓宽材料员的操作技能，增加了一些通用知识和信息，以及与其他专业衔接的"边缘"知识和信息，拓宽了对企业经济活动的贡献度，但也不得不适当放弃了部分知识和信息的深度。

3. 使用内容的时效和方法

本书选取的法律法规和规章都标明了签发日期，为的是最大限度地明确其有效性和时效性。因选取内容的限定时间为 2010 年 1 月 1 日后发布的法律法规和规章，故部分内容的叙述是从修改后的法律法规和规章切入，通过解读修改的内容，解读新内容，对比变化、说明背景，并未摘录原文的内容。法律法规和规章的时效性较强，特别是行业类的法规和暂行规章，会随着外界条件的变化而加以修订，阅读和使用时可作为查询线索，从而确认内容的时效性。

很多内容特别突出了变更、调整的条款，并对如何变更、为什么变更做了说明，还对一些重要的变更内容进行了修正前和修正后的对比，以期阅读者知晓变化的意义，感悟法律法规与社会管理、经济活动的同步发展和相互促进作用，从而启发材料员将统一规范的法律法规规章与实际工作紧密结合，在法律法规规章允许的范围内创造性地开展专业工作，有效解决实际问题。

但是，无论是引用还是摘录，只能满足快速查询和了解主要条款的需要，都无法全面、完整地表达法律法规规章的内容，无法全面体现各相关要素的逻辑关系。因此，必要时还要阅读法律法规规章的原文（完整内容），分析条款间的制衡关系和边界限制，更全面地把握实施中的尺度。

二、新法律

中华人民共和国全国人民代表大会是最高国家权力机构，它的常设机构是全国人民代表大会常务委员会。全国人民代表大会和全国人民代表大会常务委员会行使国家立法权。其在立法中的主要职责是：修改宪法、监督宪法的实施、制定和修改刑事、民事、国家机构的和其他的国家基本法律；选举最高人民法院院长、最高人民检察院检察长。本章选取了全国人大于 2010 年 1 月 1 日后新发布或新修订后重新发布的，涉及建筑业、建筑企业的六部法律，撷取部分条款进行解读和工作提示，以期指导实际工作。

（一）建筑法

《中华人民共和国建筑法》（以下简称《建筑法》）经 1997 年 11 月 1 日第八届全国人大常委会第 28 次会议通过。2011 年 4 月 22 日，经第十一届全国人大常委会第 20 次会议审议，通过《关于修改〈中华人民共和国建筑法〉的决定》，将第四十八条修改为："建筑施工企业应当依法为职工参加工伤保险缴纳工伤保险费。鼓励企业为从事危险作业的职工办理意外伤害保险，支付保险费。"

1. 立法目的和意义

《建筑法》是我国制定的第一部规范建筑活动的法律，是我国建筑行业和建筑活动的基本法则，也是一部重要的经济法律。

（1）规范管理建筑活动

作为社会活动，建筑活动中需要确立所应遵循的行为规则和违背这些规则所应承担的责任，这就需要为其制定法律，将建筑活动纳入法制的轨道，促进建筑业的健康发展。

在国家对社会经济事务的管理活动中，必须对建筑活动实行依法管理，这就首先要求有法可依，要求在建筑领域中有一部反映国家意志的建筑法，具有普遍约束力，在管理建筑活动中作为依据，包括管理的权力、管理的范围、管理的体制、管理的条件、管理的程序等，都依法行事。凡是法律有规定的，应当尽职尽责地管好，而法律未作授权的则应防止管理上的随意性，避免不适当的干预。应当在法律的保障之下，使建筑业按照社会主义市场经济的要求向前发展。

（2）依法调整建筑活动中的社会经济关系

在建筑活动中，会形成错综复杂的社会经济关系，它们涉及的范围很广，又直接与各自的权利义务相关。比如，涉及建筑活动当事人的就有建设单位、施工企业、勘察单位、设计单位和工程监理单位等，他们之间可以由建筑工程的勘察设计、发包承包、施工建造、建筑材料供给、工程监理、工程验收等事项而形成多方面的权利义务关系，相互联结，又相互制衡。它表现在招标发包时是竞争中获取合同，材料供应中存在着的是利益与责任不能分离，工程监理中存在着的是监理单位代表建设单位对施工的监督等。这一系列不同内容、不同当事人之间的关系，都应当依据法律所确定的规则形成。对这种关系的调整也应当是依据公认的、有权威的规则，而不应当是某一方当事人的意愿，或者是某一个部门单方面的决定。只有这样才能公正、有效地协调建筑活动中的经济关系，保护有关当事人的合法权益，保障建筑活动正常进行。所以，制定《建筑法》是必要的，可以依法形成并调整建筑活动中的经济关系，并依法加以调整。

（3）维护建筑市场的秩序

建筑市场是一个很重要的市场，它的秩序如何，直接关系建筑业能否健康发展，建筑活动能否正常进行。当然，更需关注的是当下建筑市场的秩序混乱，以多种形式反映出来的建筑领域中违法、违规现象，一大批不够资质条件或者不具备资质条件的施工队伍进入建筑市场；对建筑工程项目倒手转包，严重损害相关方利益，致使建筑工程中问题百出；出卖证照，乱借名义，滥收费用，串通勾结，越级设计、施工，强行分包，违规指定建筑材料供应商；未经许可擅自施工，随意违反施工管理规定等。对于这些违法违规扰乱建筑市场秩序的行为，必须整顿治理，其最有力的手段就是以法律形式确立市场规则，并以严格执法为前提建立和维护建筑市场的法律秩序。制定《建筑法》，以《建筑法》为基本规范来建立一个规范有序的建筑市场，实属必要。

（4）保障建筑工程质量和安全

建筑工程的质量和安全是百年大计，人们特别重视和希望能获得满意的工程质量，在一个安全的环境中从事生产和生活活动。从某个角度看，人们对建筑工程质量与安全倍加关注，主要是由于对已发生或暴露出的多起建筑质量与安全事故，尤其是坍楼、人员伤亡、财产损失惨象的担忧。此外，大量存在的质量通病也经常引起人们的不满和忧虑，从而在社会上要求保证和提高建筑工程质量，防止质量事故，保障用房者安全的呼声也很高。在这种情况下，必须采用法律手段，而且要从实际出发，有很强的针对性。因此，不但应当制定《建筑法》，并且在立法中要把重点放在保障建筑工程的质量与安全上。

综上所述，在现实中存在着大量的事实可以有力地证明，在我国经济持续发展，建筑活动较为活跃的今天，制定和施行《建筑法》有多方面的重要意义。它已不仅仅是建筑业本身的需要，而是维护国家利益、社会公共利益、人民大众利益的迫切需要，应当将这种需要以法律形式体现出来。

作为建筑行业的基本法和行业自律的基本规范，《建筑法》分总则、建筑许可、建筑工程发包与承包、建筑工程监理、建筑安全生产管理、建筑工程质量管理、法律责任、附则等共八章八十五条。

2. 主要内容及材料员工作提示

建筑施工企业中的材料管理人员，是建筑施工活动中的专业管理人员，现从其基本职责、管理定位和参与建筑施工活动的角度，分类撷取《建筑法》中的相关条款，并根据引用条款结合材料员的职责作出工作提示，作为材料员阅读和学习的内容。

（1）理解立法目的、适用范围及行业发展导向

1）主要内容

《建筑法》第一章明确了立法目的和适用范围，明确了国家对建筑业的发展导向。相关内容摘录如下：

第一章 总 则

第一条 为了加强对建筑活动的监督管理，维护建筑市场秩序，保证建筑工程的质量和安全，促进建筑业健康发展，制定本法。

第二条 在中华人民共和国境内从事建筑活动，实施对建筑活动的监督管理，应当遵守本法。

本法所称建筑活动，是指各类房屋建筑及其附属设施的建造和与其配套的线路、管道、设备的安装活动。

第三条 建筑活动应当确保建筑工程质量和安全，符合国家的建筑工程安全标准。

第四条 国家扶持建筑业的发展，支持建筑科学技术研究，提高房屋建筑设计水平，鼓励节约能源和保护环境，提倡采用先进技术、先进设备、先进工艺、新型建筑材料和现代管理方式。

第五条 从事建筑活动应当遵守法律、法规，不得损害社会公共利益和他人的合法权益。任何单位和个人都不得妨碍和阻挠依法进行的建筑活动。

第六条 国务院建设行政主管部门对全国的建筑活动实施统一监督。

2）材料员工作提示

建筑行业中材料用量特别大且种类繁多，在消费与生产的关系中，更加明显地发挥着"拉动消费、刺激生产"的积极作用。据统计，在建筑工程造价中占 70％左右的材料有近 80 个大类，2000 多个品种，3 万多个规格，包括冶金、建材、化工、石油、森林、机械、电子、轻工、仪表等 50 多个工业部门的产品。建筑工程每年耗用的钢材约占全社会钢材总消耗量的 25％，木材的 40％，水泥的 70％，玻璃的 70％，塑料制品的 25％，运输量的 28％。根据国家投入产出分析，建筑业每增加 1 元产值，可使其他相关部门的产值增加 1.1 元，从而使全社会增加 2.1 元的产值。同时，由于建筑业属于劳动密集型行业，手工操作比重大，因此可以容纳较多的劳动力。

建筑业的发展与国民经济整体发展紧密相关，其发展速度和质量应与社会相关行业相匹配。客观上存在着互为影响、互为促进的波及关系。故总则中特别明确了《建筑法》主要是加强对建筑活动的监督管理，维护建筑市场秩序，保证建筑工程的质量和安全，促进行业的健康发展。其管辖范围仅包括第二条所限内容。

我国建筑行业的发展和建筑技术水平处于高低两端并存的状态。一方面高新特建筑施工技术研发与应用、超高超大建筑建造能力独占一方；另一方面手工操作、落后工艺大量存在。因此，建筑施工企业生产能力、技术水平参差不齐，整体处于较低水平。由此，第四条特别明确提出了建筑行业发展的方向，并通过各项政策、制度和办法在行业内推进。

（2）了解行政管辖范围及审批事项

1）主要内容

通过实施行政管理的"许可"制度，确立行业从业的基本条件，在公平公正的前提下保障从业基本标准。《建筑法》第二章相应条款对此作出相应规定。

第二章　建　筑　许　可

第一节　建筑工程施工许可

第七条　建筑工程开工前，建设单位应当按照国家有关规定向工程所在地县级以上人民政府建设行政主管部门申请领取施工许可证；但是，国务院建设行政主管部门确定的限额以下的小型工程除外。

按照国务院规定的权限和程序批准开工报告的建筑工程，不再领取施工许可证。

第八条　申请领取施工许可证，应当具备下列条件：

（一）已经办理该建筑工程用地批准手续；

（二）在城市规划区的建筑工程，已经取得规划许可证；

（三）需要拆迁的，其拆迁进度符合施工要求；

（四）已经确定建筑施工企业；

（五）有满足施工需要的施工图纸及技术资料；

（六）有保证工程质量和安全的具体措施；

（七）建设资金已经落实；

（八）法律、行政法规规定的其他条件。

建设行政主管部门应当自收到申请之日起十五日内，对符合条件的申请颁发施工许可证。

第九条　建设单位应当自领取施工许可证之日起三个月内开工，因故不能按期开工的，应当向发证机关申请延期；延期以两次为限，每次不超过三个月。既不开工又不申请延期或者超过延期时限的，施工许可证自行废止。

第十条　在建的建筑工程因故中止施工的，建设单位应当自中止施工之日起一个月内，向发证机关报告，并按照规定做好建筑工程的维护管理工作。

建筑工程恢复施工时，应当向发证机关报告；中止施工满一年的工程恢复施工前，建设单位应当报发证机关核验施工许可证。

第十一条　按照国务院有关规定批准开工报告的建筑工程，因故不能按期开工或者中止施工的，应当及时向批准机关报告情况。因故不能按期开工超过六个月的，应当重新办理开工报告的批准手续。

第二节　从　业　资　格

第十二条　从事建筑活动的建筑施工企业、勘察单位、设计单位和工程监理单位，应当具备下列条件：

（一）符合国家规定的注册资本；

（二）与其从事的建筑活动相适应的具有法定执业资格的专业技术人员；

（三）有从事相关建筑活动所应有的技术装备；

（四）法律、行政法规规定的其他条件。

第十三条　从事建筑活动的建筑施工企业、勘察单位、设计单位和工程监理单位，按照其拥有的注册资本、专业技术人员、技术装备和已完成的建筑工程业绩等资质条件，划分为不同的资质等级，经资质审查合格，取得相应等级的资质证书后，方可在其资质等级许可的范围内从事建筑活动。

第十四条 从事建筑活动的专业技术人员，应当依法取得相应的执业资格证书，并在执业资格证书许可的范围内从事建筑活动。

2）材料员工作提示

在"发挥市场在资源配置中的决定性作用"的大趋势下，行政审批的事项在逐渐压缩，但建筑业中的建筑工程施工许可及从业资格仍然是行业管辖及需要审批的重要事项。建筑工程施工许可证应由建设单位申请领取，但现实工作中由施工单位协助甲方办理的情况非常之多，故施工单位需要了解办理施工许可证的条件，而且应熟知八项条件中每项应提交的证明性材料，例如施工用地批准手续、施工图纸和技术资料等应准备就绪；熟知施工许可证的办理时限和使用时限；掌握"从业资格"限定的原则要求和划分资质等级的标准；熟悉审查和颁发资质证书的管理流程。

（3）熟悉建筑工程发包与承包的倡导和限制性规定

1）主要内容

建筑工程发包和承包方式，决定着建筑企业的生产组织形式，也决定着施工现场项目管理组织的职责、分工和工作流程。在建筑工程发包和承包形式种类繁多的现实情况下，应对发包与承包中倡导、允许、不允许的行为特别明确。《建筑法》第三章对此作出了规定。

第三章　建筑工程发包与承包

第一节　一般规定

第十五条 建筑工程的发包单位与承包单位应当依法订立书面合同，明确双方的权利和义务。

发包单位和承包单位应当全面履行合同约定的义务。不按照合同约定履行义务的，依法承担违约责任。

第十六条 建筑工程发包与承包的招标投标活动，应当遵循公开、公正、平等竞争的原则，择优选择承包单位。

建筑工程的招标投标，本法没有规定的，适用有关招标投标法律的规定。

第十七条 发包单位及其工作人员在建筑工程发包中不得收受贿赂、回扣或者索取其他好处。

承包单位及其工作人员不得利用向发包单位及其工作人员行贿、提供回扣或者给予其他好处等不正当手段承揽工程。

第十八条 建筑工程造价应当按照国家有关规定，由发包单位与承包单位在合同中约定。公开招标发包的，其造价的约定，须遵守招标投标法律的规定。

发包单位应当按照合同的约定，及时拨付工程款项。

第二节　发包

第十九条 建筑工程依法实行招标发包，对不适于招标发包的可以直接发包。

第二十条　建筑工程实行公开招标的，发包单位应当依照法定程序和方式，发布招标公告，提供载有招标工程的主要技术要求、主要的合同条款、评标的标准和方法以及开标、评标、定标的程序等内容的招标文件。

开标应当在招标文件规定的时间、地点公开进行。开标后应当按照招标文件规定的评标标准和程序对标书进行评价、比较，在具备相应资质条件的投标者中，择优选定中标者。

第二十一条　建筑招标的开标、评标、定标由建设单位依法组织实施，并接受有关行政主管部门的监督。

第二十二条　建筑工程实行招标发包的，发包单位应当将建筑工程发包给依法中标的承包单位。建筑工程实行直接发包的，发包单位应当将建筑工程发包给具有相应资质条件的承包单位。

第二十三条　政府及其所属部门不得滥用行政权力，限定发包单位将招标发包的建筑工程发包给指定的承包单位。

第二十四条　提倡对建筑工程实行总承包，禁止将建筑工程肢解发包。

建筑工程的发包单位可以将建筑工程的勘察、设计、施工、设备采购一并发包给一个工程总承包单位，也可以将建筑工程勘察、设计、施工、设备采购的一项或者多项发包给一个工程总承包单位；但是，不得将应当由一个承包单位完成的建筑工程肢解成若干部分发包给几个承包单位。

第二十五条　按照合同约定，建筑材料、建筑构配件和设备由工程承包单位采购的，发包单位不得指定承包单位购入用于工程的建筑材料、建筑构配件和设备或者指定生产厂、供应商。

第三节　承　　包

第二十六条　承包建筑工程的单位应当持有依法取得的资质证书，并在其资质等级许可的业务范围内承揽工程。

禁止建筑施工企业超越本企业资质等级许可的业务范围或者以任何形式用其他建筑施工企业的名义承揽工程。禁止建筑施工企业以任何形式允许其他单位或者个人使用本企业的资质证书、营业执照，以本企业的名义承揽工程。

第二十七条　大型建筑工程或者结构复杂的建筑工程，可以由两个以上的承包单位联合共同承包。共同承包的各方对承包合同的履行承担连带责任。

两个以上不同资质等级的单位实行联合共同承包的，应当按照资质等级低的单位的业务许可范围承揽工程。

第二十八条　禁止承包单位将其承包的全部建筑工程转包给他人，禁止承包单位将其承包的全部建筑工程肢解以后以分包的名义分别转包给他人。

第二十九条　建筑工程总承包单位可以将承包工程中的部分工程发包给具有相应资质条件的分包单位；但是，除总承包合同中约定的分包外，必须经建设单位认可。施工总承包的，建筑工程主体结构的施工必须由总承包单位自行完成。

建筑工程总承包单位按照总承包合同的约定对建设单位负责；分包单位按照分包合同的约定对总承包单位负责。总承包单位和分包单位就分包工程对建设单位承担连带责任。禁止总承包单位将工程分包给不具备相应资质条件的单位。禁止分包单位将其承包的工程再分包。

2）材料员工作提示

第三章对建筑工程发包与承包进行了提倡、允许和不允许的行为限定。建筑工程的发包与承包的招投标活动，应按建筑法实施，本法没有规定的，适用于《招投标法》等有关法律规定。

根据发包单位与承包单位签订的合同，建筑材料、建筑构配件和设备由工程承包单位采购的，发包单位不得指定承包单位购入，不得指定生产厂和供应商。

① 提倡实行建筑工程总承包、允许分包工程

国家提倡实行建筑工程总承包，即将建筑工程的勘察、设计、施工、设备采购一并发包给一个总承包单位，也称项目总承包。由于行业发展的历史是勘察、设计、施工往往隶属于不同的行政管辖，真正具有工程总承包全部功能的企业（集团）较少，因此，当把设计、施工一并发包给一个承包单位时，通常称为工程总承包。当仅将施工发包给一个单位时，则称为施工总承包。目前，发包方式通常采取两种方式：一是建设单位将勘察、设计、施工分别进行招投标，建设单位分别与各方签订发包与承包合同；二是建设单位将勘察、设计和施工交与一个总承包单位或由几家单位组成的总承包联合体，建设单位与联合体签订发包与承包合同。第二十七条规定大型建筑工程或者结构复杂的建筑工程，可以由两个以上的承包单位联合共同承包。但共同承包的各方对承包合同的履行承担连带责任。

第二十九条规定建筑工程总承包单位可以将承包工程中的部分工程发包给具有相应资质条件的分包单位。但对于施工总承包的，建筑工程主体结构的施工必须由总承包单位自行完成。

② 禁止肢解、转包和"挂靠"工程

第二十四条规定，不得将应当由一个承包单位完成的建筑工程肢解成若干部分发包给几个承包单位。第二十八条规定，禁止承包单位将其承包的全部工程转包给他人，禁止承包单位将其承包的全部建筑工程肢解以后以分包的名义分别转包给他人。

第二十六条规定，禁止建筑施工企业以任何形式用其他建筑施工企业的名义承揽工程。禁止建筑施工企业以任何形式允许其他单位或者个人使用本企业的资质证书和营业执照，以本企业的名义承揽工程。此类工程因实际承包人披挂他人名义，依靠他人资格从事施工活动，俗称为"挂靠"工程。

（4）建筑业推行建筑工程监理制度

1）主要内容

监理单位作为建设单位的代理监督机构，在施工现场直接监督、管理建筑企业，审批、签署相关文件资料，因此，了解建筑业的工程监理制度，可以有效促使遵守相关规定，提高工作效率。《建筑法》对此规定如下：

第四章 建 筑 工 程 监 理

第三十条 国家推行建筑工程监理制度。

国务院可以规定实行强制监理的建筑工程的范围。

第三十一条　实行监理的建筑工程，由建设单位委托具有相应资质条件的工程监理单位监理。建设单位与其委托的工程监理单位应当订立书面委托监理合同。

第三十二条　建筑工程监理应当依照法律、行政法规及有关的技术标准、设计文件和建筑规模承包合同，对承包单位在施工质量、建设工期和建设资金使用等方面，代表建设单位实施监督。

工程监理人员认为工程施工不符合工程设计要求、施工技术标准和合同约定的，有权要求建筑施工企业改正。

工程监理人员发现工程设计不符合建筑工程质量标准或者合同约定的质量要求的，应当报告建设单位要求设计单位改正。

第三十三条　实施建筑工程监理前，建设单位应当将委托的工程监理单位、监理的内容及监理权限，书面通知被监理的建筑施工企业。

第三十四条　工程监理单位应当在其资质等级许可的监理范围内，承担工程监理业务。工程监理单位应当根据建设单位的委托，客观、公正地执行监理任务。

工程监理单位与被监理工程的承包单位以及建筑材料、建筑构配件和设备供应单位不得有隶属关系或者其他利害关系。

工程监理单位不得转让工程监理业务。

第三十五条　工程监理单位不按照委托监理合同的约定履行监理义务，对应当监督检查的项目不检查或者不按照规定检查，给建设单位造成损失的，应当承担相应的赔偿责任。

工程监理单位与承包单位串通，为承包单位谋取非法利益，给建设单位造成损失的，应当与承包单位承担连带赔偿责任。

2）材料员工作提示

建筑工程监理负责施工质量、建设工期和建设资金使用等，代表建设单位实施监督。《建设工程质量管理条例》（国务院第 279 号令）中对监理单位必须施行的管理行为明确规定如下：

第三十条　施工单位必须建立、健全施工质量的检验制度，严格工序管理，作好隐蔽工程的质量检查和记录。隐蔽工程在隐蔽前，施工单位应当通知建设单位和建设工程质量监督机构。

第三十一条　施工人员对涉及结构安全的试块、试件以及有关材料，应当在建设单位或者工程监理单位监督下现场取样，并送具有相应资质等级的质量检测单位进行检测。

《建设工程质量管理条例》第五章对工程监理单位的质量责任和义务有如下明确规定：

第三十四条　工程监理单位应当依法取得相应等级的资质证书，并在其资质等级许可的范围内承担工程监理业务。

禁止工程监理单位超越本单位资质等级许可的范围或者以其他工程监理单位的名义承担工程监理业务。禁止工程监理单位允许其他单位或者个人以本单位的名义承担工程监理业务。

工程监理单位不得转让工程监理业务。

第三十五条 工程监理单位与被监理工程的施工承包单位以及建筑材料、建筑构配件和设备供应单位有隶属关系或者其他利害关系的，不得承担该项建设工程的监理业务。

第三十六条 工程监理单位应当依照法律、法规以及有关技术标准、设计文件和建设工程承包合同，代表建设单位对施工质量实施监理，并对施工质量承担监理责任。

第三十七条 工程监理单位应当选派具备相应资格的总监理工程师和监理工程师进驻施工现场。

未经监理工程师签字，建筑材料、建筑构配件和设备不得在工程上使用或者安装，施工单位不得进行下一道工序的施工。未经总监理工程师签字，建设单位不拨付工程款，不进行竣工验收。

第三十八条 监理工程师应当按照工程监理规范的要求，采取旁站、巡视和平行检验等形式，对建设工程实施监理。

（5）加强全员、全过程的安全生产管理

1）主要内容

安全生产中建筑活动参与者的共同职责，贯穿于建筑活动全过程。《建筑法》的相关规定如下：

第五章　建筑安全生产管理

第三十六条 建筑工程安全生产管理必须坚持安全第一、预防为主的方针，建立健全安全生产的责任制度和群防群治制度。

第三十七条 建筑工程设计应当符合按照国家规定制定的建筑安全规程和技术规范，保证工程的安全性能。

第三十八条 建筑施工企业在编制施工组织设计时，应当根据建筑工程的特点制定相应的安全技术措施；对专业性较强的工程项目，应当编制专项安全施工组织设计，并采取安全技术措施。

第三十九条 建筑施工企业应当在施工现场采取维护安全、防范危险、预防火灾等措施；有条件的，应当对施工现场实行封闭管理。

施工现场对毗邻的建筑物、构筑物和特殊作业环境可能造成损害的，建筑施工企业应当采取安全防护措施。

第四十条 建设单位应当向建筑施工企业提供与施工现场相关的地下管线资料，建筑施工企业应当采取措施加以保护。

第四十一条 建筑施工企业应当遵守有关环境保护和安全生产的法律、法规的规定，采取控制和处理施工现场的各种粉尘、废气、废水、固体废物以及噪声、振动对环境的污染和危害的措施。

第四十二条 有下列情形之一的，建设单位应当按照国家有关规定办理申请批准手续：

（一）需要临时占用规划批准范围以外场地的；

（二）可能损坏道路、管线、电力、邮电通讯等公共设施的；

（三）需要临时停水、停电、中断道路交通的；

（四）需要进行爆破作业的；

（五）法律、法规规定需要办理报批手续的其他情形。

第四十三条　建设行政主管部门负责建筑安全生产的管理，并依法接受劳动行政主管部门对建筑安全生产的指导和监督。

第四十四条　建筑施工企业必须依法加强对建筑安全生产的管理，执行安全生产责任制度，采取有效措施，防止伤亡和其他安全生产事故的发生。

建筑施工企业的法定代表人对本企业的安全生产负责。

第四十五条　施工现场安全由建筑施工企业负责。实行施工总承包的，由总承包单位负责。分包单位向总承包单位负责，服从总承包单位对施工现场的安全生产管理。

第四十六条　建筑施工企业应当建立健全劳动安全生产教育培训制度，加强对职工安全生产的教育培训；未经安全生产教育培训的人员，不得上岗作业。

第四十七条　建筑施工企业和作业人员在施工过程中，应当遵守有关安全生产的法律、法规和建筑行业安全规章、规程，不得违章指挥或者违章作业。作业人员有权对影响人身健康的作业程序和作业条件提出改进意见，有权获得安全生产所需的防护用品。作业人员对危及生命安全和人身健康的行为有权提出批评、检举和控告。

第四十八条　建筑施工企业应当依法为职工参加工伤保险缴纳工伤保险费。鼓励企业为从事危险作业的职工办理意外伤害保险，支付保险费。

第四十九条　涉及建筑主体和承重结构变动的装修工程，建设单位应当在施工前委托原设计单位或者具有相应资质条件的设计单位提出设计方案；没有设计方案的，不得施工。

第五十条　房屋拆除应当由具备保证安全条件的建筑施工单位承担，由建筑施工单位负责人对安全负责。

第五十一条　施工中发生事故时，建筑施工企业应当采取紧急措施减少人员伤亡和事故损失，并按照国家有关规定及时向有关部门报告。

2）材料员工作提示

建筑施工的安全生产是全员、全过程的管理。从建筑工程设计开始，就应当确保按照国家现行的建筑安全规程和技术规范，保证工程的安全性能。建筑施工企业在编制施工组织设计时，必须根据工程特点制定相应的安全技术措施，对部分专业性较强的项目，还要编制专项安全施工组织设计，采取安全技术措施。现场的安全维护、防范危险、预防火灾的措施必须到位。采取措施控制现场的粉尘、废气、废水、固体废物以及噪声、振动等污染和危害。按照第四十二条规定，材料部门如需要占用规划批准范围以外场地存放材料设备时，应按照当地建设行政主管部门的要求办理申请批准手续。

建筑施工企业的法定代表人负责企业安全生产，企业建立健全安全管理制度、全员的安全生产教育培训是安全管理不可缺少的内容。

（6）注重建筑工程质量管理体系建设

1）主要内容

质量管理体系是确保建筑活动和建设项目质量的根本，是各项质量管理规定贯彻落实的保障。建立高效、严密的质量保障体系是建筑企业管理水平的重要标志。《建筑法》对此有如下规定：

第六章　建筑工程质量管理

第五十二条　建筑工程勘察、设计、施工的质量必须符合国家有关建筑工程安全标准的要求，具体管理办法由国务院规定。

有关建筑工程安全的国家标准不能适应确保建筑安全的要求时，应当及时修订。

第五十三条　国家对从事建筑活动的单位推行质量体系认证制度。从事建筑活动的单位根据自愿原则可以向国务院产品质量监督管理部门或者国务院产品质量监督管理部门授权的部门认可的认证机构申请质量体系认证。经认证合格的，由认证机构颁发质量体系认证证书。

第五十四条　建设单位不得以任何理由，要求建筑设计单位或者建筑施工企业在工程设计或者施工作业中，违反法律、行政法规和建筑工程质量、安全标准，降低工程质量。

建筑设计单位和建筑施工企业对建设单位违反前款规定提出的降低工程质量的要求，应当予以拒绝。

第五十五条　建筑工程实行总承包的，工程质量由工程总承包单位负责，总承包单位将建筑工程分包给其他单位的，应当对分包工程的质量与分包单位承担连带责任。分包单位应当接受总承包单位的质量管理。

第五十六条　建筑工程的勘察设计单位必须对其勘察、设计的质量负责。勘察、设计文件应当符合有关法律、行政法规的规定和建筑工程质量、安全标准、建筑工程勘察、设计技术规范以及合同的约定。设计文件选用的建筑材料、建筑构配件和设备，应当注明其规格、型号、性能等技术指标，其质量要求必须符合国家规定的标准。

第五十七条　建筑设计单位对设计文件选用的建筑材料、建筑构配件和设备不得指定生产厂、供应商。

第五十八条　建筑施工企业对工程的施工质量负责。

建筑施工企业必须按照工程设计图纸和施工技术标准施工，不得偷工减料。工程设计的修改由原设计单位负责，建筑施工企业不得擅自修改工程设计。

第五十九条　建筑施工企业必须按照工程设计要求、施工技术标准和合同的约定，对建筑材料、建筑构配件和设备进行检验，不合格的不得使用。

第六十条　建筑物在合理使用寿命内，必须确保地基基础工程和主体结构的质量。

建筑工程竣工时，屋顶、墙面不得留有渗漏、开裂等质量缺陷；对已经发现的质量缺陷，建筑施工企业应当修复。

第六十一条　交付竣工验收的建筑工程，必须符合规定的建筑工程质量标准，有完整的工程技术经济资料和经签署的工程保修书，并具备国家规定的其他竣工条件。

建筑工程竣工经验收合格后，方可交付使用；未经验收或者验收不合格的，不得交付使用。

第六十二条　建筑工程实行质量保修制度。

建筑工程的保修范围应当包括地基基础工程、主体结构工程、屋面防水工程和其他土建工程，以及电气管线、上下水管线的安装工程，供热、供冷系统工程等项目；保修的期限应当按照保证建筑物合理寿命年限内正常使用，维护使用者合法权益的原则确定。具体的保修范围和最低保修期限由国务院规定。

第六十三条 任何单位和个人对建筑工程的质量事故、质量缺陷都有权向建设行政主管部门或者其他有关部门进行检举、控告、投诉。

2）材料员工作提示

对建筑工程质量的管理是通过质量标准、质量体系认证、总承包与分包单位质量责任划分等实现的。其中第五十六条规定，设计文件选用的建筑材料、建筑构配件和设备，应当注明其规格、型号、性能等技术指标，其质量要求必须符合国家规定的标准。第五十七条还规定不得指定生产厂和供应商。

建筑施工企业必须按照工程设计图纸和施工技术标准施工，不得偷工减料。必须按照工程设计要求、施工技术标准和合同的约定，对建筑材料、建筑构配件和设备进行检验，不合格的不得使用。

（7）明确法律责任

1）主要内容

未遵循相关规定必要付出代价，法律责任的相关条款既明确了对违法者的处罚标准，同时也是对遵守者的警示。相关规定如下：

第七章　法　律　责　任

第六十四条 违反本法规定，未取得施工许可证或者开工报告未经批准擅自施工的，责令改正，对不符合开工条件的责令停止施工，可以处以罚款。

第六十五条 发包单位将工程发包给不具有相应资质条件的承包单位的，或者违反本法规定将建筑工程肢解发包的，责令改正，处以罚款。

超越本单位资质等级承揽工程的，责令停止违法行为，处以罚款，可以责令停业整顿，降低资质等级；情节严重的，吊销资质证书；有违法所得的，予以没收。

未取得资质证书承揽工程的，予以取缔，并处罚款；有违法所得的，予以没收。

以欺骗手段取得资质证书的，吊销资质证书，处以罚款；构成犯罪的，依法追究刑事责任。

第六十六条 建筑施工企业转让、出借资质证书或者以其他方式允许他人以本企业的名义承揽工程的，责令改正，没收违法所得，并处罚款，可以责令停业整顿，降低资质等级；情节严重的，吊销资质证书。对因该项承揽工程不符合规定的质量标准造成的损失，建筑施工企业与使用本企业名义的单位或者个人承担连带赔偿责任。

第六十七条 承包单位将承包的工程转包的，或者违反本法规定进行分包的，责令改正，没收违法所得，并处罚款，可以责令停业整顿，降低资质等级；情节严重的，吊销资质证书。

承包单位有前款规定的违法行为的，对因转包工程或者违法分包的工程不符合规定的质量标准造成的损失，与接受转包或者分包的单位承担连带赔偿责任。

第六十八条 在工程发包与承包中索贿、受贿、行贿，构成犯罪的，依法追究刑事责任；不构成犯罪的，分别处以罚款。没收贿赂的财物，对直接负责的主管人员和其他直接责任人员给予处分。

对在工程承包中行贿的承包单位，除依照前款规定处罚外，可以责令停业整顿，降低资质等级或者吊销资质证书。

第六十九条 工程监理单位与建设单位或者建筑施工企业串通，弄虚作假、降低工程质量的，责令改正，处以罚款，降低资质等级或者吊销资质证书；有违法所得的，予以没收；造成损失的，承担连带赔偿责任；构成犯罪的，依法追究刑事责任。

工程监理单位转让监理业务的，责令改正，没收违法所得，可以责令停业整顿，降低资质等级；情节严重的，吊销资质证书。

第七十条 违反本法规定，涉及建筑主体或者承重结构变动的装修工程擅自施工的，责令改正，处以罚款；造成损失的，承担赔偿责任；构成犯罪的，依法追究刑事责任。

第七十一条 建筑施工企业违反本法规定，对建筑安全事故隐患不采取措施予以消除的，责令改正，可以处以罚款；情节严重的，责令停业整顿，降低资质等级或者吊销资质证书；构成犯罪的，依法追究刑事责任。

建筑施工企业的管理人员违章指挥、强令职工冒险作业，因而发生重大伤亡事故或者造成其他严重后果的，依法追究刑事责任。

第七十二条 建设单位违反本法规定，要求建筑设计单位或者建筑施工企业违反建筑工程质量、安全标准，降低工程质量的，责令改正，可以处以罚款；构成犯罪的，依法追究刑事责任。

第七十三条 建筑设计单位不按照建筑工程质量、安全标准进行设计的，责令改正，处以罚款；造成工程质量事故的，责令停业整顿，降低资质等级或者吊销资质证书，没收违法所得，并处罚款；造成损失的，承担赔偿责任；构成犯罪的，依法追究刑事责任。

第七十四条 建筑施工企业在施工中偷工减料的，使用不合格的建筑材料、建筑构配件和设备的，或者有其他不按照工程设计图纸或者施工技术标准施工的行为的，责令改正，处以罚款；情节严重的，责令停业整顿，降低资质等级或者吊销资质证书；造成建筑工程质量不符合规定的质量标准的，负责返工、修理，并赔偿因此造成的损失；构成犯罪的，依法追究刑事责任。

第七十五条 建筑施工企业违反本法规定，不履行保修义务或者拖延履行保修义务的，责令改正，可以处以罚款，并对在保修期内因屋顶、墙面渗漏、开裂等质量缺陷造成的损失，承担赔偿责任。

第七十六条 本法规定的责令停业整顿、降低资质等级和吊销资质证书的行政处罚，由颁发资质证书的机关决定；其他行政处罚，由建设行政主管部门或者有关部门依照法律和国务院规定的职权范围决定。

依照本法规定被吊销资质证书的，由工商行政管理部门吊销其营业执照。

第七十七条 违反本法规定，对不具备相应资质等级条件的单位颁发该等级资质证书的，由其上级机关责令收回所发的资质证书，对直接负责的主管人员和其他直接负责人员给予行政处分；构成犯罪的，依法追究刑事责任。

第七十八条 政府及其所属部门的工作人员违反本法规定，限定发包单位将招标发包给指定的承包单位的，由上级机关责令改正；构成犯罪的，依法追究刑事责任。

第七十九条 负责颁发建筑工程许可证的部门及其工作人员对不符合施工条件的建筑

工程颁发施工许可证的，负责工程质量监督检查或者竣工验收的部门及其工作人员对不合格的建筑工程出具质量合格文件或者按合格工程验收的，由上级机关责令改正，对责任人员给予行政处分；构成犯罪的，依法追究刑事责任；造成损失的，由该部门承担相应的赔偿责任。

第八十条　在建筑物的合理使用寿命内，因建筑工程质量不合格受到损害的，有权向责任者要求赔偿。

2）材料员工作提示

第七章对违反建筑法中各项规定的行为规定了处罚标准，根据违法程度分别处以罚款、责令停业整顿、降低资质等级、吊销资质证书、没收违法所得直到追究刑事责任。其中第七十四条规定，建筑施工企业在施工中偷工减料的，使用不合格的建筑材料、建筑构配件和设备的，或者有其他不按照工程设计图纸或者技术标准施工的行为的，责令改正，处以罚款；情节严重的，责令停业整顿，降低资质等级或者吊销资质证书。造成建筑工程质量不符合规定的质量标准的，负责返工、修理，并赔偿因此造成的损失；构成犯罪的，追究刑事责任。

（8）其他规定

1）主要内容

《建筑法》附则中明确了贯彻该法律时的其他约定和施行时间。

第八章　附　　则

第八十一条　本法关于施工许可、建筑施工企业资质审查和建筑工程发包、承包、禁止转包，以及建筑工程监理、建筑工程安全和质量管理的规定，适用于其他专业建筑工程的建筑活动，具体办法由国务院规定。

第八十二条　建设行政主管部门和其他有关部门在对建筑活动实施监督管理中，除按照国务院有关规定收取费用外，不得收取其他费用。

第八十三条　省、自治区、直辖市人民政府确定的小型房屋建筑工程的建筑活动，参照本法执行。

依法核定作为文物保护的纪念建筑物和古建筑等的修缮，依照文物保护的有关法律规定执行。

抢险救灾及其他临时性房屋建筑和农民自建低层住宅的建筑活动，不适用本法。

第八十四条　军用房屋建筑工程建筑活动的具体管理办法，由国务院、中央军事委员会依据本法制定。

第八十五条　本法自1998年3月1日起施行。

2）材料员工作提示

为贯彻落实《建筑法》，考虑到不同专业建筑工程的建筑活动特征，针对不同地区经济发展和社会管理水平的差异性，第八十一条特别明确了具体办法由国务院规定。因此，除《建筑法》外，材料员应该了解和掌握的内容还包括《建筑业企业资质管理规定》、《建筑工程施工许可管理办法》、《建筑工程施工发包与承包计价管理办法》等相关制度和办法的内容。

《建筑法》施行十二年后，对建筑行业、建筑施工活动及建筑施工企业的规范运行起到了良好的促进作用，协调了建筑活动各参与方的利益关系。但随着市场环境的变化，随着政府职能的转变和社会管理水平的提高，建筑活动的各项资源、利益相关方的参与方式都发生了较大的变化。2011年第十一届全国人大常委会第20次会议审议通过《关于修改〈中华人民共和国建筑法〉的决定》，将原第四十八条的内容"建筑施工企业必须为从事危险作业的职工办理意外伤害保险，支付保险费"修改为："建筑施工企业应当依法为职工参加工伤保险缴纳工伤保险费。鼓励企业为从事危险作业的职工办理意外伤害保险，支付保险费"。此项修改内容一是扩大了职工参加保险的范围，让全部参与建筑活动的职工均能享受工伤保险；二是使从事危险作业的职工可以拥有工伤保险之外的意外伤害保险，整体提升了建筑活动参与者的从业保障水平。

（二）政府采购法

《中华人民共和国政府采购法》（以下简称政府采购法）经第九届全国人民代表大会常务委员会第二十八次会议通过，2003年1月1日起施行。《政府采购法》虽然并非常规意义中的"新"法律，但因政府职能的转变和市场环境的变化，政府采购对于建筑市场、建筑工程所用物资的购销活动及与政府采购有关各方利益都有着深刻和经常性的影响。同时，为规范市场、协调各利益主体间的关系，行业主管部门及地方政府也相继出台了一些引导性的政策，与采购行为有关的市场规范法规和规章大都以此为基本依据，故而使《政府采购法》具有了许多"新"的延伸。

《政府采购法》共九章88条，分别对政府采购当事人、政府采购方式、政府采购程序、政府采购合同、质疑与投诉、监督检查、法律责任等做出了规定。

1. 立法目的和意义

世界上最大的买家既不是亿万富翁，也不是跨国公司，而是政府。为了规范政府采购行为，提高政府采购资金的使用效益，维护国家利益和社会公共利益，保护政府采购当事人的合法权益，促进廉政建设因此有必要制定《政府采购法》。

一些资料表明，政府采购规模一般占到当年国内生产总值的10％。为了规范政府的采购行为，许多国家都制定了专门的政府采购法，防止其成为滋生腐败的温床。我国的《政府采购法》分为总则、政府采购当事人、政府采购方式、政府采购程序、政府采购合同、质疑与投诉、监督检查、法律责任、附则。这部法律为我国解决政府采购中存在的问题提供了法律依据，对政府采购资金的使用效率和廉政建设也将产生深远影响。本法中包含政府采购建筑工程，与建筑施工企业有着密切关系。因此，建筑施工企业实施材料设备采购时，可以依据本法精神制定和完善相关的制度。

政府采购，也称公共采购，是指各级政府为了开展日常政务活动或者为社会提供公共物品和服务的需要，使用政府财政性资金，按照法定的方式和程序，由政府部门及所属公共部门采购物资、工程或者服务的行为。政府采购制度是市场经济国家普遍推行的一种财政管理制度，被称为"阳光交易"，很多发达国家建立了比较完善的政府采购制度。但政府采购往往不单是一种采购行为，更多的时候具有较强的政策性。政府采购与政府的宏观调控政策相协调，成为调节经济运行的手段之一。《政府采购法》的贯彻实施，一，有利于确保政府采购工作有法可依，有力地促进政府采购的规范建设和财政支出管理水平的提高。二，有利于加强采购资金管理，提高资金使用效率。许多国家的实践表明，实施政府采购法，资金预算和支付管理更加规范，事前、事中监控得到加强，往往可以节省10%左右的财政资金。三，有利于政府采购发挥调控宏观经济的政策功能。政府采购对经济发展的宏观调控作用主要体现在保护国内企业、扶持中小企业发展、打破地区封锁等。政府采购法明确了这些政策功能，为政府采购宏观调控作用的发挥创造了有利的法律环境。四，有利于规范市场秩序，推动企业经营发展。在政府采购活动中，政府作为市场最大的买方，对建设公平竞争的市场环境，起着重要的示范和促进作用。同时，供应商为了取得在政府采购中的份额，必须执行政府采购制度规定，改善经营管理，为政府提供品质优良、价格合理的产品以满足政府需求，并实现自身的发展。五，有利于强化财政监管和促进反腐倡廉。国家把推行政府采购制度作为从源头上预防和治理腐败的重要措施之一，政府采购纳入法制范围后，对采购须全过程公开透明，接受各方面监督作了法律性规定，增强了约束力，为有效抑制政府采购中腐败现象的滋生和惩处腐败行为提供了法律依据和手段。六，有利于维护国家利益，保护国内企业和适应世界经济发展形势的要求。政府采购向国际化发展是必然趋势。加入世贸组织后，我国面临着开放政府采购市场的新形势。政府采购法的实施，可以更好地借鉴国际通行做法，通过加大和完善政府采购制度改革力度，充分发挥政府采购的作用，保护和支持民族企业发展，增强国际竞争力。

2. 主要内容及材料员工作提示

（1）理解立法目的、适用范围及行业发展导向

1）主要内容

政府采购法虽然是限定国家机关、事业单位和团体组织，使用财政性资金采购依法制定的集中采购目录以内的或者采购限额标准以上的货物、工程和服务的行为，但其采购事项涉及建筑企业可能作为其供应者而与之发生法律关联。建筑企业作为政府采购工程的最主要供应者，了解立法目的和意义，有助于依法参与相关活动。主要内容摘录如下：

第一条 为了规范政府采购行为，提高政府采购资金的使用效益，维护国家利益和社会公共利益，保护政府采购当事人的合法权益，促进廉政建设，制定本法。

第二条 在中华人民共和国境内进行的政府采购适用本法。

本法所称政府采购，是指各级国家机关、事业单位和团体组织，使用财政性资金采购依法制定的集中采购目录以内的或者采购限额标准以上的货物、工程和服务的行为。

政府集中采购目录和采购限额标准依照本法规定的权限制定。

本法所称采购，是指以合同方式有偿取得货物、工程和服务的行为，包括购买、租赁、委托、雇用等。

本法所称货物，是指各种形态和种类的物品，包括原材料、燃料、设备、产品等。

本法所称工程，是指建设工程，包括建筑物和构筑物的新建、改建、扩建、装修、拆除、修缮等。

本法所称服务，是指除货物和工程以外的其他政府采购对象。

第三条 政府采购应当遵循公开透明原则、公平竞争原则、公正原则和诚实信用原则。

第四条 政府采购工程进行招标投标的，适用招标投标法。

第五条　任何单位和个人不得采用任何方式，阻挠和限制供应商自由进入本地区和本行业的政府采购市场。

第六条　政府采购应当严格按照批准的预算执行。

第七条　政府采购实行集中采购和分散采购相结合。集中采购的范围由省级以上人民政府公布的集中采购目录确定。

属于中央预算的政府采购项目，其集中采购目录由国务院确定并公布；属于地方预算的政府采购项目，其集中采购目录由省、自治区、直辖市人民政府或者其授权的机构确定并公布。

纳入集中采购目录的政府采购项目，应当实行集中采购。

第八条　政府采购限额标准，属于中央预算的政府采购项目，由国务院确定并公布；属于地方预算的政府采购项目，由省、自治区、直辖市人民政府或者其授权的机构确定并公布。

第九条　政府采购应当有助于实现国家的经济和社会发展政策目标，包括保护环境，扶持不发达地区和少数民族地区，促进中小企业发展等。

第十条　政府采购应当采购本国货物、工程和服务。但有下列情形之一的除外：

（一）需要采购的货物、工程或者服务在中国境内无法获取或者无法以合理的商业条件获取的；

（二）为在中国境外使用而进行采购的；

（三）其他法律、行政法规另有规定的。

前款所称本国货物、工程和服务的界定，依照国务院有关规定执行。

第十一条　政府采购的信息应当在政府采购监督管理部门指定的媒体上及时向社会公开发布，但涉及商业秘密的除外。

第十二条　在政府采购活动中，采购人员及相关人员与供应商有利害关系的，必须回避。供应商认为采购人员及相关人员与其他供应商有利害关系的，可以申请其回避。

前款所称相关人员，包括招标采购中评标委员会的组成人员，竞争性谈判采购中谈判小组的组成人员，询价采购中询价小组的组成人员等。

第十三条　各级人民政府财政部门是负责政府采购监督管理的部门，依法履行对政府采购活动的监督管理职责。

各级人民政府其他有关部门依法履行与政府采购活动有关的监督管理职责。

2）材料员工作提示

计划经济年代的政府采购实为调拨，采购的概念相对淡化。社会主义市场经济体制建立初期，与之相适应的采购体制并没有随之建立，政府的采购行为没有规范可依。因而此法的建立将引领公共财政支出管理的改革，推进社会主义市场经济体制和公共财政体制建设，也是政府调控经济的有效手段。

第二条中对"采购"、"货物"、"工程"和"服务"的解释，使建筑施工企业成为政府采购活动的参与者。同时，通过参与政府采购活动也将促进建筑施工企业对相关活动的规范管理。尤其是在今后的工作实践中，我们将不仅会为政府提供"工程"和货物，随着社会服务、政府功能市场化的推进，还会为政府提供"服务"。例如以 BOT、PPP 等模式提供排水和污水处理设施及服务；提供公路、桥梁等交通设施及服务；提供养老、助残等设施及服务。因此，学习政府采购法，不仅应了解政府采购活动的分工、程序和管控责任，还应熟悉政府采购行为的价值导向和社会理念。例如第三条提出的遵循公开透明原则、公平竞争原则、公正和诚信原则，将引导社会经济秩序的日趋规范和道德水平的不断提高。通过政府集中采购和分散采购目录，在调节供应商结构、产品成本的基础上，可以学习借鉴采购权限的分类、授权、回避等管控方式。

（2）明确政府采购当事人的种类、定位及责任

1）主要内容

政府采购当事人包括采购人、供应商务采购代理机构，三者在政府采购中的行为准则和相关规定如下：

第二章　政府采购当事人

第十四条　政府采购当事人是指在政府采购活动中享有权利和承担义务的各类主体，包括采购人、供应商和采购代理机构等。

第十五条　采购人是指依法进行政府采购的国家机关、事业单位、团体组织。

第十六条　集中采购机构为采购代理机构。设区的市、自治州以上人民政府根据本级政府采购项目组织集中采购的需要设立集中采购机构。

集中采购机构是非营利事业法人，根据采购人的委托办理采购事宜。

第十七条　集中采购机构进行政府采购活动，应当符合采购价格低于市场平均价格、采购效率更高、采购质量优良和服务良好的要求。

第十八条　采购人采购纳入集中采购目录的政府采购项目，必须委托集中采购机构代理采购；采购未纳入集中采购目录的政府采购项目，可以自行采购，也可以委托集中采购机构在委托的范围内代理采购。

纳入集中采购目录属于通用的政府采购项目的，应当委托集中采购机构代理采购；属于本部门、本系统有特殊要求的项目，应当实行部门集中采购；属于本单位有特殊要求的项目，经省级以上人民政府批准，可以自行采购。

第十九条　采购人可以委托经国务院有关部门或者省级人民政府有关部门认定资格的采购代理机构，在委托的范围内办理政府采购事宜。

采购人有权自行选择采购代理机构，任何单位和个人不得以任何方式为采购人指定采购代理机构。

第二十条　采购人依法委托采购代理机构办理采购事宜的，应当由采购人与采购代理机构签订委托代理协议，依法确定委托代理的事项，约定双方的权利义务。

第二十一条　供应商是指向采购人提供货物、工程或者服务的法人、其他组织或者自然人。

第二十二条　供应商参加政府采购活动应当具备下列条件：

（一）具有独立承担民事责任的能力；

（二）具有良好的商业信誉和健全的财务会计制度；

（三）具有履行合同所必需的设备和专业技术能力；

（四）有依法缴纳税收和社会保障资金的良好记录；

（五）参加政府采购活动前三年内，在经营活动中没有重大违法记录；

（六）法律、行政法规规定的其他条件。

采购人可以根据采购项目的特殊要求，规定供应商的特定条件，但不得以不合理的条件对供应商实行差别待遇或者歧视待遇。

第二十三条 采购人可以要求参加政府采购的供应商提供有关资质证明文件和业绩情况，并根据本法规定的供应商条件和采购项目对供应商的特定要求，对供应商的资格进行审查。

第二十四条 两个以上的自然人、法人或者其他组织可以组成一个联合体，以一个供应商的身份共同参加政府采购。

以联合体形式参加政府采购的，参加联合体的供应商均应当具备本法第二十二条规定的条件，并应当向采购人提交联合协议，载明联合体各方承担的工作和义务。联合体各方应当共同与采购人签订采购合同，就采购合同约定的事项对采购人承担连带责任。

第二十五条 政府采购当事人不得相互串通损害国家利益、社会公共利益和其他当事人的合法权益；不得以任何手段排斥其他供应商参与竞争。

供应商不得以向采购人、采购代理机构、评标委员会的组成人员、竞争性谈判小组的组成人员、询价小组的组成人员行贿或者采取其他不正当手段谋取中标或者成交。

采购代理机构不得以向采购人行贿或者采取其他不正当手段谋取非法利益。

2）材料员工作提示

政府采购当事人分为三类，即采购人、供应商和采购代理机构。

采购人所采购的项目分为两类，一是纳入集中采购目录的政府采购项目；二是未纳入集中采购目录的政府采购项目。其中纳入集中采购目录的政府采购项目必须委托给采购代理机构采购，其他的既可自行采购也可委托给采购代理机构。

建筑施工企业在政府采购法中的角色是供应商。第二十二条对供应商参加政府采购活动提出了通用条件，特殊条件由采购人另行约定。第二十四条明确供应商可以采取联合体的方式，以一个供应商的身份共同参与政府采购活动。第二十五条明确了供应商不得采取的行为。

政府采购法的建立，使得采购人根据预算确定具体采购项目和采购需求，按照法定的采购方式开展采购活动，签订合同并履行合同的方式，转变为三类采购当事人发起采购项目，由供应商、评审专家和采购人代表作为政府采购项目的共同参与者，依照法律法规和采购文件实施的采购活动。政府采购法的实施使政府采购的范围和规模不断扩大，实施范围从货物类采购向工程类、服务类采购扩展，从传统的实用类货物向专业新型货物服务扩展，从满足机关单位办公需要向为社会提供公共服务扩展。

（3）为社会活动和经济活动做出行为示范

1）主要内容

虽然第三章内容主要规定了政府采购采取的方式，并非对可能作为供应商的建筑企业做出行为规定，但是，了解政府采购方式不仅有利于建筑企业作为供应商更规范地满足采购者需求提供了依据，也可通过效仿政府采购方式规范建筑企业自身的采购行为。主要内容摘录如下：

第三章　政　府　采　购　方　式

第二十六条　政府采购采用以下方式:

(一) 公开招标;

(二) 邀请招标;

(三) 竞争性谈判;

(四) 单一来源采购;

(五) 询价;

(六) 国务院政府采购监督管理部门认定的其他采购方式。

公开招标应作为政府采购的主要采购方式。

第二十七条　采购人采购货物或者服务应当采用公开招标方式的,其具体数额标准,属于中央预算的政府采购项目,由国务院规定;属于地方预算的政府采购项目,由省、自治区、直辖市人民政府规定;因特殊情况需要采用公开招标以外的采购方式的,应当在采购活动开始前获得设区的市、自治州以上人民政府采购监督管理部门的批准。

第二十八条　采购人不得将应当以公开招标方式采购的货物或者服务化整为零或者以其他任何方式规避公开招标采购。

第二十九条　符合下列情形之一的货物或者服务,可以依照本法采用邀请招标方式采购:

(一) 具有特殊性,只能从有限范围的供应商处采购的;

(二) 采用公开招标方式的费用占政府采购项目总价值的比例过大的。

第三十条　符合下列情形之一的货物或者服务,可以依照本法采用竞争性谈判方式采购:

(一) 招标后没有供应商投标或者没有合格标的或者重新招标未能成立的;

(二) 技术复杂或者性质特殊,不能确定详细规格或者具体要求的;

(三) 采用招标所需时间不能满足用户紧急需要的;

(四) 不能事先计算出价格总额的。

第三十一条　符合下列情形之一的货物或者服务,可以依照本法采用单一来源方式采购:

(一) 只能从唯一供应商处采购的;

(二) 发生了不可预见的紧急情况不能从其他供应商处采购的;

(三) 必须保证原有采购项目一致性或者服务配套的要求,需要继续从原供应商处添购,且添购资金总额不超过原合同采购金额百分之十的。

第三十二条　采购的货物规格、标准统一、现货货源充足且价格变化幅度小的政府采购项目,可以依照本法采用询价方式采购。

2) 材料员工作提示

政府的行政行为对社会价值导向作用非常明显,政府依法行政、依规行权的行为向社会示范着遵守规则、敬畏制度的价值导向。第二十六条明确"公开招标应作为政府采购的主要采购方式",必将引导各级政府、大型企业、国有企业更多地采取"阳光交易",从而为营造良好的市场竞争环境创造氛围和提供经验。第二十九条、三十条、三十一条为邀请招标、竞争性谈判和单一来源的采购方式进行了条件性限制，就是为了能够在最大包容范围内实现规范化采购。

部分地方的住房和城乡建设主管部门，根据本地区的情况也制定了"必须"实施采购招标的工程材料设备类别，但在实施过程中遇到了诸如采购招标范围、招标周期、资金制约等因素而未达到计划的效果。政府采购法的实施将初步形成以政府采购法为统领，以部门规章为依托的政府采购法律制度框架，涵盖了体制机制、执行操作、基础管理及监督处罚等各个方面的内容。随着政府采购法实施的普及程度和执行力度提高，将会促进包括建筑市场在内的采购行为的市场化和规范化提升。

（4）规范的采购程序是规范采购行为的必须

1）主要内容

知晓采购程序是供应商完成供应任务的基础，《政府采购法》对此规定如下：

第四章　政府采购程序

第三十三条　负有编制部门预算职责的部门在编制下一财政年度部门预算时，应当将该财政年度政府采购的项目及资金预算列出，报本级财政部门汇总。部门预算的审批，按预算管理权限和程序进行。

第三十四条　货物或者服务项目采取邀请招标方式采购的，采购人应当从符合相应资格条件的供应商中，通过随机方式选择三家以上的供应商，并向其发出投标邀请书。

第三十五条　货物和服务项目实行招标方式采购的，自招标文件开始发出之日起至投标人提交投标文件截止之日止，不得少于二十日。

第三十六条　在招标采购中，出现下列情形之一的，应予废标：

（一）符合专业条件的供应商或者对招标文件作实质响应的供应商不足三家的；

（二）出现影响采购公正的违法、违规行为的；

（三）投标人的报价均超过了采购预算，采购人不能支付的；

（四）因重大变故，采购任务取消的。

废标后，采购人应当将废标理由通知所有投标人。

第三十七条　废标后，除采购任务取消情形外，应当重新组织招标；需要采取其他方式采购的，应当在采购活动开始前获得设区的市、自治州以上人民政府采购监督管理部门或者政府有关部门批准。

第三十八条　采用竞争性谈判方式采购的，应当遵循下列程序：

（一）成立谈判小组。谈判小组由采购人的代表和有关专家共三人以上的单数组成，其中专家的人数不得少于成员总数的三分之二。

（二）制定谈判文件。谈判文件应当明确谈判程序、谈判内容、合同草案的条款以及评定成交的标准等事项。

（三）确定邀请参加谈判的供应商名单。谈判小组从符合相应资格条件的供应商名单中确定不少于三家的供应商参加谈判，并向其提供谈判文件。

（四）谈判。谈判小组所有成员集中与单一供应商分别进行谈判。在谈判中，谈判的任何一方不得透露与谈判有关的其他供应商的技术资料、价格和其他信息。谈判文件有实质性变动的，谈判小组应当以书面形式通知所有参加谈判的供应商。

（五）确定成交供应商。谈判结束后，谈判小组应当要求所有参加谈判的供应商在规定时间内进行最后报价，采购人从谈判小组提出的成交候选人中根据符合采购需求、质量和服务相等且报价最低的原则确定成交供应商，并将结果通知所有参加谈判的未成交的供应商。

第三十九条　采取单一来源方式采购的，采购人与供应商应当遵循本法规定的原则，在保证采购项目质量和双方商定合理价格的基础上进行采购。

第四十条　采取询价方式采购的，应当遵循下列程序：

（一）成立询价小组。询价小组由采购人的代表和有关专家共三人以上的单数组成，其中专家的人数不得少于成员总数的三分之二。询价小组应当对采购项目的价格构成和评定成交的标准等事项作出规定。

（二）确定被询价的供应商名单。询价小组根据采购需求，从符合相应资格条件的供应商名单中确定不少于三家的供应商，并向其发出询价通知书让其报价。

（三）询价。询价小组要求被询价的供应商一次报出不得更改的价格。

（四）确定成交供应商。采购人根据符合采购需求、质量和服务相等且报价最低的原则确定成交供应商，并将结果通知所有被询价的未成交的供应商。

第四十一条　采购人或者其委托的采购代理机构应当组织对供应商履约的验收。大型或者复杂的政府采购项目，应当邀请国家认可的质量检测机构参加验收工作。验收方成员应当在验收书上签字，并承担相应的法律责任。

第四十二条　采购人、采购代理机构对政府采购项目每项采购活动的采购文件应当妥善保存，不得伪造、变造、隐匿或者销毁。采购文件的保存期限为从采购结束之日起至少保存十五年。

采购文件包括采购活动记录、采购预算、招标文件、投标文件、评标标准、评估报告、定标文件、合同文本、验收证明、质疑答复、投诉处理决定及其他有关文件、资料。

采购活动记录至少应当包括下列内容：

（一）采购项目类别、名称；

（二）采购项目预算、资金构成和合同价格；

（三）采购方式。采用公开招标以外的采购方式的，应当载明原因；

（四）邀请和选择供应商的条件及原因；

（五）评标标准及确定中标人的原因；

（六）废标的原因；

（七）采用招标以外采购方式的相应记载。

2）材料员工作提示

本章规定了政府几种采购方式及应履行的程序性规则，规定了按年度实施编制预算，按管理权限进行汇总、审批，大大增加了政府采购的计划性。第三十五条、三十六条、三十七条规定了招标采购程序，明确了废标的标准及后续处置。第三十八条、三十九条、四十条分别对竞争性谈判方式采购、单一来源方式采购和询价式采购的程序予以约定，不仅使政府采购过程的具体行为有章可循，也给建筑施工企业规范和实施采购管理提供了依据。

采购询价小组、采购人、采购代理机构、供应商的各类活动应以文字的形式记录、保存，既规范了采购活动全过程，也实现了相关工作的可追溯。

（5）采购法规制度体系不断健全

1）主要内容

采购合同是规范采购行为，保障采购当事权益的重要法律依据。《政府采购法》中对此规定如下：

第五章　政府采购合同

第四十三条　政府采购合同适用合同法。采购人和供应商之间的权利和义务，应当按照平等、自愿的原则以合同方式约定。

采购人可以委托采购代理机构代表其与供应商签订政府采购合同。由采购代理机构以采购人名义签订合同的，应当提交采购人的授权委托书，作为合同附件。

第四十四条　政府采购合同应当采用书面形式。

第四十五条　国务院政府采购监督管理部门应当会同国务院有关部门，规定政府采购合同必须具备的条款。

第四十六条　采购人与中标、成交供应商应当在中标、成交通知书发出之日起三十日内，按照采购文件确定的事项签订政府采购合同。

中标、成交通知书对采购人和中标、成交供应商均具有法律效力。中标、成交通知书发出后，采购人改变中标、成交结果的，或者中标、成交供应商放弃中标、成交项目的，应当依法承担法律责任。

第四十七条　政府采购项目的采购合同自签订之日起七个工作日内，采购人应当将合同副本报同级政府采购监督管理部门和有关部门备案。

第四十八条　经采购人同意，中标、成交供应商可以依法采取分包方式履行合同。

政府采购合同分包履行的，中标、成交供应商就采购项目和分包项目向采购人负责，分包供应商就分包项目承担责任。

第四十九条　政府采购合同履行中，采购人需追加与合同标的相同的货物、工程或者服务的，在不改变合同其他条款的前提下，可以与供应商协商签订补充合同，但所有补充合同的采购金额不得超过原合同采购金额的百分之十。

第五十条　政府采购合同的双方当事人不得擅自变更、中止或者终止合同。

政府采购合同继续履行将损害国家利益和社会公共利益的，双方当事人应当变更、中止或者终止合同。有过错的一方应当承担赔偿责任，双方都有过错的，各自承担相应的责任。

第六章　质疑与投诉

第五十一条　供应商对政府采购活动事项有疑问的，可以向采购人提出询问，采购人应当及时作出答复，但答复的内容不得涉及商业秘密。

第五十二条　供应商认为采购文件、采购过程和中标、成交结果使自己的权益受到损害的，可以在知道或者应知其权益受到损害之日起七个工作日内，以书面形式向采购人提出质疑。

第五十三条　采购人应当在收到供应商的书面质疑后七个工作日内作出答复，并以书面形式通知质疑供应商和其他有关供应商，但答复的内容不得涉及商业秘密。

第五十四条 采购人委托采购代理机构采购的，供应商可以向采购代理机构提出询问或者质疑，采购代理机构应当依照本法第五十一条、第五十三条的规定就采购人委托授权范围内的事项作出答复。

第五十五条 质疑供应商对采购人、采购代理机构的答复不满意或者采购人、采购代理机构未在规定的时间内作出答复的，可以在答复期满后十五个工作日内向同级政府采购监督管理部门投诉。

第五十六条 政府采购监督管理部门应当在收到投诉后三十个工作日内，对投诉事项作出处理决定，并以书面形式通知投诉人和与投诉事项有关的当事人。

第五十七条 政府采购监督管理部门在处理投诉事项期间，可以视具体情况书面通知采购人暂停采购活动，但暂停时间最长不得超过三十日。

第五十八条 投诉人对政府采购监督管理部门的投诉处理决定不服或者政府采购监督管理部门逾期未作处理的，可以依法申请行政复议或者向人民法院提起行政诉讼。

2）材料员工作提示

依据公平、公正、公开原则架构的政府采购制度，改变了传统的政府部门自由随意采购的局面，确立了依法采购的市场，有效规范了政府支出行为和政府采购市场交易秩序，奠定了政府采购市场良性发展的基础。政府采购法基本确立了"管采分离、机构分设、政事分开、相互制约"的工作机制，确立了以公开招标为主要采购方式的交易模式，促进了统一规范、有序竞争并对外开放的政府采购市场逐步形成。政府采购政策的实践，丰富了财政调控的方式和手段，促进了产业政策落实，显示出其作为宏观调控手段的重要作用。

（6）严格执法监督，推进制度完善

1）主要内容

有法必依、执法必严是法律发挥效力的前提。监督检查可以促进政府采购当事人树立法制观念、遵循法律内容，也可以约束不当行为、规避法律风险。为此，《政府采购法》对监督检查做出如下规定：

第七章 监 督 检 查

第五十九条 政府采购监督管理部门应当加强对政府采购活动及集中采购机构的监督检查。

监督检查的主要内容是：

（一）有关政府采购的法律、行政法规和规章的执行情况；

（二）采购范围、采购方式和采购程序的执行情况；

（三）政府采购人员的职业素质和专业技能。

第六十条 政府采购监督管理部门不得设置集中采购机构，不得参与政府采购项目的采购活动。

采购代理机构与行政机关不得存在隶属关系或者其他利益关系。

第六十一条 集中采购机构应当建立健全内部监督管理制度。采购活动的决策和执行程序应当明确，并相互监督、相互制约。经办采购的人员与负责采购合同审核、验收人员的职责权限应当明确，并相互分离。

第六十二条 集中采购机构的采购人员应当具有相关职业素质和专业技能，符合政府采购监督管理部门规定的专业岗位任职要求。

集中采购机构对其工作人员应当加强教育和培训；对采购人员的专业水平、工作实绩和职业道德状况定期进行考核。采购人员经考核不合格的，不得继续任职。

第六十三条 政府采购项目的采购标准应当公开。

采用本法规定的采购方式的，采购人在采购活动完成后，应当将采购结果予以公布。

第六十四条 采购人必须按照本法规定的采购方式和采购程序进行采购。

任何单位和个人不得违反本法规定，要求采购人或者采购工作人员向其指定的供应商进行采购。

第六十五条 政府采购监督管理部门应当对政府采购项目的采购活动进行检查，政府采购当事人应当如实反映情况，提供有关材料。

第六十六条 政府采购监督管理部门应当对集中采购机构的采购价格、节约资金效果、服务质量、信誉状况、有无违法行为等事项进行考核，并定期如实公布考核结果。

第六十七条 依照法律、行政法规的规定对政府采购负有行政监督职责的政府有关部门，应当按照其职责分工，加强对政府采购活动的监督。

第六十八条 审计机关应当对政府采购进行审计监督。政府采购监督管理部门、政府采购各当事人有关政府采购活动，应当接受审计机关的审计监督。

第六十九条 监察机关应当加强对参与政府采购活动的国家机关、国家公务员和国家行政机关任命的其他人员实施监察。

第七十条 任何单位和个人对政府采购活动中的违法行为，有权控告和检举，有关部门、机关应当依照各自职责及时处理。

第八章 法 律 责 任

第七十一条 采购人、采购代理机构有下列情形之一的，责令限期改正，给予警告，可以并处罚款，对直接负责的主管人员和其他直接责任人员，由其行政主管部门或者有关机关给予处分，并予通报：

（一）应当采用公开招标方式而擅自采用其他方式采购的；

（二）擅自提高采购标准的；

（三）委托不具备政府采购业务代理资格的机构办理采购事务的；

（四）以不合理的条件对供应商实行差别待遇或者歧视待遇的；

（五）在招标采购过程中与投标人进行协商谈判的；

（六）中标、成交通知书发出后不与中标、成交供应商签订采购合同的；

（七）拒绝有关部门依法实施监督检查的。

第七十二条 采购人、采购代理机构及其工作人员有下列情形之一，构成犯罪的，依法追究刑事责任；尚不构成犯罪的，处以罚款，有违法所得的，并处没收违法所得，属于国家机关工作人员的，依法给予行政处分：

（一）与供应商或者采购代理机构恶意串通的；

（二）在采购过程中接受贿赂或者获取其他不正当利益的；

（三）在有关部门依法实施的监督检查中提供虚假情况的；

（四）开标前泄露标底的。

第七十三条　有前两条违法行为之一影响中标、成交结果或者可能影响中标、成交结果的，按下列情况分别处理：

（一）未确定中标、成交供应商的，终止采购活动；

（二）中标、成交供应商已经确定但采购合同尚未履行的，撤销合同，从合格的中标、成交候选人中另行确定中标、成交供应商；

（三）采购合同已经履行的，给采购人、供应商造成损失的，由责任人承担赔偿责任。

第七十四条　采购人对应当实行集中采购的政府采购项目，不委托集中采购机构实行集中采购的，由政府采购监督管理部门责令改正；拒不改正的，停止按预算向其支付资金，由其上级行政主管部门或者有关机关依法给予其直接负责的主管人员和其他直接责任人员处分。

第七十五条　采购人未依法公布政府采购项目的采购标准和采购结果的，责令改正，对直接负责的主管人员依法给予处分。

第七十六条　采购人、采购代理机构违反本法规定隐匿、销毁应当保存的采购文件或者伪造、变造采购文件的，由政府采购监督管理部门处以二万元以上十万元以下的罚款，对其直接负责的主管人员和其他直接责任人员依法给予处分；构成犯罪的，依法追究刑事责任。

第七十七条　供应商有下列情形之一的，处以采购金额千分之五以上千分之十以下的罚款，列入不良行为记录名单，在一至三年内禁止参加政府采购活动，有违法所得的，并处没收违法所得，情节严重的，由工商行政管理机关吊销营业执照；构成犯罪的，依法追究刑事责任：

（一）提供虚假材料谋取中标、成交的；

（二）采取不正当手段诋毁、排挤其他供应商的；

（三）与采购人、其他供应商或者采购代理机构恶意串通的；

（四）向采购人、采购代理机构行贿或者提供其他不正当利益的；

（五）在招标采购过程中与采购人进行协商谈判的；

（六）拒绝有关部门监督检查或者提供虚假情况的。

供应商有前款第（一）至（五）项情形之一的，中标、成交无效。

第七十八条　采购代理机构在代理政府采购业务中有违法行为的，按照有关法律规定处以罚款，可以依法取消其进行相关业务的资格，构成犯罪的，依法追究刑事责任。

第七十九条　政府采购当事人有本法第七十一条、第七十二条、第七十七条违法行为之一，给他人造成损失的，并应依照有关民事法律规定承担民事责任。

第八十条　政府采购监督管理部门的工作人员在实施监督检查中违反本法规定滥用职权，玩忽职守，徇私舞弊的，依法给予行政处分；构成犯罪的，依法追究刑事责任。

第八十一条　政府采购监督管理部门对供应商的投诉逾期未作处理的，给予直接负责的主管人员和其他直接责任人员行政处分。

第八十二条　政府采购监督管理部门对集中采购机构业绩的考核，有虚假陈述，隐瞒真实情况的，或者不作定期考核和公布考核结果的，应当及时纠正，由其上级机关或者监察机关对其负责人进行通报，并对直接负责的人员依法给予行政处分。

集中采购机构在政府采购监督管理部门考核中，虚报业绩，隐瞒真实情况的，处以二万元以上二十万元以下的罚款，并予以通报；情节严重的，取消其代理采购的资格。

第八十三条 任何单位或者个人阻挠和限制供应商进入本地区或者本行业政府采购市场的，责令限期改正；拒不改正的，由该单位、个人的上级行政主管部门或者有关机关给予单位责任人或者个人处分。

第九章 附 则

第八十四条 使用国际组织和外国政府贷款进行的政府采购，贷款方、资金提供方与中方达成的协议对采购的具体条件另有规定的，可以适用其规定，但不得损害国家利益和社会公共利益。

第八十五条 对因严重自然灾害和其他不可抗力事件所实施的紧急采购和涉及国家安全和秘密的采购，不适用本法。

第八十六条 军事采购法规由中央军事委员会另行制定。

第八十七条 本法实施的具体步骤和办法由国务院规定。

第八十八条 本法自 2003 年 1 月 1 日起施行。

2）材料员工作提示

政府采购制度的建设完善是一个长期的过程。与行政体制改革要求及国际上比较成熟的政府采购制度相比，我们的政府采购制度还有很大差距，反映出腐败案件时有发生，"天价采购"、质量问题、效率低下等问题也引起社会对政府采购制度的质疑。这些，都将通过法律的贯彻落实及实践中的不断探索完善，推动政府采购行为逐步走向市场规范。

（三）安全生产法及其修正

《中华人民共和国安全生产法》由第九届全国人民代表大会常务委员会第二十八次会议于 2002 年 6 月 29 日通过，自 2002 年 11 月 1 日起施行。后于 2009 年 8 月 27 日经十一届人大常委会十次会议修正。2014 年 8 月 31 日发布的《全国人民代表大会常务委员会关于修改〈中华人民共和国安全生产法〉的决定》为第三次修正。

1. 立法目的和意义

《安全生产法》总则第一条开宗明义地表述其立法宗旨是"为了加强安全生产监督管理，防止和减少生产安全事故，保障人民群众生命和财产安全，促进经济发展。"

（1）提高安全生产意识，加强安全生产的监督管理

《安全生产法》明确了安全生产监督管理的工作格局是"政府统一领导、部门依法管理、企业全面负责、社会广泛参与"。一是明确国务院以及地方人民政府、政府各工作部门安全生产监督管理的职责和职能，具体体现在第一章《总则》第 8、9、10、11、13、14、15 条和第四章《安全生产的监督管理》以及其他相关条款之中，为有法可依、执法必严、违法必究提供了强有力的法律保障，为公开、公正执法提供了依据。二是依法规范生产经营单位的安全生产工作。《安全生产法》对各生产经营单位生产经营所必须具备的

安全生产条件、主要负责人的安全生产职责、特种作业人员的资质、安全投入、安全建设工程和安全设施、从业人员的人身保障等安全生产保障措施和安全生产违法行为应负的法律责任，做出了严格、明确的规定，明确了生产经营单位、企业负责人的权利、义务和责任。三是明确了工会、村民委员会、从业人员和新闻机构对安全生产工作的监督，协助政府和安全生产监管部门查处安全违法行为。《安全生产法》专门规定了工会、居民委员会、村民委员会和新闻媒体、从业人员对安全生产进行监督的权利义务，从而把各级人民政府及其安全生产监管部门的监督范围扩大到全社会，延伸到城镇街道和农村，形成全社会广泛参与安全生产监督管理的工作格局。四是明确了为安全生产服务的有关中介机构，包括安全技术服务、科研、教育、文化、咨询、设计、评价、检测、检验等中介组织是安全生产监督管理的重要组成部分，其职责、权利、义务和责任都作了一一界定。

（2）防止和减少生产安全事故，保障人民群众生命和财产安全

纵观新中国成立60多年来安全伤亡事故变化情况，不难得出结论，凡是重视安全生产管理、强化安全生产监督、完善安全法制的时期，伤亡事故都得到了有效控制。反之，事故反弹，伤亡增加。因此，健全社会主义法制，加强安全生产监督，能够有效防止和减少安全生产事故。

《安全生产法》的贯彻实施，有利于保障人民群众生命财产安全。重视和保护人的生命权，是制定《安全生产法》的根本出发点和落脚点。人既是各类生产经营活动的主体，又是安全生产事故的受害者或责任者。《安全生产法》贯彻了以人为本的原则，在赋予各种法律主体必要权利的同时设定其应尽的义务。这就要求各级政府特别是各类生产经营单位的领导人和负责人，必须以对人民群众高度负责的精神和强烈的责任感，重视人的价值，关注安全，关爱生命。

（3）促进安全生产与经济发展的和谐共赢

安全与生产是一对双胞胎，既相互矛盾，又相互统一。没有生产，何谈安全；没有安全，生产何以为继。再者，就生产安全事故的定义而言，不仅人的生命和生产经营单位的财产损失是事故，而且明确了造成生产经营活动暂时或永久停止也是事故。从这个意义上讲，安全生产管理不仅要保障人民的生命财产安全，而且要把保障生产持续、稳定、健康、有序运行作为自身的根本任务和目的全面展开，从而促进社会经济发展。

（4）制裁安全生产违法行为

《安全生产法》没有直接指出制裁安全生产违法行为是其立法的目的之一，但其他一些安全生产法规明确规定了制裁安全生产违法行为是立法的目的之一。从法律的功能上讲，公平和公正是法律制定的基本原则，要保障守法者的利益，就要打击违法，让违法成本大大高于守法成本，才能还守法者公平，让违法者得到教育。从《安全生产法》本身讲，第六章《法律责任》及其他相关条款都体现了对安全生产违法行为的制裁。所以，制裁安全生产违法行为理所当然是其立法的目的之一。

《安全生产法》作为我国安全生产的综合性法律，具有丰富的法律内涵和规范作用。它的通过实施，对全面加强我国安全生产法制建设，激发全社会对公民生命权的珍视和保护，提高全民族的安全法律意识，规范生产经营单位的安全生产，强化安全生产监督管理，遏制重大、特大事故，促进经济发展和保持社会稳定都具有重大的现实意义，必将产生深远的历史影响。

安全生产法为了加强安全生产监督管理，防止和减少生产安全事故，保障人民群众生命和财产安全，促进经济发展而制定。适用于在中华人民共和国领域内从事生产经营活动的单位（以下统称生产经营单位）的安全生产。本法共七章97条，分别就生产经营单位的安全生产保障、从业人员的权利和义务、安全生产的监督管理、生产安全事故的应急救援与调查处理、法律责任等做出规定。

根据建筑施工企业材料员工作职责和特点，特撷取部分内容，作为工作提示。

2. 主要内容及材料员工作提示

（1）深刻理解立法目的和依据，提升安全生产意识

1）主要内容

《安全生产法》的总则部分，表明了安全生产的立法目的和依据，表明了从事生产经营活动的单位必须坚持的安全生产方针和理念。其主要内容包括：

第一章　总　则

第一条　为了加强安全生产工作，防止和减少生产安全事故，保障人民群众生命和财产安全，促进经济社会持续健康发展，制定本法。

第二条　在中华人民共和国领域内从事生产经营活动的单位（以下统称生产经营单位）的安全生产，适用本法；有关法律、行政法规对消防安全和道路交通安全、铁路交通安全、水上交通安全、民用航空安全以及核与辐射安全、特种设备安全另有规定的，适用其规定。

第三条　安全生产管理，坚持安全第一、预防为主的方针。

第四条　生产经营单位必须遵守本法和其他有关安全生产的法律、法规，加强安全生产管理，建立、健全安全生产责任制度，完善安全生产条件，确保安全生产。

第五条　生产经营单位的主要负责人对本单位的安全生产工作全面负责。

第六条　生产经营单位的从业人员有依法获得安全生产保障的权利，并应当依法履行安全生产方面的义务。

第七条　工会依法组织职工参加本单位安全生产工作的民主管理和民主监督，维护职工在安全生产方面的合法权益。

第十四条　国家鼓励和支持安全生产科学技术研究和安全生产先进技术的推广应用，提高安全生产水平。

第十五条　国家对在改善安全生产条件、防止生产安全事故、参加抢险救护等方面取得显著成绩的单位和个人，给予奖励。

2）材料员工作提示

① 材料员是建筑活动安全生产的重要参与者

经济规模的逐渐扩大，经济组织形式的多样化，从业人员的从业水平及流动性等现状，使建筑业安全生产形势比起传统生产模式下愈加严峻。加强安全生产的立法、执法势在必行。建筑工程的建筑活动具有生产类安全风险、隐患和管控的共性又有其行业特点，材料员应深刻理解安全生产法所明确的基本内容，结合建筑施工活动的特征，才能为有效防止和减少安全生产事故，排查安全生产隐患，制定有针对性的安全生产措施。例如住建部第17号令《建筑施工企业主要负责人、项目负责人和专职安全生产管理人员安全生产

管理规定》（见第三章第一节）就是为了在建筑施工企业深入贯彻落实《安全生产法》所制定的规章。建筑施工企业按照行业工会要求成立工会安全生产管理委员会，为全员参与安全生产管理，全员监督安全生产运行提供了组织和制度保障。

国家通过行业政策、科研奖励等渠道鼓励和支持安全生产科学技术研究和安全生产先进技术的推广应用，提高安全生产水平，从而实现建筑活动的本质安全。本质安全的标志是指通过设计等手段使生产设备或生产系统本身具有安全性，即使在误操作或发生故障的情况下也不会造成事故的功能。材料员应关注新型建筑材料及其施工工艺，推进其在建筑活动中的应用。同时，也需要掌握新材料、新工艺的性能、方法及操作过程中可能存在的安全隐患及预防措施。

② 准确把握《安全生产法》的修改目的和意义

《全国人民代表大会常务委员会关于修改〈中华人民共和国安全生产法〉的决定》（第13号主席令公布）对总则中部分条款进行了修改，通过对修订内容的阅读，既可了解安全生产理念的变化，也要掌握安全生产规定的要义。其修改的内容包括：

一是将第三条修改为："安全生产工作应当以人为本，坚持安全发展，坚持安全第一、预防为主、综合治理的方针，强化和落实生产经营单位的主体责任，建立生产经营单位负责、职工参与、政府监管、行业自律和社会监督的机制"。修改中特别提出了"以人为本"的理念，强调了发展应当是以人为本的发展，而不应当是以物或以经济为本的发展；发展应当是以绝大多数人为本的发展，而不应当是以少数人为本的发展；发展应当是以无数个具有平等权利的个体人为本的发展。这种理念必将通过政策和制度的安排贯彻在施工企业的建筑活动中。

二是第四条修改为："生产经营单位必须遵守本法和其他有关安全生产的法律、法规，加强安全生产管理，建立健全安全生产责任制和安全生产规章制度，改善安全生产条件，推进安全生产标准化建设，提高安全生产水平，确保安全生产"。修改中特别将安全生产责任制度分解为"责任制"和"规章制度"，强调了各级组织和负责人应承担的责任，强调了管控体系中规章制度的建设，确立了有规可循、有人担当、分工明确、责权对应的管理路径。同时，特别强调了推进安全生产标准化建设，将会提升建筑活动的规范化水平。

三是将第七条修改为："工会依法对安全生产工作进行监督。生产经营单位的工会依法组织职工参加本单位安全生产工作的民主管理和民主监督，维护职工在安全生产方面的合法权益。生产经营单位制定或者修改有关安全生产的规章制度，应当听取工会的意见"。修改后的内容对工会行使安全生产工作民主管理和民主监督权力明确了路径，特别指出了必须听取工会意见的工作内容，为发挥工会维护职工权益职能提供了保障。

四是增加一条作为第十二条："有关协会组织依照法律、行政法规和章程，为生产经营单位提供安全生产方面的信息、培训等服务，发挥自律作用，促进生产经营单位加强安全生产管理"。修改的内容为行业协会参与安全生产的管理提供了法律依据，明确了可提供的服务内容。

其他内容的修改主要涉及各级政府的职责及分工。

（2）建立健全建筑施工企业安全生产管控体系

1）主要内容

《安全生产法》对生产经营单位的主要负责人、安全生产教育培训、安全生产条件及各类生产经营活动必须遵守的安全生产行为做出了规定，主要内容摘录如下：

第二章　生产经营单位的安全生产保障

第十七条　生产经营单位的主要负责人对本单位安全生产工作负有下列职责：

（一）建立、健全本单位安全生产责任制；

（二）组织制定本单位安全生产规章制度和操作规程；

（三）保证本单位安全生产投入的有效实施；

（四）督促、检查本单位的安全生产工作，及时消除生产安全事故隐患；

（五）组织制定并实施本单位的生产安全事故应急救援预案；

（六）及时、如实报告生产安全事项。

第十八条　生产经营单位应当具备的安全生产条件所必需的资金投入，由生产经营单位的决策机构、主要负责人或者个人经营的投资人予以保证，并对由于安全生产所必需的资金投入不足导致的后果承担责任。

第十九条　矿山、建筑施工单位和危险物品的生产、经营、储存单位，应当设置安全生产管理机构或者配备专职安全生产管理人员。

前款规定以外的其他生产经营单位，从业人员超过三百人的，应当设置安全生产管理机构或者配备专职安全生产管理人员；从业人员在三百人以下的，应当配备专职或者兼职的安全生产管理人员，或者委托具有国家规定的相关专业技术资格的工程技术人员提供安全生产管理服务。

生产经营单位依照前款规定委托工程技术人员提供安全生产管理服务的，保证安全生产的责任仍由本单位负责。

第二十条　生产经营单位的主要负责人和安全生产管理人员必须具备与本单位所从事的生产经营活动相应的安全生产知识和管理能力。

危险物品的生产、经营、储存单位以及矿山、建筑施工单位的主要负责人和安全生产管理人员，应当由有关主管部门对其安全生产知识和管理能力考核合格后方可任职。考核不得收费。

第二十一条　生产经营单位应当对从业人员进行安全生产教育和培训，保证从业人员具备必要的安全生产知识，熟悉有关的安全生产规章制度和安全操作规程，掌握本岗位的安全操作技能。未经安全生产教育和培训合格的从业人员，不得上岗作业。

第二十二条　生产经营单位采用新工艺、新技术、新材料或者使用新设备，必须了解、掌握其安全技术特性，采取有效的安全防护措施，并对从业人员进行专门的安全生产教育和培训。

第二十三条　生产经营单位的特种作业人员必须按照国家有关规定经专门的安全作业培训，取得特种作业操作资格证书，方可上岗作业。

特种作业人员的范围由国务院负责安全生产监督管理的部门会同国务院有关部门确定。

第二十四条　生产经营单位新建、改建、扩建工程项目（以下统称建设项目）的安全设施，必须与主体工程同时设计、同时施工、同时投入生产和使用。安全设施投资应当纳入建设项目概算。

第二十五条　矿山建设项目和用于生产、储存危险物品的建设项目，应当分别按照国家有关规定进行安全条件论证和安全评价。

第二十六条　建设项目安全设施的设计人、设计单位应当对安全设施设计负责。

第二十八条　生产经营单位应当在有较大危险因素的生产经营场所和有关设施、设备上，设置明显的安全警示标志。

第二十九条　安全设备的设计、制造、安装、使用、检测、维修、改造和报废，应当符合国家标准或者行业标准。

生产经营单位必须对安全设备进行经常性维护、保养，并定期检测，保证正常运转。维护、保养、检测应当作好记录，并由有关人员签字。

第三十条　生产经营单位使用的涉及生命安全、危险性较大的特种设备，以及危险物品的容器、运输工具，必须按照国家有关规定，由专业生产单位生产，并经取得专业资质的检测、检验机构检测、检验合格，取得安全使用证或者安全标志，方可投入使用。检测、检验机构对检测、检验结果负责。

涉及生命安全、危险性较大的特种设备的目录由国务院负责特种设备安全监督管理的部门制定，报国务院批准后执行。

第三十一条　国家对严重危及生产安全的工艺、设备实行淘汰制度。

生产经营单位不得使用国家明令淘汰、禁止使用的危及生产安全的工艺、设备。

第三十二条　生产、经营、运输、储存、使用危险物品或者处置废弃危险物品的，由有关主管部门依照有关法律、法规的规定和国家标准或者行业标准审批并实施监督管理。

生产经营单位生产、经营、运输、储存、使用危险物品或者处置废弃危险物品，必须执行有关法律、法规和国家标准或者行业标准，建立专门的安全管理制度，采取可靠的安全措施，接受有关主管部门依法实施的监督管理。

第三十三条　生产经营单位对重大危险源应当登记建档，进行定期检测、评估、监控，并制定应急预案，告知从业人员和相关人员在紧急情况下应当采取的应急措施。

生产经营单位应当按照国家有关规定将本单位重大危险源及有关安全措施、应急措施报有关地方人民政府负责安全生产监督管理的部门和有关部门备案。

第三十四条　生产、经营、储存、使用危险物品的车间、商店、仓库不得与员工宿舍在同一座建筑物内，并应当与员工宿舍保持安全距离。

生产经营场所和员工宿舍应当设有符合紧急疏散要求、标志明显、保持畅通的出口。禁止封闭、堵塞生产经营场所或者员工宿舍的出口。

第三十五条　生产经营单位进行爆破、吊装等危险作业，应当安排专门人员进行现场安全管理，确保操作规程的遵守和安全措施的落实。

第三十六条　生产经营单位应当教育和督促从业人员严格执行本单位的安全生产规章制度和安全操作规程；并向从业人员如实告知作业场所和工作岗位存在的危险因素、防范措施以及事故应急措施。

第三十七条　生产经营单位必须为从业人员提供符合国家标准或者行业标准的劳动防护用品，并监督、教育从业人员按照使用规则佩戴、使用。

第三十八条　生产经营单位的安全生产管理人员应当根据本单位的生产经营特点，对安全生产状况进行经常性检查；对检查中发现的安全问题，应当立即处理；不能处理的，应当及时报告本单位有关负责人。检查及处理情况应当记录在案。

第三十九条　生产经营单位应当安排用于配备劳动防护用品、进行安全生产培训的经费。

第四十条　两个以上生产经营单位在同一作业区域内进行生产经营活动，可能危及对方生产安全的，应当签订安全生产管理协议，明确各自的安全生产管理职责和应当采取的安全措施，并指定专职安全生产管理人员进行安全检查与协调。

第四十一条　生产经营单位不得将生产经营项目、场所、设备发包或者出租给不具备安全生产条件或者相应资质的单位或者个人。

生产经营项目、场所有多个承包单位、承租单位的，生产经营单位应当与承包单位、承租单位签订专门的安全生产管理协议，或者在承包合同、租赁合同中约定各自的安全生产管理职责；生产经营单位对承包单位、承租单位的安全生产工作统一协调、管理。

第四十二条　生产经营单位发生重大生产安全事故时，单位的主要负责人应当立即组织抢救，并不得在事故调查处理期间擅离职守。

第四十三条　生产经营单位必须依法参加工伤社会保险，为从业人员缴纳保险费。

2）材料员工作提示

建筑施工企业安全生产管控体系包括三方面内容，一是制度建设，即建立对建筑活动全过程的工作内容、方法及限制，确保在生产经营活动中有章可循；二是机构和人员配置，即明确行使安全生产管理职责的机构，配置确保规章落实的执行人员；三是匹配资金投入，确保安全生产的设施设备发挥作用。

① 加强安全生产培训教育

安全生产的培训教育应特别注意以下三方面：

一是对建筑活动参与人开展有针对性的培训和教育。按照相关规定必须进行企业法定代表人、项目负责人、专职安全管理人员的培训并取得相应的资格证书方能参与建筑活动。对进入施工现场的全部人员必须进行入场安全生产教育，未参与教育者不得从事建筑生产活动。对特种作业人员必须进行专业培训并取得合格证书后方可上岗作业。特种作业人员包括建筑电工、建筑架子工、建筑起重信号司索工、建筑起重机械司机、建筑起重机械安装拆卸工、高处作业吊篮安装拆卸工和地方政府确认的其他特种作业人员。

二是针对材料、工艺、设备的培训和教育。使专业操作人员和专业管理人员了解其性能、技术特性、施工和使用方法及可能存在的安全隐患，提高防范能力。对建筑活动中采取的新材料、新工艺和新设备应特别开展培训教育，掌握施工和操作要领，减少安全事故，并通过实践不断发现和避免新的安全生产隐患。同时，材料员还应特别关注国家及所在地方政府关于"推广"、"淘汰或禁止"、"限制"材料和设备的政策规定。

三是针对危险品的专项培训教育。针对危险品的运输、储存、产品维护进行防范危险发生的教育和培训。包括危险品在施工现场的存放地点布置，存放场所的设施要求，运输及使用中的注重事项和操作方法等，以及应建立危险品档案，应有明确的标志，有详细的操作规程和应急预案，从事危险作业时必须安排专门人员进行现场安全管理。

② 明确安全生产责任

第十七条明确了作为企业主要负责人对本单位安全生产工作负有的责任，第四十二条规定企业发生重大生产安全事故时，主要负责人应当立即组织抢救，并不得在事故调查处理期间擅离职守。

依据第四十、四十一条规定，当施工现场有两个以上分包单位在同一作业区域内进行施工时，应当签订安全生产管理协议，或者在承包合同、租赁合同中约定各自的安全生产管理职责，明确各自的责任和应当采取的安全措施，并指定专职安全生产管理人员进行安全检查与协调。同时第四十一条规定不得将生产经营项目、场所、设备发包或者出租给不具备安全生产条件或者相应资质的单位或者个人。

③ 配备必要的劳动保护用品

第三十七条规定施工企业必须为从业人员提供符合国家标准或者行业标准的劳动防护用品，建筑施工生产的劳动保护用品通常包括从事建筑施工活动的人员使用的安全帽、安全带以及安全（绝缘）鞋、防护眼镜、防护手套、防尘（毒）口罩等。第三十九条要求施工企业应当安排用于配备劳动防护用品、进行安全生产培训的经费。

④ 加强安全生产的检查

依据第三十八条规定，住房和城乡建设部及地方行业主管部门都制定了加强安全生产管理，定期进行安全生产检查的规定。各企业的安全生产管理人员须根据所在施工项目的进展部位和施工特点，实施安全生产状况的经常性检查。对检查中发现的安全问题做到有记录、有处置，根据情况立行立改、限期整改及实行报告制度。

⑤ 从内容的修改认识安全生产的重要性

《全国人民代表大会常务委员会关于修改〈中华人民共和国安全生产法〉的决定》（第13号主席令）对第二章部分条款进行了修改，进一步明确了安全生产责任及其内容。修改的内容包括：

一是将第十七条改为第十八条，增加一项作为第三项："组织制定并实施本单位安全生产教育和培训计划"，即增加了对企业负责人责任的规定内容。

二是增加一条，作为第十九条："生产经营单位的安全生产责任制应当明确各岗位的责任人员、责任范围和考核标准等内容。生产经营单位应当建立相应的机制，加强对安全生产责任制落实情况的监督考核，保证安全生产责任制的落实。"相对比原条款要求更加具体和明确，实质是加强了对安全生产管理的力度。

三是将第十八条改为第二十条，增加一款，作为第二款："有关生产经营单位应当按照规定提取和使用安全生产费用，专门用于改善安全生产条件。安全生产费用在成本中据实列支。安全生产费用提取、使用和监督管理的具体办法由国务院财政部门会同国务院安全生产监督管理部门征求国务院有关部门意见后制定"。此条款以立法的方式将安全生产的成本列入建设成本，即从制度上确保本质安全的实施。

四是将第十九条改为第二十一条，修改为："矿山、金属冶炼、建筑施工、道路运输单位和危险物品的生产、经营、储存单位，应当设置安全生产管理机构或者配备专职安全生产管理人员。'前款规定以外的其他生产经营单位，从业人员超过一百人的，应当设置安全生产管理机构或者配备专职安全生产管理人员'；从业人员在一百人以下的，应当配备专职或者兼职的安全生产管理人员"。此条款除增加了金属冶炼等行业必须遵循本条款外，还提高了对企业规模等级的限定标准，将原"从业人员超过三百的"和"从业人员在三百人以下"调整为以"一百人"为界限。

五是增加一条，作为第二十二条：生产经营单位的安全生产管理机构以及安全生产管理人员履行下列职责：

（一）组织或者参与拟订本单位安全生产规章制度、操作规程和生产安全事故应急救援预案；

（二）组织或者参与本单位安全生产教育和培训，如实记录安全生产教育和培训情况；

（三）督促落实本单位重大危险源的安全管理措施；

（四）组织或者参与本单位应急救援演练；

（五）检查本单位的安全生产状况，及时排查生产安全事故隐患，提出改进安全生产管理的建议；

（六）制止和纠正违章指挥、强令冒险作业、违反操作规程的行为；

（七）督促落实本单位安全生产整改措施。

增加本条款表明了对生产经营单位内的安全生产机构及安全生产管理职责有了统一和强制性要求，内容具体、规定明确。

六是增加一条，作为第二十三条："生产经营单位的安全生产管理机构以及安全生产管理人员应当恪尽职守，依法履行职责"。

生产经营单位做出涉及安全生产的经营决策，应当听取安全生产管理机构以及安全生产管理人员的意见。

生产经营单位不得因安全生产管理人员依法履行职责而降低其工资、福利等待遇或者解除与其订立的劳动合同。

危险物品的生产、储存单位以及矿山、金属冶炼单位的安全生产管理人员的任免，应当告知主管安全生产监督管理职责的部门。

此条款内容将安全生产管理机构和人员的配置、在涉及安全生产决策中的绝对作用及人员待遇给出了强制性规定。

七是将第二十条改为第二十四条，第二款修改为："危险物品的生产、经营、储存单位以及矿山、金属冶炼、建筑施工、道路运输单位的主要负责人和安全生产管理人员，应当由主管的负有安全生产监督管理职责的部门对其安全生产知识和管理能力考核合格。考核不得收费。"

增加一款，作为第三款："危险物品的生产、储存单位以及矿山、金属冶炼单位应当有注册安全工程师从事安全生产管理工作。鼓励其他生产经营单位聘用注册安全工程师从事安全生产管理工作。注册安全工程师按专业分类管理，具体办法由国务院人力资源和社会保障部门、国务院安全生产监督管理部门会同国务院有关部门制定。"

第二款的修改增加了遵循本条规的行业如金属冶炼行业。第三款内容首次确认了注册安全工程师的专业岗位。

八是将第二十五条改为第二十九条，修改为"矿山、金属冶炼建设项目和用于生产、储存、装卸危险物品的建设项目，应当按照国家有关规定进行安全评价。"增加了对金属冶炼建设项目的内容。

九是将第二十一条改为第二十五条，修改为："生产经营单位应当对从业人员进行安全生产教育和培训，保证从业人员具备必要的安全生产知识，熟悉有关的安全生产规章制度和安全操作规程，掌握本岗位的安全操作技能，了解事故应急处理措施，知悉自身在安全生产方面的权利和义务。未经安全生产教育和培训合格的从业人员，不得上岗作业。"

"生产经营单位使用被派遣劳动者的，应当将被派遣劳动者纳入本单位从业人员统一管理，对被派遣劳动者进行岗位安全操作规程和安全操作技能的教育和培训。劳务派遣单位应当对被派遣劳动者进行必要的安全生产教育和培训。"

"生产经营单位接收中等职业学校、高等学校学生实习的，应当对实习学生进行相应的安全生产教育和培训，提供必要的劳动防护用品。学校应当协助生产经营单位对实习学生进行安全生产教育和培训。"

"生产经营单位应当建立安全生产教育和培训档案，如实记录安全生产教育和培训的时间、内容、参加人员以及考核结果等情况。"

本条款特别强调了安全培训的内容及必须进行安全培训的人员，第一款中比原条款增加了对从业人员的要求是："了解事故应急处理措施，知悉自身在安全生产方面的权利和义务"。增加的第二三款特别强调了对劳务派遣人员、来自于中等职业学校和高等学校的实习生进行安全教育和培训的要求。此条款要求建立教育和培训档案意在从制度和形式上进一步严肃实施教育和培训行为。

十是将第二十七条改为第三十一条，修改为："矿山、金属冶炼建设项目和用于生产、储存、装卸危险物品的建设项目的施工单位必须按照批准的安全设施设计施工，并对安全设施的工程质量负责。"

"矿山、金属冶炼建设项目和用于生产、储存危险物品的建设项目竣工投入生产或者使用前，应当由建设单位负责组织对安全设施进行验收；验收合格后，方可投入生产和使用。安全生产监督管理部门应当加强对建设单位验收活动和验收结果的监督核查。"

此条款一是将金属冶炼建设项目纳入了管理范围；二是对规定的建设项目验收后安全生产的监督管理部门对验收活动和验收结果有权进行监督核查。

十一是将第三十条改为第三十四条，修改为："生产经营单位使用的危险物品的容器、运输工具，以及涉及人身安全、危险性较大的海洋石油开采特种设备和矿山井下特种设备，必须按照国家有关规定，由专业生产单位生产，并经具有专业资质的检测、检验机构检测、检验合格，取得安全使用证或者安全标志，方可投入使用。检测、检验机构对检测、检验结果负责"。此条款将原条款中"涉及生命安全、危险性较大的特种设备的目录由国务院负责特种设备安全监督管理的部门制定，报国务院批准后执行"的内容，明确为"海洋石油开采特种设备和矿山井下特种设备"。

十二是将第三十一条改为第三十五条，修改为："国家对严重危及生产安全的工艺、设备实行淘汰制度，具体目录由国务院安全生产监督管理部门会同国务院有关部门制定并公布。法律、行政法规对目录的制定另有规定的，适用其规定。"

"省、自治区、直辖市人民政府可以根据本地区实际情况制定并公布具体目录，对前款规定以外的危及生产安全的工艺、设备予以淘汰。"

"生产经营单位不得使用应当淘汰的危及生产安全的工艺、设备。"

此条款的修改明确了制定和公布淘汰"工艺"和"目录"的责任分工，一是由国务院安全生产监督管理部门会同国务院有关部门负责；二是由各省、自治区、直辖市人民政府负责。

十三是增加一条，作为第三十八条："生产经营单位应当建立健全生产安全事故隐患排查治理制度，采取技术、管理措施，及时发现并消除事故隐患。事故隐患排查治理情况应当如实记录，并向从业人员通报。"

"县级以上地方各级人民政府负有安全生产监督管理职责的部门应当建立健全重大事故隐患治理督办制度，督促生产经营单位消除重大事故隐患。"

此条款细化了原条款中要求进行安全检查的方法和内容，要求对安全事故隐患有排查、治理、整改、记录等措施，并要求地方各级政府应当建立对此的督办制度。

十四是将第三十五条改为第四十条，修改为："生产经营单位进行爆破、吊装以及国务院安全生产监督管理部门会同国务院有关部门规定的其他危险作业，应当安排专门人员进行现场安全管理，确保操作规程的遵守和安全措施的落实"。此条款特别增加了"国务院安全生产监督管理部门会同国务院有关部门规定的其他危险作业"，以加强原条款未能涉及的新行业、新作业可能产生的危险作业内容。

十五是将第三十八条改为第四十三条，修改为："生产经营单位的安全生产管理人员应当根据本单位的生产经营特点，对安全生产状况进行经常性检查；对检查中发现的安全问题，应当立即处理；不能处理的，应当及时报告本单位有关负责人，有关负责人应当及时处理。检查及处理情况应当如实记录在案。"

生产经营单位的安全生产管理人员在检查中发现重大事故隐患，依照前款规定向本单位有关负责人报告，有关负责人不及时处理的，安全生产管理人员可以向主管的负有安全生产监督管理职责的部门报告，接到报告的部门应当依法及时处理。

此条款的修改特别增加了第一款中的"有关负责人应当及时处理"；增加了第二款内容对"有关负责人不及时处理"的处理方法，以确保重大事故隐患的及时消除，提高安全生产保障水平。

十六是将第四十一条改为第四十六条，第二款修改为："生产经营项目、场所发包或者出租给其他单位的，生产经营单位应当与承包单位、承租单位签订专门的安全生产管理协议，或者在承包合同、租赁合同中约定各自的安全生产管理职责；生产经营单位对承包单位、承租单位的安全生产工作统一协调、管理，定期进行安全检查，发现安全问题的，应当及时督促整改"。此条款特别增加了"定期进行安全检查，发现安全问题的，应当及时督促整改"，特别强调了生产经营单位对其"发包"和"出租"行为的安全生产责任。

十七是将第四十三条改为第四十八条，增加一款，作为第二款："国家鼓励生产经营单位投保安全生产责任保险"，在原条款为从业人员缴纳保险的基础上增加了鼓励企业投保的内容。

（3）彰显"以人为本"的安全生产理念

1）主要内容

通过明确从业人员的权利和义务，提高从业人员安全从业意识，减少安全生产隐患，保障从业人员权益。赋予工会组织在安全管理中的权力，进一步维护从业人员的权益。主要内容包括：

第三章　从业人员的权利和义务

第四十四条　生产经营单位与从业人员订立的劳动合同，应当载明有关保障从业人员劳动安全、防止职业危害的事项，以及依法为从业人员办理工伤社会保险的事项。

生产经营单位不得以任何形式与从业人员订立协议，免除或者减轻其对从业人员因生产安全事故伤亡依法应承担的责任。

第四十五条　生产经营单位的从业人员有权了解其作业场所和工作岗位存在的危险因素、防范措施及事故应急措施，有权对本单位的安全生产工作提出建议。

第四十六条　从业人员有权对本单位安全生产工作中存在的问题提出批评、检举、控告；有权拒绝违章指挥和强令冒险作业。

生产经营单位不得因从业人员对本单位安全生产工作提出批评、检举、控告或者拒绝违章指挥、强令冒险作业而降低其工资、福利等待遇或者解除与其订立的劳动合同。

第四十七条　从业人员发现直接危及人身安全的紧急情况时，有权停止作业或者在采取可能的应急措施后撤离作业场所。

生产经营单位不得因从业人员在前款紧急情况下停止作业或者采取紧急撤离措施而降低其工资、福利等待遇或者解除与其订立的劳动合同。

第四十八条　因生产安全事故受到损害的从业人员，除依法享有工伤社会保险外，依照有关民事法律尚有获得赔偿的权利的，有权向本单位提出赔偿要求。

第四十九条　从业人员在作业过程中，应当严格遵守本单位的安全生产规章制度和操作规程，服从管理，正确佩戴和使用劳动防护用品。

第五十条　从业人员应当接受安全生产教育和培训，掌握本职工作所需的安全生产知识，提高安全生产技能，增强事故预防和应急处理能力。

第五十一条　从业人员发现事故隐患或者其他不安全因素，应当立即向现场安全生产管理人员或者本单位负责人报告；接到报告的人员应当及时予以处理。

第五十二条　工会有权对建设项目的安全设施与主体工程同时设计、同时施工、同时投入生产和使用进行监督，提出意见。

工会对生产经营单位违反安全生产法律、法规，侵犯从业人员合法权益的行为，有权要求纠正；发现生产经营单位违章指挥、强令冒险作业或者发现事故隐患时，有权提出解决的建议，生产经营单位应当及时研究答复；发现危及从业人员生命安全的情况时，有权向生产经营单位建议组织从业人员撤离危险场所，生产经营单位必须立即做出处理。

工会有权依法参加事故调查，向有关部门提出处理意见，并要求追究有关人员的责任。

2）材料员工作提示

作为建筑活动的参与者，材料员应明确自身在安全生产中的权利和义务，并有责任影响和教育与已有关的相关人员尊重拥有的权利、履行承担的义务。

（4）了解建筑施工企业在安全生产监督管理中的职责

1）主要内容

安全生产监督管理部门及其监督检查人员承担着日常安全生产的管理职责，《安全生产法》对此规定如下：

第四章　安全生产的监督管理

第五十五条　负有安全生产监督管理职责的部门对涉及安全生产的事项进行审查、验收，不得收取费用；不得要求接受审查、验收的单位购买其指定品牌或者指定生产、销售单位的安全设备、器材或者其他产品。

第五十六条　负有安全生产监督管理职责的部门依法对生产经营单位执行有关安全生产的法律、法规和国家标准或者行业标准的情况进行监督检查，行使以下职权：

（一）进入生产经营单位进行检查，调阅有关资料，向有关单位和人员了解情况。

（二）对检查中发现的安全生产违法行为，当场予以纠正或者要求限期改正；对依法应当给予行政处罚的行为，依照本法和其他有关法律、行政法规的规定做出行政处罚决定。"

（三）对检查中发现的事故隐患，应当责令立即排除；重大事故隐患排除前或者排除过程中无法保证安全的，应当责令从危险区域内撤出作业人员，责令暂时停产停业或者停止使用；重大事故隐患排除后，经审查同意，方可恢复生产经营和使用。

（四）对有根据认为不符合保障安全生产的国家标准或者行业标准的设施、设备、器材予以查封或者扣押，并应当在十五日内依法做出处理决定。

监督检查不得影响被检查单位的正常生产经营活动。

第五十七条　生产经营单位对负有安全生产监督管理职责的部门的监督检查人员（以下统称安全生产监督检查人员）依法履行监督检查职责，应当予以配合，不得拒绝、阻挠。

第五十八条　安全生产监督检查人员执行监督检查任务时，必须出示有效的监督执法证件；对涉及被检查单位的技术秘密和业务秘密，应当为其保密。

第五十九条　安全生产监督检查人员应当将检查的时间、地点、内容、发现的问题及其处理情况，做出书面记录，并由检查人员和被检查单位的负责人签字；被检查单位的负责人拒绝签字的，检查人员应当将情况记录在案，并向负有安全生产监督管理职责的部门报告。

第六十四条　任何单位或者个人对事故隐患或者安全生产违法行为，均有权向负有安全生产监督管理职责的部门报告或者举报。

2）材料员工作提示

① 建筑企业在安全生产监督管理中的行为规范

第四章明确了负有安全生产监督管理职责的部门的行为规范，建筑施工企业作为"被"监督对象应了解执法部门的行为准则，对相应的管理监督及其执法行为做出应有的配合。

② 第三次修正对第四章的修改内容

《全国人民代表大会常务委员会关于修改〈中华人民共和国安全生产法〉的决定》（第13号主席令）对第四章部分条款进行了修改，修改的内容主要包括：

一是增加一条作为第五十八条，内容为："生产经营单位使用被派遣劳动者的，被派遣劳动者享有本法规定的从业人员的权利，并应当履行本法规定的从业人员的义务"。劳务派遣劳动者同样作为建筑活动的参与者，拥有与从业人员相同的权利和义务。

二是将第五十六条改为第六十二条，第一款修改为："安全生产监督管理部门和其他负有安全生产监督管理职责的部门依法开展安全生产行政执法工作，对生产经营单位执行有关安全生产的法律、法规和国家标准或者行业标准的情况进行监督检查，行使以下职权：

（一）进入生产经营单位进行检查，调阅有关资料，向有关单位和人员了解情况；

（二）对检查中发现的安全生产违法行为，当场予以纠正或者要求限期改正；对依法应当给予行政处罚的行为，依照本法和其他有关法律、行政法规的规定做出行政处罚决定；

（三）对检查中发现的事故隐患，应当责令立即排除；重大事故隐患排除前或者排除过程中无法保证安全的，应当责令从危险区域内撤出作业人员，责令暂时停产停业或者停止使用相关设施、设备；重大事故隐患排除后，经审查同意，方可恢复生产经营和使用；

（四）对有根据认为不符合保障安全生产的国家标准或者行业标准的设施、设备、器材以及违法生产、储存、使用、经营、运输的危险物品予以查封或者扣押，对违法生产、储存、使用、经营危险物品的作业场所予以查封，并依法做出处理决定。"

此条款将原"负有安全生产监督管理职责的部门"调整为"安全生产监督管理部门和其他负有安全生产监督管理职责的部门"，表明了"主责"和"相关"部门在安全生产管理中的共同职责。

三是增加一条作为第六十七条，主要内容为："负有安全生产监督管理职责的部门依法对存在重大事故隐患的生产经营单位做出停产停业、停止施工、停止使用相关设施或者设备的决定，生产经营单位应当依法执行，及时消除事故隐患。生产经营单位拒不执行，有发生生产安全事故的现实危险的，在保证安全的前提下，经本部门主要负责人批准，负有安全生产监督管理职责的部门可以采取通知有关单位停止供电、停止供应民用爆炸物品等措施，强制生产经营单位履行决定。通知应当采用书面形式，有关单位应当予以配合。"

"负有安全生产监督管理职责的部门依照前款规定采取停止供电措施，除有危及生产安全的紧急情形外，应当提前二十四小时通知生产经营单位。生产经营单位依法履行行政决定、采取相应措施消除事故隐患的，负有安全生产监督管理职责的部门应当及时解除前款规定的措施。"

此条款规定了执法部门在处理重大安全隐患时的行为规范。材料员应明确其规范内容，在配合执行的同时也依法维护所在企业的权利。

（5）明晰建筑施工企业在生产安全事故救援和调查处理中的规定

1）主要内容

发生安全事故后应如何救援、调查和处理，《安全生产法》的规定如下：

第五章　生产安全事故的应急救援与调查处理

第六十九条　危险物品的生产、经营、储存单位以及矿山、建筑施工单位应当建立应急救援组织；生产经营规模较小，可以不建立应急救援组织的，应当指定兼职的应急救援人员。

危险物品的生产、经营、储存单位以及矿山、建筑施工单位应当配备必要的应急救援器材、设备，并进行经常性维护、保养，保证正常运转。

第七十条　生产经营单位发生生产安全事故后，事故现场有关人员应当立即报告本单位负责人。

单位负责人接到事故报告后，应当迅速采取有效措施，组织抢救，防止事故扩大，减少人员伤亡和财产损失，并按照国家有关规定立即如实报告当地负有安全生产监督管理职责的部门，不得隐瞒不报、谎报或者拖延不报，不得故意破坏事故现场、毁灭有关证据。

第七十二条　任何单位和个人都应当支持、配合事故抢救，并提供一切便利条件。

第七十四条　生产经营单位发生生产安全事故，经调查确定为责任事故的，除了应当查明事故单位的责任并依法予以追究外，还应当查明对安全生产的有关事项负有审查批准和监督职责的行政部门的责任，对有失职、渎职行为的，依照本法第七十七条的规定追究法律责任。

第七十五条　任何单位和个人不得阻挠和干涉对事故的依法调查处理。

2）材料员工作提示

建筑施工企业应建立应急救援组织或配备兼职的应急救援人员，应当配备必要的应急救援器材、设备，并进行经常性维护、保养，保证正常运转。一旦发生生产安全事故应按本章规定处理。

《全国人民代表大会常务委员会关于修改〈中华人民共和国安全生产法〉的决定》（第13号主席令）对第五章部分条款进行了修改，修改的内容主要包括：

一是增加一条作为第七十五条，内容为："负有安全生产监督管理职责的部门应当建立安全生产违法行为信息库，如实记录生产经营单位的安全生产违法行为信息；对违法行为情节严重的生产经营单位，应当向社会公告，并通报行业主管部门、投资主管部门、国土资源主管部门、证券监督管理机构以及有关金融机构"。此条款将使发生安全生产违法行为的企业受到严厉的惩罚。

二是增加一条作为第七十六条，内容为："国家加强生产安全事故应急能力建设，在重点行业、领域建立应急救援基地和应急救援队伍，鼓励生产经营单位和其他社会力量建立应急救援队伍，配备相应的应急救援装备和物资，提高应急救援的专业化水平。部分大型建筑施工企业通过建立应急组织和装备，提高了生产安全事故的应急处置能力。地方政府也通过行政指令建立辖区范围内的应急抢险和救援组织，同时通过政策引导社会力量建立专业救援队伍，从而实现最高水平的生产安全事故处置能力。"

三是增加一条作为第七十八条，内容为："生产经营单位应当制定本单位生产安全事故应急救援预案，与所在地县级以上地方人民政府组织制定的生产安全事故应急救援预案相衔接，并定期组织演练"。

四是将第六十九条改为第七十九条，修改为："危险物品的生产、经营、储存单位以及矿山、金属冶炼、城市轨道交通运营、建筑施工单位应当建立应急救援组织；生产经营规模较小的，可以不建立应急救援组织，但应当指定兼职的应急救援人员。"

"危险物品的生产、经营、储存、运输单位以及矿山、金属冶炼、城市轨道交通运营、建筑施工单位应当配备必要的应急救援器材、设备和物资，并进行经常性维护、保养，保证正常运转。"

此条款修改的内容增加了对"金属冶炼"和"城市轨道交通运营"类企业的救援组织及相应资源配备的要求。

（6）知晓责任、敬畏规则

1）主要内容

第六章　法律责任

第八十条　生产经营单位的决策机构、主要负责人、个人经营的投资人不依照本法规定保证安全生产所必需的资金投入，致使生产经营单位不具备安全生产条件的，责令限期改正，提供必需的资金；逾期未改正的，责令生产经营单位停产停业整顿。

有前款违法行为，导致发生生产安全事故，构成犯罪的，依照刑法有关规定追究刑事责任；尚不够刑事处罚的，对生产经营单位的主要负责人给予撤职处分，对个人经营的投资人处二万元以上二十万元以下的罚款。

第八十一条　生产经营单位的主要负责人未履行本法规定的安全生产管理职责的，责令限期改正；逾期未改正的，责令生产经营单位停产停业整顿。

生产经营单位的主要负责人有前款违法行为，导致发生生产安全事故，构成犯罪的，依照刑法有关规定追究刑事责任；尚不够刑事处罚的，给予撤职处分或者处二万元以上二十万元以下的罚款。

生产经营单位的主要负责人依照前款规定受刑事处罚或者撤职处分的，自刑罚执行完毕或者受处分之日起，五年内不得担任任何生产经营单位的主要负责人。

第八十二条　生产经营单位有下列行为之一的，责令限期改正；逾期未改正的，责令停产停业整顿，可以并处二万元以下的罚款：

（一）未按照规定设立安全生产管理机构或者配备安全生产管理人员的；

（二）危险物品的生产、经营、储存单位以及矿山、建筑施工单位的主要负责人和安全生产管理人员未按照规定经考核合格的；

（三）未按照本法第二十一条、第二十二条的规定对从业人员进行安全生产教育和培训，或者未按照本法第三十六条的规定如实告知从业人员有关的安全生产事项的；

（四）特种作业人员未按照规定经专门的安全作业培训并取得特种作业操作资格证书，上岗作业的。

第八十三条　生产经营单位有下列行为之一的，责令限期改正；逾期未改正的，责令停止建设或者停产停业整顿，可以并处五万元以下的罚款；造成严重后果，构成犯罪的，依照刑法有关规定追究刑事责任：

（一）矿山建设项目或者用于生产、储存危险物品的建设项目没有安全设施设计或者安全设施设计未按照规定报经有关部门审查同意的；

（二）矿山建设项目或者用于生产、储存危险物品的建设项目的施工单位未按照批准的安全设施设计施工的；

（三）矿山建设项目或者用于生产、储存危险物品的建设项目竣工投入生产或者使用前，安全设施未经验收合格的；

（四）未在有较大危险因素的生产经营场所和有关设施、设备上设置明显的安全警示标志的；

（五）安全设备的安装、使用、检测、改造和报废不符合国家标准或者行业标准的；

（六）未对安全设备进行经常性维护、保养和定期检测的；

（七）未为从业人员提供符合国家标准或者行业标准的劳动防护用品的；

（八）特种设备以及危险物品的容器、运输工具未经取得专业资质的机构检测、检验合格，取得安全使用证或者安全标志，投入使用的；

（九）使用国家明令淘汰、禁止使用的危及生产安全的工艺、设备的。

第八十四条　未经依法批准，擅自生产、经营、储存危险物品的，责令停止违法行为或者予以关闭，没收违法所得，违法所得十万元以上的，并处违法所得一倍以上五倍以下的罚款，没有违法所得或者违法所得不足十万元的，单处或者并处二万元以上十万元以下的罚款；造成严重后果，构成犯罪的，依照刑法有关规定追究刑事责任。

第八十五条　生产经营单位有下列行为之一的，责令限期改正；逾期未改正的，责令停产停业整顿，可以并处二万元以上十万元以下的罚款；造成严重后果，构成犯罪的，依照刑法有关规定追究刑事责任：

（一）生产、经营、储存、使用危险物品，未建立专门安全管理制度、未采取可靠的安全措施或者不接受有关主管部门依法实施的监督管理的；

（二）对重大危险源未登记建档，或者未进行评估、监控，或者未制定应急预案的；

（三）进行爆破、吊装等危险作业，未安排专门管理人员进行现场安全管理的。

第八十六条　生产经营单位将生产经营项目、场所、设备发包或者出租给不具备安全生产条件或者相应资质的单位或者个人的，责令限期改正，没收违法所得；违法所得五万元以上的，并处违法所得一倍以上五倍以下的罚款；没有违法所得或者违法所得不足五万元的，单处或者并处一万元以上五万元以下的罚款；导致发生生产安全事故给他人造成损害的，与承包方、承租方承担连带赔偿责任。

生产经营单位未与承包单位、承租单位签订专门的安全生产管理协议或者未在承包合同、租赁合同中明确各自的安全生产管理职责，或者未对承包单位、承租单位的安全生产统一协调、管理的，责令限期改正；逾期未改正的，责令停产停业整顿。

第八十七条　两个以上生产经营单位在同一作业区域内进行可能危及对方安全生产的生产经营活动，未签订安全生产管理协议或者未指定专职安全生产管理人员进行安全检查与协调的，责令限期改正；逾期未改正的，责令停产停业。

第八十八条　生产经营单位有下列行为之一的，责令限期改正；逾期未改正的，责令停产停业整顿；造成严重后果，构成犯罪的，依照刑法有关规定追究刑事责任：

（一）生产、经营、储存、使用危险物品的车间、商店、仓库与员工宿舍在同一座建筑内，或者与员工宿舍的距离不符合安全要求的；

（二）生产经营场所和员工宿舍未设有符合紧急疏散需要、标志明显、保持畅通的出口，或者封闭、堵塞生产经营场所或者员工宿舍出口的。

第八十九条　生产经营单位与从业人员订立协议，免除或者减轻其对从业人员因生产安全事故伤亡依法应承担的责任的，该协议无效；对生产经营单位的主要负责人、个人经营的投资人处二万元以上十万元以下的罚款。

第九十条　生产经营单位的从业人员不服从管理，违反安全生产规章制度或者操作规程的，由生产经营单位给予批评教育，依照有关规章制度给予处分；造成重大事故，构成犯罪的，依照刑法有关规定追究刑事责任：

第九十一条　生产经营单位主要负责人在本单位发生重大生产安全事故时，不立即组织抢救或者在事故调查处理期间擅离职守或者逃匿的，给予降职、撤职的处分，对逃匿的处十五日以下拘留；构成犯罪的，依照刑法有关规定追究刑事责任。

生产经营单位主要负责人对生产安全事故隐瞒不报、谎报或者拖延不报的，依照前款规定处罚。

第九十三条　生产经营单位不具备本法和其他有关法律、行政法规和国家标准或者行业标准规定的安全生产条件，经停产停业整顿仍不具备安全生产条件的，予以关闭；有关部门应当依法吊销其有关证照。

第九十四条　本法规定的行政处罚，由负责安全生产监督管理的部门决定；予以关闭的行政处罚由负责安全生产监督管理的部门报请县级以上人民政府按照国务院规定的权限决定；给予拘留的行政处罚由公安机关依照治安管理处罚条例的规定决定。有关法律、行政法规对行政处罚的决定机关另有规定的，依照其规定。

第九十五条　生产经营单位发生生产安全事故造成人员伤亡、他人财产损失的，应当依法承担赔偿责任；拒不承担或者其负责人逃匿的，由人民法院依法强制执行。

生产安全事故的责任人未依法承担赔偿责任，经人民法院依法采取执行措施后，仍不能对受害人给予足额赔偿的，应当继续履行赔偿义务；受害人发现责任人有其他财产的，可以随时请求人民法院执行。

2）材料员工作提示

材料员作为建筑施工企业的专业人员和建筑活动的参与人，必须知晓在安全生产中承担的责任和生产安全事故中的法律责任。对本章中关于"生产经营单位"的违法行为应有明确的识别、阻止和处理能力。

《全国人民代表大会常务委员会关于修改〈中华人民共和国安全生产法〉的决定》（第13号主席令）对第六章部分条款进行了修改，修改的内容主要包括：

一是将第七十二条改为第八十二条，第一款修改为："有关地方人民政府和负有安全生产监督管理职责的部门的负责人接到生产安全事故报告后，应当按照生产安全事故应急救援预案的要求立即赶到事故现场，组织事故抢救。"

增加二款，作为第二款、第三款："参与事故抢救的部门和单位应当服从统一指挥，加强协同联动，采取有效的应急救援措施，并根据事故救援的需要采取警戒、疏散等措施，防止事故扩大和次生灾害的发生，减少人员伤亡和财产损失。"

"事故抢救过程中应当采取必要措施，避免或者减少对环境造成的危害。"

此条第一款中特别增加了"按照生产安全事故应急救援预案的要求"，与此次修改中增加的第二十二条相对应，实质在要求建筑施工企业加强对可能发生的安全生产风险和隐患的事先评估，制定相应的防范性措施计划，对可能发生的安全生产事故制定处理预案，以提升安全生产管理水平。

二是将第七十三条改为第八十三条，内容修改为："事故调查处理应当按照科学严谨、依法依规、实事求是、注重实效的原则，及时、准确地查清事故原因，查明事故性质和责任，总结事故教训，提出整改措施，并对事故责任者提出处理意见。事故调查报告应当依法及时向社会公布。事故调查和处理的具体办法由国务院制定。

事故发生单位应当及时全面落实整改措施，负有安全生产监督管理职责的部门应当加强监督检查。"

本条款调整了事故调查处理的原则，由"实事求是、尊重科学"调整为"科学严谨、依法依规、实事求是、注重实效"；同时增加了"事故调查报告应当依法及时向社会公布"

和"事故发生单位应当及时全面落实整改措施，负有安全生产监督管理职责的部门应当加强监督检查"等内容。

三是将第八十条改为第九十条，第二款修改为："有前款违法行为，导致发生生产安全事故的，对生产经营单位的主要负责人给予撤职处分，对个人经营的投资人处二万元以上二十万元以下的罚款；构成犯罪的，依照刑法有关规定追究刑事责任"。此条款修改了处罚程序和层级，先给予"撤职处分"的行政处罚，构成犯罪的再依法追究刑事责任。

四是将第八十一条改为第九十一条，内容修改为："生产经营单位的主要负责人未履行本法规定的安全生产管理职责的，责令限期改正；逾期未改正的，处二万元以上五万元以下的罚款，责令生产经营单位停产停业整顿。生产经营单位的主要负责人有前款违法行为，导致发生生产安全事故的，给予撤职处分；构成犯罪的，依照刑法有关规定追究刑事责任。生产经营单位的主要负责人依照前款规定受刑事处罚或者撤职处分的，自刑罚执行完毕或者受处分之日起，五年内不得担任任何生产经营单位的主要负责人；对重大、特别重大生产安全事故负有责任的，终身不得担任本行业生产经营单位的主要负责人"。

此条的修改是在第一款中增加"处二万元以上五万元以下的罚款"的处罚；取消了第二款中的经济处罚内容；在第三款中增加了"对重大、特别重大生产安全事故负有责任的，终身不得担任本行业生产经营单位的主要负责人"的处罚。

五是增加一条作为第九十二条，内容为："生产经营单位的主要负责人未履行本法规定的安全生产管理职责，导致发生生产安全事故的，由安全生产监督管理部门依照下列规定处以罚款：

（一）发生一般事故的，处上一年年收入百分之三十的罚款；

（二）发生较大事故的，处上一年年收入百分之四十的罚款；

（三）发生重大事故的，处上一年年收入百分之六十的罚款；

（四）发生特别重大事故的，处上一年年收入百分之八十的罚款。"

六是增加一条作为第九十三条，内容为："生产经营单位的安全生产管理人员未履行本法规定的安全生产管理职责的，责令限期改正；导致发生生产安全事故的，暂停或者撤销其与安全生产有关的资格；构成犯罪的，依照刑法有关规定追究刑事责任"。

七是将第八十二条改为第九十四条，修改为：生产经营单位有下列行为之一的，责令限期改正，可以处五万元以下的罚款；逾期未改正的，责令停产停业整顿，并处五万元以上十万元以下的罚款，对其直接负责的主管人员和其他直接责任人员处一万元以上二万元以下的罚款：

（一）未按照规定设置安全生产管理机构或者配备安全生产管理人员的；

（二）危险物品的生产、经营、储存单位以及矿山、金属冶炼、建筑施工、道路运输单位的主要负责人和安全生产管理人员未按照规定经考核合格的；

（三）未按照规定对从业人员、被派遣劳动者、实习学生进行安全生产教育和培训，或者未按照规定如实告知有关的安全生产事项的；

（四）未如实记录安全生产教育和培训情况的；

（五）未将事故隐患排查治理情况如实记录或者未向从业人员通报的；

（六）未按照规定制定生产安全事故应急救援预案或者未定期组织演练的；

（七）特种作业人员未按照规定经专门的安全作业培训并取得相应资格，上岗作业的。

此条修改增加了经济处罚的等级划分，调整了违法行为的描述内容。

八是将第八十三条改为第九十五条、第九十六条，修改为：

第九十五条 生产经营单位有下列行为之一的，责令停止建设或者停产停业整顿，限期改正；逾期未改正的，处五十万元以上一百万元以下的罚款，对其直接负责的主管人员和其他直接责任人员处二万元以上五万元以下的罚款；构成犯罪的，依照刑法有关规定追究刑事责任：

（一）未按照规定对矿山、金属冶炼建设项目或者用于生产、储存、装卸危险物品的建设项目进行安全评价的；

（二）矿山、金属冶炼建设项目或者用于生产、储存、装卸危险物品的建设项目没有安全设施设计或者安全设施设计未按照规定报经有关部门审查同意的；

（三）矿山、金属冶炼建设项目或者用于生产、储存、装卸危险物品的建设项目的施工单位未按照批准的安全设施设计施工的；

（四）矿山、金属冶炼建设项目或者用于生产、储存危险物品的建设项目竣工投入生产或者使用前，安全设施未经验收合格的。

第九十六条 生产经营单位有下列行为之一的，责令限期改正，可以处五万元以下的罚款；逾期未改正的，处五万元以上二十万元以下的罚款，对其直接负责的主管人员和其他直接责任人员处一万元以上二万元以下的罚款；情节严重的，责令停产停业整顿；构成犯罪的，依照刑法有关规定追究刑事责任：

（一）未在有较大危险因素的生产经营场所和有关设施、设备上设置明显的安全警示标志的；

（二）安全设备的安装、使用、检测、改造和报废不符合国家标准或者行业标准的；

（三）未对安全设备进行经常性维护、保养和定期检测的；

（四）未为从业人员提供符合国家标准或者行业标准的劳动防护用品的；

（五）危险物品的容器、运输工具，以及涉及人身安全、危险性较大的海洋石油开采特种设备和矿山井下特种设备未经具有专业资质的机构检测、检验合格，取得安全使用证或者安全标志，投入使用的；

（六）使用应当淘汰的危及生产安全的工艺、设备的。

此条款的修改主要增加了经济处罚的等级；在原条款的基础上区分了对生产经营单位、直接负责的主管人员和其他直接责任人员的处罚内容。

九是将第八十四条改为第九十七条，内容修改为："未经依法批准，擅自生产、经营、运输、储存、使用危险物品或者处置废弃危险物品的，依照有关危险物品安全管理的法律、行政法规的规定予以处罚；构成犯罪的，依照刑法有关规定追究刑事责任。"

此条款修改是增加了对擅自"运输"、"使用"危险物品的行为的处罚；调整了原条款中的处罚方法而改为"依照有关危险物品安全管理的法律、行政法规的规定予以处罚"，即通过制度相关的规章细则予以实施。

十是将第八十五条改为第九十八条，内容修改为：生产经营单位有下列行为之一的，责令限期改正，可以处十万元以下的罚款；逾期未改正的，责令停产停业整顿，并处十万元以上二十万元以下的罚款，对其直接负责的主管人员和其他直接责任人员处二万元以上五万元以下的罚款；构成犯罪的，依照刑法有关规定追究刑事责任：

（一）生产、经营、运输、储存、使用危险物品或者处置废弃危险物品，未建立专门安全管理制度、未采取可靠的安全措施的；

（二）对重大危险源未登记建档，或者未进行评估、监控，或者未制定应急预案的；

（三）进行爆破、吊装以及国务院安全生产监督管理部门会同国务院有关部门规定的其他危险作业，未安排专门人员进行现场安全管理的；

（四）未建立事故隐患排查治理制度的。

此条款修改了经济处罚的额度，增加了对直接负责的主管人员和其他直接责任人员的处罚。同时增加了对"（四）未建立事故隐患排查治理制度的"行为的处罚。

十一是增加一条作为第九十九条，内容为："生产经营单位未采取措施消除事故隐患的，责令立即消除或者限期消除；生产经营单位拒不执行的，责令停产停业整顿，并处十万元以上五十万元以下的罚款，对其直接负责的主管人员和其他直接责任人员处二万元以上五万元以下的罚款。"

十二是将第八十六条改为第一百条，内容修改为："生产经营单位将生产经营项目、场所、设备发包或者出租给不具备安全生产条件或者相应资质的单位或者个人的，责令限期改正，没收违法所得；违法所得十万元以上的，并处违法所得二倍以上五倍以下的罚款；没有违法所得或者违法所得不足十万元的，单处或者并处十万元以上二十万元以下的罚款；对其直接负责的主管人员和其他直接责任人员处一万元以上二万元以下的罚款；导致发生生产安全事故给他人造成损害的，与承包方、承租方承担连带赔偿责任。生产经营单位未与承包单位、承租单位签订专门的安全生产管理协议或者未在承包合同、租赁合同中明确各自的安全生产管理职责，或者未对承包单位、承租单位的安全生产统一协调、管理的，责令限期改正，可以处五万元以下的罚款，对其直接负责的主管人员和其他直接责任人员可以处一万元以下的罚款；逾期未改正的，责令停产停业整顿。"

此条第一款中修改了经济处罚的额度，增加了对直接负责的主管人员和其他直接责任人员的处罚内容。第二款增加了经济处罚和直接负责的主管人员及其他直接责任人员处罚的内容。

十三是增加一条作为第一百零五条，内容为："违反本法规定，生产经营单位拒绝、阻碍负有安全生产监督管理职责的部门依法实施监督检查的，责令改正；拒不改正的，处二万元以上二十万元以下的罚款；对其直接负责的主管人员和其他直接责任人员处一万元以上二万元以下的罚款；构成犯罪的，依照刑法有关规定追究刑事责任。"

十四是将第九十一条改为第一百零六条，内容修改为：生产经营单位的主要负责人在本单位发生生产安全事故时，不立即组织抢救或者在事故调查处理期间擅离职守或者逃匿的，给予降级、撤职的处分，并由安全生产监督管理部门处上一年年收入百分之六十至百分之一百的罚款；对逃匿的处十五日以下拘留；构成犯罪的，依照刑法有关规定追究刑事责任。此条款增加了经济处罚的内容。

十五是增加一条作为第一百零九条，内容为："发生生产安全事故，对负有责任的生产经营单位除要求其依法承担相应的赔偿等责任外，由安全生产监督管理部门依照下列规定处以罚款：

（一）发生一般事故的，处二十万元以上五十万元以下的罚款；

（二）发生较大事故的，处五十万元以上一百万元以下的罚款；

（三）发生重大事故的，处一百万元以上五百万元以下的罚款；

（四）发生特别重大事故的，处五百万元以上一千万元以下的罚款；情节特别严重的，处一千万元以上二千万元以下的罚款。"

十六是将第九十四条改为第一百一十条，内容修改为："本法规定的行政处罚，由安全生产监督管理部门和其他负有安全生产监督管理职责的部门按照职责分工决定。予以关闭的行政处罚由负有安全生产监督管理职责的部门报请县级以上人民政府按照国务院规定的权限决定；给予拘留的行政处罚由公安机关依照治安管理处罚法的规定决定。"

此条款调整了关于"其他负有安全生产监督管理职责的部门"的表述方式。

（7）界定专业用语

1）主要内容

第七章附则对《安全生产法》中涉及的专业用语进行了定义和说明，从而界定条款适用范围。主要内容如下：

第七章 附 则

第一百一十二条 本法下列用语的含义：

危险物品，是指易燃易爆物品、危险化学品、放射性物品等能够危及人身安全和财产安全的物品。

重大危险源，是指长期地或者临时地生产、搬运、使用或者储存危险物品，且危险物品的数量等于或者超过临界量的单元（包括场所和设施）。

2）材料员工作提示

材料员应充分了解建筑工程施工中所使用的原材料、设备中的危险物品和重大危险源，依照本法规定和其他相关部门的规定予以处置。当所建项目用于生产和储存危险物品和重大危险源时，应严格按照设计要求进行施工。

（四）其他新法律

建筑企业的生产经营过程，是一个广泛参与社会经济活动和管理活动的过程，其所使用的建筑材料涉及冶金、建材、化工、石油、森林、机械、电子、轻工、仪表等50多个工业部门的产品，直接参与经营和生产过程的劳动者、专业技术人员和管理人员，其专业成就、就业成才和自身权益也涉及到诸多项法律。在此，仅选取2010年1月1日后发布或修订后重新发布的法律中，与材料管理专业人员职责相关的部分法律，摘录其主要内容，为材料员工作做出提示。

1.《广告法》

《中华人民共和国广告法》（以下简称广告法）经中华人民共和国第十二届全国人民代表大会第十四次会议修订通过，于2015年4月24日第22号主席令颁布，自2015年9月1日起施行。广告法共六章七十五条。

（1）主要内容

《广告法》是2015年新发布实施的法律，虽然并非针对建筑活动和建筑企业而制定的法律，但对每一个从事经济活动和生存在社会的组织和个人来说，其中的内容会通过组织和个人的活动发生关联。现摘录主要内容如下：

第一章 总 则

第一条 为了规范广告活动，保护消费者的合法权益，促进广告业的健康发展，维护社会经济秩序，制定本法。

第二条 在中华人民共和国境内，商品经营者或者服务提供者通过一定媒介和形式直接或者间接地介绍自己所推销的商品或者服务的商业广告活动，适用本法。

本法所称广告主，是指为推销商品或者服务，自行或者委托他人设计、制作、发布广告的自然人、法人或者其他组织。

本法所称广告经营者，是指接受委托提供广告设计、制作、代理服务的自然人、法人或者其他组织。

本法所称广告发布者，是指为广告主或者广告主委托的广告经营者发布广告的自然人、法人或者其他组织。

本法所称广告代言人，是指广告主以外的，在广告中以自己的名义或者形象对商品、服务作推荐、证明的自然人、法人或者其他组织。

第三条 广告应当真实、合法，以健康的表现形式表达广告内容，符合社会主义精神文明建设和弘扬中华民族优秀传统文化的要求。

第四条 广告不得含有虚假或者引人误解的内容，不得欺骗、误导消费者。广告主应当对广告内容的真实性负责。

第五条 广告主、广告经营者、广告发布者从事广告活动，应当遵守法律、法规，诚实信用，公平竞争。

第二章 广告内容准则

第八条 广告中对商品的性能、功能、产地、用途、质量、成分、价格、生产者、有效期限、允诺等或者对服务的内容、提供者、形式、质量、价格、允诺等有表示的，应当准确、清楚、明白。

广告中表明推销的商品或者服务附带赠送的，应当明示所附带赠送商品或者服务的品种、规格、数量、期限和方式。

法律、行政法规规定广告中应当明示的内容，应当显著、清晰表示。

第九条 广告不得有下列情形：

（一）使用或者变相使用中华人民共和国的国旗、国歌、国徽，军旗、军歌、军徽；

（二）使用或者变相使用国家机关、国家机关工作人员的名义或者形象；

（三）使用"国家级"、"最高级"、"最佳"等用语；

（四）损害国家的尊严或者利益，泄露国家秘密；

（五）妨碍社会安定，损害社会公共利益；

（六）危害人身、财产安全，泄露个人隐私；

（七）妨碍社会公共秩序或者违背社会良好风尚；

（八）含有淫秽、色情、赌博、迷信、恐怖、暴力的内容；

（九）含有民族、种族、宗教、性别歧视的内容；

（十）妨碍环境、自然资源或者文化遗产保护；

（十一）法律、行政法规规定禁止的其他情形。

第十条　广告不得损害未成年人和残疾人的身心健康。

第十一条　广告内容涉及的事项需要取得行政许可的，应当与许可的内容相符合。

广告使用数据、统计资料、调查结果、文摘、引用语等引证内容的，应当真实、准确，并表明出处。引证内容有适用范围和有效期限的，应当明确表示。

第十二条　广告中涉及专利产品或者专利方法的，应当标明专利号和专利种类。

未取得专利权的，不得在广告中谎称取得专利权。

禁止使用未授予专利权的专利申请和已经终止、撤销、无效的专利作广告。

第十三条　广告不得贬低其他生产经营者的商品或者服务。

第二十八条　广告以虚假或者引人误解的内容欺骗、误导消费者的，构成虚假广告。

广告有下列情形之一的，为虚假广告：

（一）商品或者服务不存在的；

（二）商品的性能、功能、产地、用途、质量、规格、成分、价格、生产者、有效期限、销售状况、曾获荣誉等信息，或者服务的内容、提供者、形式、质量、价格、销售状况、曾获荣誉等信息，以及与商品或者服务有关的允诺等信息与实际情况不符，对购买行为有实质性影响的；

（三）使用虚构、伪造或者无法验证的科研成果、统计资料、调查结果、文摘、引用语等信息作证明材料的；

（四）虚构使用商品或者接受服务的效果的；

（五）以虚假或者引人误解的内容欺骗、误导消费者的其他情形。

第三十条　广告主、广告经营者、广告发布者之间在广告活动中应当依法订立书面合同。

第三十一条　广告主、广告经营者、广告发布者不得在广告活动中进行任何形式的不正当竞争。

第三十二条　广告主委托设计、制作、发布广告，应当委托具有合法经营资格的广告经营者、广告发布者。

第三十三条　广告主或者广告经营者在广告中使用他人名义或者形象的，应当事先取得其书面同意；使用无民事行为能力人、限制民事行为能力人的名义或者形象的，应当事先取得其监护人的书面同意。

第三十六条　广告发布者向广告主、广告经营者提供的覆盖率、收视率、点击率、发行量等资料应当真实。

第三十七条　法律、行政法规规定禁止生产、销售的产品或者提供的服务，以及禁止发布广告的商品或者服务，任何单位或者个人不得设计、制作、代理、发布广告。

第三十九条　不得在中小学校、幼儿园内开展广告活动，不得利用中小学生和幼儿的教材、教辅材料、练习册、文具、教具、校服、校车等发布或者变相发布广告，但公益广告除外。

第四十三条　任何单位或者个人未经当事人同意或者请求，不得向其住宅、交通工具等发送广告，也不得以电子信息方式向其发送广告。

以电子信息方式发送广告的,应当明示发送者的真实身份和联系方式,并向接收者提供拒绝继续接收的方式。

第四十四条 利用互联网从事广告活动,适用本法的各项规定。

利用互联网发布、发送广告,不得影响用户正常使用网络。在互联网页面以弹出等形式发布的广告,应当显著标明关闭标志,确保一键关闭。

第五十三条 任何单位或者个人有权向工商行政管理部门和有关部门投诉、举报违反本法的行为。工商行政管理部门和有关部门应当向社会公开受理投诉、举报的电话、信箱或者电子邮件地址,接到投诉、举报的部门应当自收到投诉之日起七个工作日内,予以处理并告知投诉、举报人。

工商行政管理部门和有关部门不依法履行职责的,任何单位或者个人有权向其上级机关或者监察机关举报。接到举报的机关应当依法作出处理,并将处理结果及时告知举报人。

有关部门应当为投诉、举报人保密。

第五十五条 违反本法规定,发布虚假广告的,由工商行政管理部门责令停止发布广告,责令广告主在相应范围内消除影响,处广告费用三倍以上五倍以下的罚款,广告费用无法计算或者明显偏低的,处二十万元以上一百万元以下的罚款;两年内有三次以上违法行为或者有其他严重情节的,处广告费用五倍以上十倍以下的罚款,广告费用无法计算或者明显偏低的,处一百万元以上二百万元以下的罚款,可以吊销营业执照,并由广告审查机关撤销广告审查批准文件、一年内不受理其广告审查申请。

第五十六条 违反本法规定,发布虚假广告,欺骗、误导消费者,使购买商品或者接受服务的消费者的合法权益受到损害的,由广告主依法承担民事责任。广告经营者、广告发布者不能提供广告主的真实名称、地址和有效联系方式的,消费者可以要求广告经营者、广告发布者先行赔偿。

关系消费者生命健康的商品或者服务的虚假广告,造成消费者损害的,其广告经营者、广告发布者、广告代言人应当与广告主承担连带责任。

前款规定以外的商品或者服务的虚假广告,造成消费者损害的,其广告经营者、广告发布者、广告代言人,明知或者应知广告虚假仍设计、制作、代理、发布或者作推荐、证明的,应当与广告主承担连带责任。

第五十八条 有下列行为之一的,由工商行政管理部门责令停止发布广告,责令广告主在相应范围内消除影响,处广告费用一倍以上三倍以下的罚款,广告费用无法计算或者明显偏低的,处十万元以上二十万元以下的罚款;情节严重的,处广告费用三倍以上五倍以下的罚款,广告费用无法计算或者明显偏低的,处二十万元以上一百万元以下的罚款,可以吊销营业执照,并由广告审查机关撤销广告审查批准文件、一年内不受理其广告审查申请:

(十二)违反本法第三十九条规定,在中小学校、幼儿园内或者利用与中小学生、幼儿有关的物品发布广告的。

第五十九条 有下列行为之一的,由工商行政管理部门责令停止发布广告,对广告主处十万元以下的罚款:

(一)广告内容违反本法第八条规定的;

（二）广告引证内容违反本法第十一条规定的；

（三）涉及专利的广告违反本法第十二条规定的；

（四）违反本法第十三条规定，广告贬低其他生产经营者的商品或者服务的。

第六十三条　违反本法第四十三条规定发送广告的，由有关部门责令停止违法行为，对广告主处五千元以上三万元以下的罚款。

违反本法第四十四条第二款规定，利用互联网发布广告，未显著标明关闭标志，确保一键关闭的，由工商行政管理部门责令改正，对广告主处五千元以上三万元以下的罚款。

第六十五条　违反本法规定，隐瞒真实情况或者提供虚假材料申请广告审查的，广告审查机关不予受理或者不予批准，予以警告，一年内不受理该申请人的广告审查申请；以欺骗、贿赂等不正当手段取得广告审查批准的，广告审查机关予以撤销，处十万元以上二十万元以下的罚款，三年内不受理该申请人的广告审查申请。

第六十六条　违反本法规定，伪造、变造或者转让广告审查批准文件的，由工商行政管理部门没收违法所得，并处一万元以上十万元以下的罚款。

第六十七条　有本法规定的违法行为的，由工商行政管理部门记入信用档案，并依照有关法律、行政法规规定予以公示。

第六十九条　广告主、广告经营者、广告发布者违反本法规定，有下列侵权行为之一的，依法承担民事责任：

（一）在广告中损害未成年人或者残疾人的身心健康的；

（二）假冒他人专利的；

（三）贬低其他生产经营者的商品、服务的；

（四）在广告中未经同意使用他人名义或者形象的；

（五）其他侵犯他人合法民事权益的。

第七十条　因发布虚假广告，或者有其他本法规定的违法行为，被吊销营业执照的公司、企业的法定代表人，对违法行为负有个人责任的，自该公司、企业被吊销营业执照之日起三年内不得担任公司、企业的董事、监事、高级管理人员。

第七十一条　违反本法规定，拒绝、阻挠工商行政管理部门监督检查，或者有其他构成违反治安管理行为的，依法给予治安管理处罚；构成犯罪的，依法追究刑事责任。

第七十二条　广告审查机关对违法的广告内容作出审查批准决定的，对负有责任的主管人员和直接责任人员，由任免机关或者监察机关依法给予处分；构成犯罪的，依法追究刑事责任。

（2）材料员工作提示

1）关注立法依据，保护合法权益

材料员为保证建筑施工生产的材料需用而实施采购时，是建筑材料的消费者，其权益受本法的维护。当所采购的材料设备经营者通过广告活动推销其商品和服务时，若其发布的广告违背真实、合法或表达形式内容不健康、有悖于社会主义精神文明建设和中华民族传统文化时，其广告行为构成违法，材料员有权进行检举和控告。同时，还应关注其产品广告的经营者、发布者和代言人的合规性。他们的诚实信用、公平竞争间接影响着所采购材料设备的正常交易。

当企业具有建筑材料销售资格并确定通过一定媒介和形式直接或者间接地介绍自己所

推销的商品或服务时，必须遵循本法并承担广告主的责任与义务。

2）对广告内容的辨识与确认

作为建筑材料的消费者，虽然广告主有遵循本法第二章规定确保广告内容的真实、合法和表现形式表达内容符合要求的义务，但亦应通过现场考察、业务谈判、客户验证等等多种方式辨识其内容的可靠性。要做到不采购广告中带有第九条、第十条、第十三条情形的产品和服务；遇有第十一条、第十二条情形时，应获取相应的证明资料。

3）关注利益相关方

广告经营者、广告发布者及广告代言人是广告主的利益相关方，他们各自经营的合规性及之间经营往来的合法性影响着消费者的利益。关注其各方运营状况，必要时取得确认性资料。

4）关注行业和地方管理规定

不同的建筑材料会受到其原材料、生产工艺、产品包装运输等多环节多专业的政策调整，一些地方还会因本地方规划调整、环境保护、产能调控等因素而发布限制、淘汰建筑材料和设备的政策。因此，应特别注重判定建筑材料自身性能指标，同时要确认其原材料构成、制造工艺、限制性指标等组成要素是否符合相关规定要求。

5）注重社会责任和公众利益

无论是广告主、广告经营者、广告发布者还是广告代言人，应拒绝并抵制法律和行政法规中禁止的行为。包括禁止生产和销售的产品或服务，禁止发布广告的商品或服务；不得开放广告活动的小学校、幼儿园等场所，不得利用小学生和幼儿的教材、文具、校服、校车等；不得未经当事人同意向其住宅、交通工具发送广告，也不得以电子信息方式发送。当以电子信息发送广告、利用互联网从事广告活动时，应遵循第四十三条、第四十四条规定。

任何单位和个人都有权对违反规定的行为进行投诉和举报。

6）提高法律风险识别和防范能力

针对本法中第五十五条至第七十二条的罚责条款，识别违法行为，判定所在企业作为广告的受用人和广告主不同角色所承担的法律责任，既有助于防范企业的经营风险，也有利于规范企业内部的管理行为。

2. 修订后的《公司法》

《中华人民共和国公司法》系 1993 年 12 月 29 日第八届全国人大常委会第五次会议通过后发布，是境内企业运营的基本法。该法先后历经三次修正一次修订，1999 年 12 月 25 日第九届全国人大常委会第十三次会议《关于修改〈中华人民共和国公司法〉的决定》第一次修正；2004 年 8 月 28 日第十届全国人大常委会第十一次会议《关于修改〈中华人民共和国公司法〉的决定》第二次修正；2005 年 10 月 27 日第十届全国人大常委会第十八次会议修订；2013 年 12 月 28 日第十二届全国人大常委会第六次会议通过《关于修改〈中华人民共和国海洋环境保护法〉等七部法律的决定》第三次修正。全文包括总则、有限责任公司的设立和组织机构、有限责任公司的股权转让、股份有限公司的设立和组织机构、股份有限公司的股份发行和转让、公司董事监事高级管理人员的资格和义务、公司债券、公司财务会计、公司合并分立增资减资、公司解散和清算、外国公司的分支机构、法律责任和附则共十三章二百一十九条。

（1）主要内容

《公司法》是企业运行的基本法，但其内容更多地涉及企业治理、企业运营。建筑企业材料员作为企业的专业人员，了解基本要义，知晓基本规则。一旦涉及相关法律事项及概念时，更多的是需要具有法律意识；涉及更专业的法律问题时，则可通过企业内部的控制程序获得法律支持和帮助。在此，只摘录第一章总则的部分内容，为材料员学习有关企业治理的基本知识，做出内容指引和工作提示：

第一章　总　　则

第一条　为了规范公司的组织和行为，保护公司、股东和债权人的合法权益，维护社会经济秩序，促进社会主义市场经济的发展，制定本法。

第二条　本法所称公司是指依照本法在中国境内设立的有限责任公司和股份有限公司。

第三条　公司是企业法人，有独立的法人财产，享有法人财产权。公司以其全部财产对公司的债务承担责任。

有限责任公司的股东以其认缴的出资额为限对公司承担责任；股份有限公司的股东以其认购的股份为限对公司承担责任。

第四条　公司股东依法享有资产收益、参与重大决策和选择管理者等权利。

第五条　公司从事经营活动，必须遵守法律、行政法规，遵守社会公德、商业道德，诚实守信，接受政府和社会公众的监督，承担社会责任。

公司的合法权益受法律保护，不受侵犯。

第六条　设立公司，应当依法向公司登记机关申请设立登记。符合本法规定的设立条件的，由公司登记机关分别登记为有限责任公司或者股份有限公司；不符合本法规定的设立条件的，不得登记为有限责任公司或者股份有限公司。

法律、行政法规规定设立公司必须报经批准的，应当在公司登记前依法办理批准手续。

公众可以向公司登记机关申请查询公司登记事项，公司登记机关应当提供查询服务。

第七条　依法设立的公司，由公司登记机关发给公司营业执照。公司营业执照签发日期为公司成立日期。

公司营业执照应当载明公司的名称、住所、注册资本、经营范围、法定代表人姓名等事项。

公司营业执照记载的事项发生变更的，公司应当依法办理变更登记，由公司登记机关换发营业执照。

第八条　依照本法设立的有限责任公司，必须在公司名称中标明有限责任公司或者有限公司字样。

依照本法设立的股份有限公司，必须在公司名称中标明股份有限公司或者股份公司字样。

第九条　有限责任公司变更为股份有限公司，应当符合本法规定的股份有限公司的条件。

股份有限公司变更为有限责任公司，应当符合本法规定的有限责任公司的条件。

有限责任公司变更为股份有限公司的，或者股份有限公司变更为有限责任公司的，公司变更前的债权、债务由变更后的公司承继。

第十条 公司以其主要办事机构所在地为住所。

第十一条 设立公司必须依法制定公司章程。公司章程对公司、股东、董事、监事、高级管理人员具有约束力。

第十二条 公司的经营范围由公司章程规定，并依法登记。公司可以修改公司章程，改变经营范围，但是应当办理变更登记。

公司的经营范围中属于法律、行政法规规定须经批准的项目，应当依法经过批准。

第十三条 公司法定代表人依照公司章程的规定，由董事长、执行董事或者经理担任，并依法登记。公司法定代表人变更，应当办理变更登记。

第十四条 公司可以设立分公司。设立分公司，应当向公司登记机关申请登记，领取营业执照。分公司不具有法人资格，其民事责任由公司承担。

公司可以设立子公司，子公司具有法人资格，依法独立承担民事责任。

第十五条 公司可以向其他企业投资；但是，除法律另有规定外，不得成为对所投资企业的债务承担连带责任的出资人。

第十六条 公司向其他企业投资或者为他人提供担保，依照公司章程的规定，由董事会或者股东会、股东大会决议；公司章程对投资或者担保的总额及单项投资或者担保的数额有限额规定的，不得超过规定的限额。

公司为公司股东或者实际控制人提供担保的，必须经股东会或者股东大会决议。

前款规定的股东或者受前款规定的实际控制人支配的股东，不得参加前款规定事项的表决。该项表决由出席会议的其他股东所持表决权的过半数通过。

第十七条 公司必须保护职工的合法权益，依法与职工签订劳动合同，参加社会保险，加强劳动保护，实现安全生产。

公司应当采用多种形式，加强公司职工的职业教育和岗位培训，提高职工素质。

第十八条 公司职工依照《中华人民共和国工会法》组织工会，开展工会活动，维护职工合法权益。公司应当为本公司工会提供必要的活动条件。公司工会代表职工就职工的劳动报酬、工作时间、福利、保险和劳动安全卫生等事项依法与公司签订集体合同。

公司依照宪法和有关法律的规定，通过职工代表大会或者其他形式，实行民主管理。

公司研究决定改制以及经营方面的重大问题、制定重要的规章制度时，应当听取公司工会的意见，并通过职工代表大会或者其他形式听取职工的意见和建议。

第十九条 在公司中，根据中国共产党章程的规定，设立中国共产党的组织，开展党的活动。公司应当为党组织的活动提供必要条件。

第二十条 公司股东应当遵守法律、行政法规和公司章程，依法行使股东权利，不得滥用股东权利损害公司或者其他股东的利益；不得滥用公司法人独立地位和股东有限责任损害公司债权人的利益。

公司股东滥用股东权利给公司或者其他股东造成损失的，应当依法承担赔偿责任。

公司股东滥用公司法人独立地位和股东有限责任，逃避债务，严重损害公司债权人利益的，应当对公司债务承担连带责任。

第二十一条 公司的控股股东、实际控制人、董事、监事、高级管理人员不得利用其关联关系损害公司利益。

违反前款规定，给公司造成损失的，应当承担赔偿责任。

第二十二条 公司股东会或者股东大会、董事会的决议内容违反法律、行政法规的无效。

股东会或者股东大会、董事会的会议召集程序、表决方式违反法律、行政法规或者公司章程，或者决议内容违反公司章程的，股东可以自决议作出之日起六十日内，请求人民法院撤销。

股东依照前款规定提起诉讼的，人民法院可以应公司的请求，要求股东提供相应担保。

公司根据股东会或者股东大会、董事会决议已办理变更登记的，人民法院宣告该决议无效或者撤销该决议后，公司应当向公司登记机关申请撤销变更登记。

（2）材料员工作提示

1）立法目的

《公司法》是规定各类公司的设立、活动、解散及其对内对外关系的法律规范，是市场主体法。总则中明确了订立《公司法》的指导思想与目的。我国《公司法》上的公司只有有限责任公司和股份有限公司两类，这样的规定是不同法律体系国家规定的公司的主流形式。由于这两类公司的投资者都是股东，即我国《公司法》上的公司都是股份制公司。其他按不同的企业法而设立的各类经济组织都不属于公司的范畴，仅仅是我们常说的企业。

2）公司及其股东的责任

公司作为法人组织，必须具备：拥有独立的财产；独立的组织机构和能够独立承担民事责任。公司财产是指公司实际拥有的全部财产，包括货币、实物等有形财产，也包括工业产权、非专利技术、土地使用权、债权、股权等无形财产。还包括通过对外负债、资产收益、经营收益等途径所取得的财产。

股东责任表现为：股东以其认缴的出资额为限或以其认购的股份为限对公司承担责任。在此数额范围之外，股东不对公司承担责任。本条实质上是现代公司制度的核心，具体表现在：公司一旦依法设立就具有独立财产和独立责任。即公司的各种行为由公司依其独立的财产对外承担责任，而不由股东承担，即债权人不能直接要求股东对公司债务承担责任。例外情形，如果因股东原因造成公司资本不足或虚假，形成公司独立法人被否认，从而股东独立责任赖以成立的逻辑基础不存在，就可以要求股东在特定情形下承担公司的责任，以保护债权人、其他股东、公司利益以及公司职工利益。

在财产中还包括国家股东的出资，国家股东的出资与其他股东的出资完全一样，一旦出资完成公司设立，该项国有资产已融入公司归属于公司，故以前所谓的"国有资产保值增值"的观点是非常错误的，在这种理论下，国家股东的出资仍属于国家，完全不符合现代公司制度的法律规定与公司设立的必然规律，故将原《公司法》第4条第3款中的"公司中的国有资产所有权属于国家"条文规定作了删除。为纠正这一错误我们付出了整整12年时间的沉重代价。

3）股东拥有的权利

关于股东权利的规定。股东权利就是股东权、股权。股权法律关系就是股东基于自己地位与公司之间形成的法律关系。股东因出资而对公司享有的权利称为股东权，股东权利是综合性的，既有财产权也具有非财产权如表决权、诉权等，其中股利分配权是核心。股东权的内容一般包括财产权和管理参与权两部分，其中财产权是核心，是股东出资的目的所在；管理参与权则是手段，是保障股东实现其财产权的必要途径。

虽然第四条规定了股东权利，但实际上是进一步纠正以前双重所有权（终极所有权，即国家作为出资者同时对公司享有所有权）所导致的从根本上否定现代公司制度、使得产权关系混乱的实际状况。

依照分类标准，依股东权的重要程度为标准，股东权可以分为固有权与非固有权；依股东权行使的方式为标准，股东权可以分为单独股东权与少数股东权；依股东权行使主体为标准，股东权可以分为一般股东权与特别股东权。依股东权行使的目的和内容为标准进行划分，股东权可以分为自益权和共益权，这是公司法上对股东权最基本的分类。凡以股东自己的利益为目的而可单独主张的权利，为股东自益权，主要是财产权，如股利分配请求权、剩余财产分配请求权、建设利息分配请求权、新股认购优先权、股份买取请求权、股份转换请求权、股份转让权、股票交付请求权、股东名义更换请求权和无记名股份向记名股份的转换请求权等。股东为自身利益的同时兼为公司利益而行使的权利，为股东共益权，主要是管理权，如表决权、代表诉讼提起权、股东大会召集请求权和召集权、提案权、质询权、股东大会决议撤销诉权、股东大会决议无效确认诉权、累积投票权、新股发行停止请求权、新股发行无效诉权、公司设立无效诉权、公司合并无效诉权、会计文件查阅权、会计账簿查阅权、检查人选任请求权、董事监事和清算人解任请求权、董事会违法行为制止请求权、公司解散请求权和公司重整请求权等。但是两者间的界限并不是绝对的，这是由于某些共益权是作为自益权的手段而行使，从而使此种权利兼具共益权和自益权的特点，例如会计文件查阅权、会计账簿查阅权和新股发行停止请求权等即属此类。股东重大事项决策权是属于股东共益权的一种权利。对于某一具体的股东权而言，上述分类存在重合，例如本条中规定的股东资产受益权既属于自益权，又属于非固有权、单独股东权、一般股东权。

4）公司经营活动应遵守的事项

公司是股东为谋求股东利益最大化而设立的经济组织。基于公司是一种社会组织，其行为必须遵守一定的社会秩序，依法经营是对公司经营活动的最基本要求。

公司的经营活动应当维护社会公共利益，接受监督，履行社会责任。同时公司受法律保护的权利和利益不受任何人侵犯。基于公司的社会责任与商业组织的本质，已删除了原《公司法》第14条中"加强社会主义精神文明建设"的规定。

针对公司力量膨胀所带来的社会弊端，美国的Dodd教授在1932年的文章中率先提出公司对雇员、消费者和公众负有社会责任，引发了公司社会责任问题的争论。由于其复杂性及其执行的困难性，没有被各国立法所接受，而在美国20世纪80年代在强调公司社会责任的"利益相关者"理论在立法上取得成功。一般认为，公司的社会责任是指公司不仅对股东负有责任，而且应对股东之外的雇员、债权人、供应商、客户、社区及公共利益负有责任。立法上的这样规定有利于预防公司滥用经济力量，有利于保护利益相关者的合法权益。

5）公司的设立

第六条是关于公司设立准则和公众查询公司登记权利的规定。第1款规定我国有限责任公司或者股份有限公司的设立条件是法定的准则，只要符合设立条件就可直接到公司登记机关办理登记，而不再需要行政审批。第2款是公司设立的例外情形，主要适用金融业、保险业、证券业以及其他特别规定的行业公司的设立。第3款是公众查询公司主要登记事项（名称、住所地、法定代表人、注册资本、公司类型、经营范围、营业期限、公司发起人的姓名或者名称、股东构成等）的权利。

公司设立先后经历了自由设立、特许设立、核准设立、准则设立等。准则设立是指法律事先规定设立要件，符合条件的即可申请登记，登记机关并不对申请文件进行实质性的审查，目前已为多数国家所采用。

第七章第2款所列事项中增加了"实收资本"一项，这是与出资制度修改相对应的规定。对于债权人、利益相关者重要的不是注册资本，而是实际资产以及兑现履行能力，这样规定有利于了解公司的真实资本状况，避免依靠注册资本不稳定状态而作出交易判断。

公司名称是成立公司的要件之一，是公司人格特定化的标记。公司名称具有唯一性、排他性和可转让性等法律特征。例如，依照《企业名称登记管理条例》的规定，公司名称应当由行政区划、字号、行业、公司形式组成。在公司名称中标明公司类型，可以让第三人充分了解公司的性质和责任形式，便于第三人进行经营决策，同时也便于行政机关的管理。

主要办事机构所在地，指决定和处理公司事务的机构所在地，是管辖全部公司组织的中枢机构，即俗称的"公司总部"。住所是公司章程的必备条款之一，也是公司登记的事项之一。载明公司住所有法律意义在于：1. 确定诉讼管辖地和法律文书送达地；2. 确定登记、税收等管理机关；3. 确定公司债务履行地；4. 是涉外民事法律关系中确认准据法的依据之一。

6）关于公司组织变更的规定

有限责任公司在经营过程中，可能根据发展的需要，对资金需求量增加，经营模式的扩大与扩张而要求变更为股份有限公司。由于有限责任公司比较封闭，涉及的公众利益有限，因此变更为股份有限公司在设立条件和程序上需要按照股份有限公司的要求办理。而股份有限公司变更为有限责任公司，除债权、债务外，还要注意符合股东人数只能在50人（个）以下的规定。

公司组织变更是指在保持公司法人人格持续性的前提下，将公司从一种形态转变为另一形态的行为。这样规定达到简化程序、减少费用、保护公司、股东、第三人利益的目标，从而避免先行解散再依法设立"新公司"的不必要，前期国有企业改制都采用了这种方法与程序，即变更、核名、注销原企业与核准新公司同步进行。

7）关于公司章程及其效力的规定

章程是公司设立必不可少的法律文件，应当依照法律规定由公司股东共同制定公司章程。按照以前发起设立的作法，以及外商投资企业的做法，往往先有一个协议再制定和签署章程，因此第十一条涉及公司法上公司章程理论以及公司章程与公司设立协议的关系问题。

公司章程是公司必备和由公司的设立人制定的，并对公司、股东和公司的经营管理人员具有约束力，是调整公司内部组织关系和经营行为的自治规则。对于公司章程的性质，有契约说和自治法说两种观点。实质上，两种学说都反映了公司章程的自治性特点。此外，公司章程具有法定性，包括制定的法定性、内容的法定性、效力的法定性、修改程序的法定性。

公司章程所具有的法律意义在于：首先，公司章程是公司设立的最基本条件和最重要的法律文件。公司的设立程序以订立章程开始，以设立登记结束。设立一个公司除了必须有法定的股东或发起人、法定最低资本、组织机构和场所外，还必须制定公司章程，没有章程公司就不可能成立。其次，公司章程是确定公司权利、义务关系的基本法律文件。公司章程内容涵盖了公司中的所有重大问题，规定了公司利益各方的权利和义务，从而成为公司最基本的法律文件。最后，公司章程是公司内部管理的基本法律依据，是公司最重要的自治规则，是公司有效运行的重要基础。公司内部管理涉及股东、公司、管理机关及其人员以及职工等多重利益主体，为平衡各方利益，规范对内和对外关系，必须制定公司章程，使公司得以正常运转。因此公司章程是公司活动的根本准则。

公司设立协议又称发起人协议，是在公司设立过程中，由发起人订立的关于公司设立事项的协议。设立协议的作用在于确定所设公司的基本性质和结构，协调发起人之间的关系及其权利和义务。公司章程是公司赖以存在和活动的基本依据，因此发起人协议中往往要将章程中的除法律规定以外的原则进行约定。

两者的性质不同。设立协议是任意性文件，通常公司发起人都会订立此种协议。但除了股份有限公司、中外合资公司和中外合作公司外，法律并不强求当事人一定要订立设立协议；而公司章程则是必备性文件，任何公司成立都必须以提交章程为法定要件。同时，设立协议是不要式法律文件，作为当事人之间的合同，主要根据当事人的意思表示形成，其内容更多地体现了当事人的意志和要求；而公司章程则是要式法律文件，除反映当事人的主观要求之外，更反映和体现法律对公司内外关系的强制性要求。因此，公司章程必须按公司法的规定制订，必须包含法定的记载事项，否则将导致章程的无效。

两者的效力不同。从效力的范围来看，由合同或协议的相对性决定，设立协议既然由全体发起人订立，调整的是发起人之间的关系，因而只在发起人之间具有法律约束力；而公司章程调整的则是所有股东之间、股东与公司之间、公司的管理机构与公司之间的法律关系，其中包括制定章程时的原始股东和章程制定后加入公司的新股东，都受章程的约束。从效力的期间来看，设立协议调整的是公司设立过程的法律关系和法律行为，因而它的效力期间是从设立行为开始到设立过程终止，公司的成立即意味着协议的终止；而公司章程的效力则及于公司成立后整个的存续过程，直至公司完全终止。

当然，两者的差异并不否定二者之间存在内在的密切联系。公司章程应规定的主要事项通常也是设立协议需约定的事项，如公司名称、注册资本、经营范围、股东构成、出资形式、组织机构、增资、减资、合并、分立、终止等事项，不仅是公司章程的法定记载事项，而且也常为设立协议所约定。发起人订立协议的目的除了约定设立过程中双方的权利义务、协调各发起人的设立行为外，也是为了对未来公司的性质、框架及内外法律关系作出总体的设计。因而公司章程通常是在设立协议的基础上根据法律的规定制成，在没有争议和符合公司法的前提下，设立协议的基本内容通常都为公司章程所吸收，甚至设立协议的条文为公司章程原封不动地搬用，一般不会发生二者间的矛盾和冲突。

对于小型有限责任公司，没有必要制作设立协议书，或者在设立协议中没有必要过多约定章程的内容，直接起草章程即可。设立协议可以是出资协议，有些必要需要说的内容可以放在其中。

8）关于公司经营范围及其变更、法定代表人的规定

公司的经营范围是公司章程的绝对必要记载事项之一。经营范围的选择，由公司设立人在法律许可的范围内自主选择。通过修改公司章程，可以变更经营范围，但同时应当依照本条第 1 款的规定办理变更登记。公司的经营范围属于应当登记事项，只有将变更后的经营范围予以登记，才能使其生效，并便于第三人知悉，从而做出相应的经营判断。

应当说，除法律有强制性规定的之外，经营范围的约定已没有我国由计划经济转入商品经济的改革初期那样重要，同时也由于双轨制的深刻教训，因而超过经营范围的"越权无效"原则已被立法所摒弃。只是要让公众了解公司的所属行业，加之某些行业还实行资质管理，故公司高管人员和业务执行人仍受经营范围的拘束。

法定代表人必须是法人组织的负责人，能够代表法人行使职权。法定代表人由公司章程确定，可以由董事长、执行董事或者经理中的一人担任。董事长适用设有董事会的公司，执行董事适用小型不设董事会的有限责任公司，经理原则上适用董事长（执行董事）兼任经理的情形。

之所以称之为"法定代表人"是由于其行为构成代表行为，而不是"代理行为"。代表行为有三个必要构成条件：1. 具有代表身份，即公司产生并经工商登记公示；2. 以公司法人的名义，即法定代表人的行为是为公司利益而从事的工商行为；3. 在授权范围内，即不能超越公司章程授权范围，符合构成要件的行为由公司负责，否则由法定代表人本人承担后果。目前，虽然规定中没有了以前规定的一人制，但现行法定代表人制度仍只能一人担任，只是扩大了人选范围，今后可能实行复数代表制。

9）关于分公司、子公司设立以及法律地位的规定

依习惯，公司依据内部经营机构管辖关系可分为总公司（本公司）、分公司。分公司是总公司的不具有法人资格的分支机构或附属机构。而子公司具有法人资格，总公司是子公司的母公司，子公司的设立必须符合公司法的设立条件与程序规定。

第十五条是关于公司转投资对象与行为限制的规定。取消了"不得超过公司净资产50％"的限制规定，但不得实施无限责任或连带责任的转投资行为。转投资是指公司为获取能够产生收益的财产、资产或权益而依法投资于他公司的行为。原《公司法》对投资比例作了"不超过净资产50％"的规定。问题在于：1. 这样的限制不能转投资两个公司以上；2. 实际上都做不到，或处于违法状态；3. 原验资或审计的真实性存在瑕疵。本规定较科学，尊重客观实际，也规范与保护了公司投资行为。

第十六条是公司重大经营决策方面，最常见最容易发生公司内部争议的行为，需要由法律作出规范。问题是第 2 款的"过半数通过"是否符合实际，一般讲未过半数没有效力，不能形成决议，而章程中能否规定 2/3 以上或者更高，从法条上看是不行的，理论上讲应当允许借以保护持异议股东的利益。

10）关于公司职工、党组织、工会和职工利益保护的规定

对于劳动者的保护由劳动法规范与调整，民主管理主要是改善机构和规范管理程序。《公司法》第五十一条第二款规定：监事会应当包括股东代表和适当比例的公司职工代表，其中职工代表的比例不得低于三分之一。具体比例由公司章程规定。监事会中的职工代表

由公司职工代表大会、职工大会或者其他形式民主选举产生。虽然没有实现根本上的民主管理，但在保护劳动者权益上拥有了一定的话语权和决策参与权。美国公司立法实行董事会下的审计分会，德国公司立法是股东会选举监事会，监事会选举董事会，日本实行监事人协会制度，由此可见，监督机制是各国共性问题。处于不利地位的监事会，不会在公司民主管理中发挥立法目标与实际作用。除劳动保护有劳动法作后盾外，民主管理通过法律规范尚需寻找途径。我国不少企业对保证产品质量所采用质量控制小组的民主管理做法行之有效，表明我国公司的民主机制尚处于依赖企业自觉实施的阶段。

在公司中，根据中国共产党章程的规定，设立中国共产党的组织，开展党的活动。公司应当为党组织的活动提供必要条件。

11）关于限制公司股东权利和不当利用关联关系

第二十条第 1 款是针对股东与第十一条相关，主要是受公司法以及公司章程的约束，规定了股东滥用权利的两类情形：第 1 类情形第 2 款规定股东承担赔偿责任；第 2 类情形承担连带责任。这是股东对公司、其他股东承担民事责任的规定。

关联关系，是指公司控股股东、实际控制人、董事、监事、高级管理人员与其直接或者间接控制的企业之间的关系，以及可能导致公司利益转移的其他关系。但是，国家控股的企业之间因为同受国家控股而具有关联关系。

3. 修订后的《统计法》

《统计法》系 1983 年 12 月 8 日经第六届全国人民代表大会常务委员会第三次会议通过。先后经 1996 年 5 月 15 日第八届全国人民代表大会常务委员会第十九次会议修正；2009 年 6 月 27 日第十一届全国人民代表大会常务委员会第九次会议修订，自 2010 年 1 月 1 日起施行。

《统计法》是为了科学、有效地组织统计工作，保障统计资料的真实性、准确性、完整性和及时性，发挥统计在了解国情国力、服务经济社会发展中的重要作用，促进社会主义现代化建设事业发展而制定。统计的基本任务是对经济社会发展情况进行统计调查、统计分析，提供统计资料和统计咨询意见，实行统计监督。《统计法》包括总则、统计调查管理、统计资料的管理和公布、统计机构和统计人员、监督检查、法律责任和附则，共七章五十条。

（1）主要内容

《统计法》适用于各级人民政府、县级以上人民政府统计机构和有关部门组织实施的统计活动。建筑企业作为统计调查对象应遵守如下规定：

第一章　总　　则

第七条　国家机关、企业事业单位和其他组织以及个体工商户和个人等统计调查对象，必须依照本法和国家有关规定，真实、准确、完整、及时地提供统计调查所需的资料，不得提供不真实或者不完整的统计资料，不得迟报、拒报统计资料。

第三章　统计资料的管理和公布

第二十一条　国家机关、企业事业单位和其他组织等统计调查对象，应当按照国家有关规定设置原始记录、统计台账，建立健全统计资料的审核、签署、交接、归档等管理制度。统计资料的审核、签署人员应当对其审核、签署的统计资料的真实性、准确性和完整性负责。

（2）材料员工作提示

《统计法》为统计数字的真实性和及时性提供了法律保证，表明了我国统计工作向法制化迈出了重要的一步。它是统计事业和统计工作的法律武器，维护了统计的权威、规范了统计行为，保证了统计质量。它也时刻警示、提醒要依法统计，如实反映企业经济活动的本来面目。

统计调查是一项复杂而又至关重要的工作，要完成好统计调查工作，首先要进行统计设计，为有序开展以后的工作夯实基础；其次要通过实验法或调查法来对数据进行收集，以提供分析研究的素材；然后要对收集而来的杂乱的数据进行统一的整理和分析，以反映出经济运行状况；最后还要对统计得来的资料进行积累、开发和运用，才能够真正地实现统计的目的。由此可见，此项工作繁杂之程度，仅仅依靠各级统计局独自的力量是难以很好地完成的，需要社会众多机构相互配合、相互协调，才能够科学有效地完成统计调查工作，这也就不难理解为什么我国每十年一次进行的全国人口普查和阶段性进行经济活动普查，都需要从各单位、机构抽调出一定的人员来组成普查机构，以保证各项普查工作的顺利进行。《统计法》对各部门自行组织统计调查和调查单位按要求报送统计资料等方面都做了明确的规定，对于增强统计机构的统计协调能力，理顺纵向、横向的行政、业务关系，矫正和控制统计调查活动中的非法行为、越权行为等起到了很大的作用，这也是加强统计法制工作的重点目标之一。

建筑企业为了更好地分析判断企业经济运行情况，为了有效记录和管理经济活动，预计、决策和制定企业行动计划，一般都制定了材料动态记录表单和系统的报表制度。同时，建筑企业作为最基本的经济活动单元，是最基础的统计调查对象和统计资料。因此，材料员应真实、准确、完整、及时地收集、填写、整理统计资料，按照企业的相关规定设置原始记录、统计台账，建立健全统计资料的审核、签署、交接、归档等管理制度。作为统计调查对象，依法提供统计调查所需的资料，不得提供不真实或者不完整的统计资料，不得迟报、拒报统计资料。

4. 重新发布的《环境保护法》

《环境保护法》系 1989 年 12 月 26 日第七届全国人民代表大会常务委员会第十一次会议通过，2014 年 4 月 24 日第十二届全国人民代表大会常务委员会第八次会议修订后重新发布，自 2015 年 1 月 1 日起施行。

《环境保护法》是为保护和改善环境，防治污染和其他公害，保障公众健康，推进生态文明建设，促进经济社会可持续发展而制定。其中所称环境，是指影响人类生存和发展的各种天然的和经过人工改造的自然因素的总体，包括大气、水、海洋、土地、矿藏、森林、草原、湿地、野生生物、自然遗迹、人文遗迹、自然保护区、风景名胜区、城市和乡村等。《环境保护法》包括总则、监督管理、保护和改善环境、防治污染和其他公害、信息公开和公众参与、法律责任和附则，共七章七十条。

（1）主要内容

环境是人类赖以生存和发展的基础，对于正处于快速发展的我国经济社会来说，发展的方式影响着环境的质量，而环境的压力也会影响着发展的可持续性。因此，任何组织和个人必须了解国家《环境保护法》及其要义。现摘录部分内容如下：

第一章　总　　则

第四条　保护环境是国家的基本国策。

国家采取有利于节约和循环利用资源、保护和改善环境、促进人与自然和谐的经济、技术政策和措施，使经济社会发展与环境保护相协调。

第五条　环境保护坚持保护优先、预防为主、综合治理、公众参与、损害担责的原则。

第六条　一切单位和个人都有保护环境的义务。

企业事业单位和其他生产经营者应当防止、减少环境污染和生态破坏，对所造成的损害依法承担责任。

第二章　监　督　管　理

第二十二条　企业事业单位和其他生产经营者，在污染物排放符合法定要求的基础上，进一步减少污染物排放的，人民政府应当依法采取财政、税收、价格、政府采购等方面的政策和措施予以鼓励和支持。

第二十五条　企业事业单位和其他生产经营者违反法律法规规定排放污染物，造成或者可能造成严重污染的，县级以上人民政府环境保护主管部门和其他负有环境保护监督管理职责的部门，可以查封、扣押造成污染物排放的设施、设备。

第四章　防治污染和其他公害

第四十一条　建设项目中防治污染的设施，应当与主体工程同时设计、同时施工、同时投产使用。防治污染的设施应当符合经批准的环境影响评价文件的要求，不得擅自拆除或者闲置。

第四十三条　排放污染物的企业事业单位和其他生产经营者，应当按照国家有关规定缴纳排污费。排污费应当全部专项用于环境污染防治，任何单位和个人不得截留、挤占或者挪作他用。

第四十五条　国家依照法律规定实行排污许可管理制度。

实行排污许可管理的企业事业单位和其他生产经营者应当按照排污许可证的要求排放污染物；未取得排污许可证的，不得排放污染物。

第四十六条　国家对严重污染环境的工艺、设备和产品实行淘汰制度。任何单位和个人不得生产、销售或者转移、使用严重污染环境的工艺、设备和产品。

禁止引进不符合我国环境保护规定的技术、设备、材料和产品。

第六章　法　律　责　任

第六十条　企业事业单位和其他生产经营者超过污染物排放标准或者超过重点污染物排放总量控制指标排放污染物的，县级以上人民政府环境保护主管部门可以责令其采取限制生产、停产整治等措施；情节严重的，报经有批准权的人民政府批准，责令停业、关闭。

第六十三条 企业事业单位和其他生产经营者有下列行为之一，尚不构成犯罪的，除依照有关法律法规规定予以处罚外，由县级以上人民政府环境保护主管部门或者其他有关部门将案件移送公安机关，对其直接负责的主管人员和其他直接责任人员，处十日以上十五日以下拘留；情节较轻的，处五日以上十日以下拘留：

（一）建设项目未依法进行环境影响评价，被责令停止建设，拒不执行的；

（二）违反法律规定，未取得排污许可证排放污染物，被责令停止排污，拒不执行的；

（三）通过暗管、渗井、渗坑、灌注或者篡改、伪造监测数据，或者不正常运行防治污染设施等逃避监管的方式违法排放污染物的；

（四）生产、使用国家明令禁止生产、使用的农药，被责令改正，拒不改正的。

（2）材料员工作提示

修订后的《环境保护法》坚持从我国国情和发展阶段出发，着重解决当前环境保护领域的共性问题和突出问题，更新了环境保护理念，完善了环境保护基本制度，强化了政府和企业的环保责任，明确了公民的环保义务，加大了对企业违法排污的处罚力度，规定了公众对环境保护的知情权、参与权和监督权，为公众有序参与环境保护提供了法治渠道。《环境保护法》的修改和贯彻实施，对于保护和改善环境，防治污染和其他公害，保障公众健康，推进生态文明建设，促进经济社会可持续发展，都具有十分重要的意义。

1）环境保护是可持续发展的基础

修订后重新发布的《环境保护法》将"推进生态文明建设、促进经济社会可持续发展"列入立法目的，将保护环境确立为国家的基本国策，将"保护优先"列为环保工作要坚持的第一基本原则。同时明确提出要促进人与自然和谐，突出强调经济社会发展要与环境保护相协调。过去是强调环境保护与经济发展相协调，一个顺序的改变意味着理念、观念的重大调整和提升，体现了标本兼治、综合施策、全面参与、人人行动的重要思想。

在完善制度方面，新《环境保护法》提出要建立健全一系列新的环境管理制度。比如提出要建立健全资源环境承载能力监测预警制度，环境与健康监测、调查与风险评估制度，划定生态保护红线制度，生态保护补偿制度，环保目标责任制和考核评价制度，污染物排放总量控制制度，排污许可管理制度，环境监察制度，信息公开和公众参与制度等。同时，新《环境保护法》还规定在制定经济技术政策时要充分考虑对环境的影响，要求各级政府加大财政投入，充分运用市场机制，发挥好价格、税收、保险、信贷等经济手段的作用。

2）完善制度建设，强化监督管理

在强化保障方面，新《环境保护法》提出了一些新要求、新措施，进一步明确了各方的责任，并且明确规定了一些约束和处罚的措施。比如说对违法排放污染物的企业，政府相关部门可以查封、扣押设施设备。在经济处罚方面，罚款可按日处罚、上不封顶，对于违规企业的相关责任人可以进行行政拘留；构成犯罪的，可以追究刑事责任。同时，对于一些负有连带责任的第三方机构，包括环境监测服务、环境影响评价、治污设施运行维护等第三方机构，可以追究他们的连带责任。对于没有完成总量减排目标、环境质量改善目标的地区，可以实施区域限批；对于污染环境、破坏生态、损害社会公共利益的行为，有关社会组织可以提起公益诉讼。这些都是一些新的规定、新的制度、新的要求。

3）切实做到对污染行为"零容忍"

新《环境保护法》在进一步明确政府对环境保护的监督管理职责基础上，完善了生态保护红线等环境保护基本制度，强化了企业污染防治责任，加大了对环境违法行为的法律制裁。通过缴纳排污费、实行排污许可制度、淘汰严重污染的工艺设备和产品和禁止引进不符合环境规定的技术设备材料和产品等一系列控制措施控制污染物排放，防治污染。对污染企业和污染行为的罚款上不封顶；对超标排放的可采取限制生产、停产整治直到责令停业和关闭。

5.《中华人民共和国职业病防治法》

《职业病防治法》系 2001 年 10 月 27 日第九届全国人大常委会第 24 次会议通过，后经 2011 年 12 月 31 日十一届全国人大常委会第 24 次会议《关于修改〈中华人民共和国职业病防治法〉的决定》修正。

《职业病防治法》是为了预防、控制和消除职业病危害，防治职业病，保护劳动者健康及其相关权益，促进经济社会发展，根据宪法而制定。《职业病防治法》中所称职业病，是指企业、事业单位和个体经济组织等用人单位的劳动者在职业活动中，因接触粉尘、放射性物质和其他有毒、有害因素而引起的疾病。《职业病防治法》分总则、前期预防、劳动过程中的防护与管理、职业病诊断与职业病病人保障、监督检查、法律责任、附则共七章九十条。

（1）主要内容

参与建筑企业生产经营活动的各类人员，都依法享有职业卫生保护权利。企业负责人对职业病防治负有全面责任，各专业管理人员应承担专业工作中可能危及劳动者职业健康事项的识别、预防、防护及救治等责任。现摘录部分内容，对材料员工作做出提示：

第一章 总 则

第三条 职业病防治工作坚持预防为主、防治结合的方针，建立用人单位负责、行政机关监管、行业自律、职工参与和社会监督的机制，实行分类管理、综合治理。

第四条 劳动者依法享有职业卫生保护的权利。

用人单位应当为劳动者创造符合国家职业卫生标准和卫生要求的工作环境和条件，并采取措施保障劳动者获得职业卫生保护。

工会组织依法对职业病防治工作进行监督，维护劳动者的合法权益。用人单位制定或者修改有关职业病防治的规章制度，应当听取工会组织的意见。

第五条 用人单位应当建立、健全职业病防治责任制，加强对职业病防治的管理，提高职业病防治水平，对本单位产生的职业病危害承担责任。

第六条 用人单位的主要负责人对本单位的职业病防治工作全面负责。

第七条 用人单位必须依法参加工伤保险。

第八条 国家鼓励和支持研制、开发、推广、应用有利于职业病防治和保护劳动者健康的新技术、新工艺、新设备、新材料，加强对职业病的机理和发生规律的基础研究，提高职业病防治科学技术水平；积极采用有效的职业病防治技术、工艺、设备、材料；限制使用或者淘汰职业病危害严重的技术、工艺、设备、材料。

第十三条 任何单位和个人有权对违反本法的行为进行检举和控告。有关部门收到相关的检举和控告后，应当及时处理。

对防治职业病成绩显著的单位和个人，给予奖励。

第二章　前 期 预 防

第十四条　用人单位应当依照法律、法规要求，严格遵守国家职业卫生标准，落实职业病预防措施，从源头上控制和消除职业病危害。

第十五条　产生职业病危害的用人单位的设立除应当符合法律、行政法规规定的设立条件外，其工作场所还应当符合下列职业卫生要求：

（一）职业病危害因素的强度或者浓度符合国家职业卫生标准；

（二）有与职业病危害防护相适应的设施；

（三）生产布局合理，符合有害与无害作业分开的原则；

（四）有配套的更衣间、洗浴间、孕妇休息间等卫生设施；

（五）设备、工具、用具等设施符合保护劳动者生理、心理健康的要求；

（六）法律、行政法规和国务院卫生行政部门、安全生产监督管理部门关于保护劳动者健康的其他要求。

第十六条　国家建立职业病危害项目申报制度。

用人单位工作场所存在职业病目录所列职业病的危害因素的，应当及时、如实向所在地安全生产监督管理部门申报危害项目，接受监督。

职业病危害因素分类目录由国务院卫生行政部门会同国务院安全生产监督管理部门制定、调整并公布。职业病危害项目申报的具体办法由国务院安全生产监督管理部门制定。

第十七条　新建、扩建、改建建设项目和技术改造、技术引进项目（以下统称建设项目）可能产生职业病危害的，建设单位在可行性论证阶段应当向安全生产监督管理部门提交职业病危害预评价报告。安全生产监督管理部门应当自收到职业病危害预评价报告之日起三十日内，作出审核决定并书面通知建设单位。未提交预评价报告或者预评价报告未经安全生产监督管理部门审核同意的，有关部门不得批准该建设项目。

职业病危害预评价报告应当对建设项目可能产生的职业病危害因素及其对工作场所和劳动者健康的影响作出评价，确定危害类别和职业病防护措施。

建设项目职业病危害分类管理办法由国务院安全生产监督管理部门制定。

第十八条　建设项目的职业病防护设施所需费用应当纳入建设项目工程预算，并与主体工程同时设计，同时施工，同时投入生产和使用。职业病危害严重的建设项目的防护设施设计，应当经安全生产监督管理部门审查，符合国家职业卫生标准和卫生要求的，方可施工。

建设项目在竣工验收前，建设单位应当进行职业病危害控制效果评价。建设项目竣工验收时，其职业病防护设施经安全生产监督管理部门验收合格后，方可投入正式生产和使用。

第十九条　职业病危害预评价、职业病危害控制效果评价由依法设立的取得国务院安全生产监督管理部门或者设区的市级以上地方人民政府安全生产监督管理部门按照职责分工给予资质认可的职业卫生技术服务机构进行。职业卫生技术服务机构所作评价应当客观、真实。

第二十条　国家对从事放射性、高毒、高危粉尘等作业实行特殊管理。具体管理办法由国务院制定。

第三章　劳动过程中的防护与管理

第二十一条　用人单位应当采取下列职业病防治管理措施：

（一）设置或者指定职业卫生管理机构或者组织，配备专职或者兼职的职业卫生管理人员，负责本单位的职业病防治工作；

（二）制定职业病防治计划和实施方案；

（三）建立、健全职业卫生管理制度和操作规程；

（四）建立、健全职业卫生档案和劳动者健康监护档案；

（五）建立、健全工作场所职业病危害因素监测及评价制度；

（六）建立、健全职业病危害事故应急救援预案。

第二十二条　用人单位应当保障职业病防治所需的资金投入，不得挤占、挪用，并对因资金投入不足导致的后果承担责任。

第二十三条　用人单位必须采用有效的职业病防护设施，并为劳动者提供个人使用的职业病防护用品。

用人单位为劳动者个人提供的职业病防护用品必须符合防治职业病的要求；不符合要求的，不得使用。

第二十四条　用人单位应当优先采用有利于防治职业病和保护劳动者健康的新技术、新工艺、新设备、新材料，逐步替代职业病危害严重的技术、工艺、设备、材料。

第二十五条　产生职业病危害的用人单位，应当在醒目位置设置公告栏，公布有关职业病防治的规章制度、操作规程、职业病危害事故应急救援措施和工作场所职业病危害因素检测结果。

对产生严重职业病危害的作业岗位，应当在其醒目位置，设置警示标识和中文警示说明。警示说明应当载明产生职业病危害的种类、后果、预防以及应急救治措施等内容。

第二十六条　对可能发生急性职业损伤的有毒、有害工作场所，用人单位应当设置报警装置，配置现场急救用品、冲洗设备、应急撤离通道和必要的泄险区。

对放射工作场所和放射性同位素的运输、贮存，用人单位必须配置防护设备和报警装置，保证接触放射线的工作人员佩戴个人剂量计。

对职业病防护设备、应急救援设施和个人使用的职业病防护用品，用人单位应当进行经常性的维护、检修，定期检测其性能和效果，确保其处于正常状态，不得擅自拆除或者停止使用。

第二十七条　用人单位应当实施由专人负责的职业病危害因素日常监测，并确保监测系统处于正常运行状态。

用人单位应当按照国务院安全生产监督管理部门的规定，定期对工作场所进行职业病危害因素检测、评价。检测、评价结果存入用人单位职业卫生档案，定期向所在地安全生产监督管理部门报告并向劳动者公布。

职业病危害因素检测、评价由依法设立的取得国务院安全生产监督管理部门或者设区的市级以上地方人民政府安全生产监督管理部门按照职责分工给予资质认可的职业卫生技术服务机构进行。职业卫生技术服务机构所作检测、评价应当客观、真实。

发现工作场所职业病危害因素不符合国家职业卫生标准和卫生要求时，用人单位应当立即采取相应治理措施，仍然达不到国家职业卫生标准和卫生要求的，必须停止存在职业病危害因素的作业；职业病危害因素经治理后，符合国家职业卫生标准和卫生要求的，方可重新作业。

第二十九条 向用人单位提供可能产生职业病危害的设备的，应当提供中文说明书，并在设备的醒目位置设置警示标识和中文警示说明。警示说明应当载明设备性能、可能产生的职业病危害、安全操作和维护注意事项、职业病防护以及应急救治措施等内容。

第三十条 向用人单位提供可能产生职业病危害的化学品、放射性同位素和含有放射性物质的材料的，应当提供中文说明书。说明书应当载明产品特性、主要成分、存在的有害因素、可能产生的危害后果、安全使用注意事项、职业病防护以及应急救治措施等内容。产品包装应当有醒目的警示标识和中文警示说明。贮存上述材料的场所应当在规定的部位设置危险物品标识或者放射性警示标识。

国内首次使用或者首次进口与职业病危害有关的化学材料，使用单位或者进口单位按照国家规定经国务院有关部门批准后，应当向国务院卫生行政部门、安全生产监督管理部门报送该化学材料的毒性鉴定以及经有关部门登记注册或者批准进口的文件等资料。

进口放射性同位素、射线装置和含有放射性物质的物品的，按照国家有关规定办理。

第三十一条 任何单位和个人不得生产、经营、进口和使用国家明令禁止使用的可能产生职业病危害的设备或者材料。

第三十二条 任何单位和个人不得将产生职业病危害的作业转移给不具备职业病防护条件的单位和个人。不具备职业病防护条件的单位和个人不得接受产生职业病危害的作业。

第三十三条 用人单位对采用的技术、工艺、设备、材料，应当知悉其产生的职业病危害，对有职业病危害的技术、工艺、设备、材料隐瞒其危害而采用的，对所造成的职业病危害后果承担责任。

第三十四条 用人单位与劳动者订立劳动合同（含聘用合同，下同）时，应当将工作过程中可能产生的职业病危害及其后果、职业病防护措施和待遇等如实告知劳动者，并在劳动合同中写明，不得隐瞒或者欺骗。

劳动者在已订立劳动合同期间因工作岗位或者工作内容变更，从事与所订立劳动合同中未告知的存在职业病危害的作业时，用人单位应当依照前款规定，向劳动者履行如实告知的义务，并协商变更原劳动合同相关条款。

用人单位违反前两款规定的，劳动者有权拒绝从事存在职业病危害的作业，用人单位不得因此解除与劳动者所订立的劳动合同。

第三十五条 用人单位的主要负责人和职业卫生管理人员应当接受职业卫生培训，遵守职业病防治法律、法规，依法组织本单位的职业病防治工作。

用人单位应当对劳动者进行上岗前的职业卫生培训和在岗期间的定期职业卫生培训，普及职业卫生知识，督促劳动者遵守职业病防治法律、法规、规章和操作规程，指导劳动者正确使用职业病防护设备和个人使用的职业病防护用品。

劳动者应当学习和掌握相关的职业卫生知识，增强职业病防范意识，遵守职业病防治法律、法规、规章和操作规程，正确使用、维护职业病防护设备和个人使用的职业病防护用品，发现职业病危害事故隐患应当及时报告。

劳动者不履行前款规定义务的，用人单位应当对其进行教育。

第三十六条　对从事接触职业病危害的作业的劳动者，用人单位应当按照国务院安全生产监督管理部门、卫生行政部门的规定组织上岗前、在岗期间和离岗时的职业健康检查，并将检查结果书面告知劳动者。职业健康检查费用由用人单位承担。

用人单位不得安排未经上岗前职业健康检查的劳动者从事接触职业病危害的作业；不得安排有职业禁忌的劳动者从事其所禁忌的作业；对在职业健康检查中发现有与所从事的职业相关的健康损害的劳动者，应当调离原工作岗位，并妥善安置；对未进行离岗前职业健康检查的劳动者不得解除或者终止与其订立的劳动合同。

职业健康检查应当由省级以上人民政府卫生行政部门批准的医疗卫生机构承担。

第三十七条　用人单位应当为劳动者建立职业健康监护档案，并按照规定的期限妥善保存。

职业健康监护档案应当包括劳动者的职业史、职业病危害接触史、职业健康检查结果和职业病诊疗等有关个人健康资料。

劳动者离开用人单位时，有权索取本人职业健康监护档案复印件，用人单位应当如实、无偿提供，并在所提供的复印件上签章。

第四章　职业病诊断与职业病病人保障

第四十八条　用人单位应当如实提供职业病诊断、鉴定所需的劳动者职业史和职业病危害接触史、工作场所职业病危害因素检测结果等资料；安全生产监督管理部门应当监督检查和督促用人单位提供上述资料；劳动者和有关机构也应当提供与职业病诊断、鉴定有关的资料。

职业病诊断、鉴定机构需要了解工作场所职业病危害因素情况时，可以对工作场所进行现场调查，也可以向安全生产监督管理部门提出，安全生产监督管理部门应当在十日内组织现场调查。用人单位不得拒绝、阻挠。

第四十九条　职业病诊断、鉴定过程中，用人单位不提供工作场所职业病危害因素检测结果等资料的，诊断、鉴定机构应当结合劳动者的临床表现、辅助检查结果和劳动者的职业史、职业病危害接触史，并参考劳动者的自述、安全生产监督管理部门提供的日常监督检查信息等，作出职业病诊断、鉴定结论。

劳动者对用人单位提供的工作场所职业病危害因素检测结果等资料有异议，或者因劳动者的用人单位解散、破产，无用人单位提供上述资料的，诊断、鉴定机构应当提请安全生产监督管理部门进行调查，安全生产监督管理部门应当自接到申请之日起三十日内对存在异议的资料或者工作场所职业病危害因素情况作出判定；有关部门应当配合。

第五十条　职业病诊断、鉴定过程中，在确认劳动者职业史、职业病危害接触史时，当事人对劳动关系、工种、工作岗位或者在岗时间有争议的，可以向当地的劳动人事争议仲裁委员会申请仲裁；接到申请的劳动人事争议仲裁委员会应当受理，并在三十日内作出裁决。

当事人在仲裁过程中对自己提出的主张，有责任提供证据。劳动者无法提供由用人单位掌握管理的与仲裁主张有关的证据的，仲裁庭应当要求用人单位在指定期限内提供；用人单位在指定期限内不提供的，应当承担不利后果。

劳动者对仲裁裁决不服的，可以依法向人民法院提起诉讼。

用人单位对仲裁裁决不服的，可以在职业病诊断、鉴定程序结束之日起十五日内依法向人民法院提起诉讼；诉讼期间，劳动者的治疗费用按照职业病待遇规定的途径支付。

第五十一条 用人单位和医疗卫生机构发现职业病病人或者疑似职业病病人时，应当及时向所在地卫生行政部门和安全生产监督管理部门报告。确诊为职业病的，用人单位还应当向所在地劳动保障行政部门报告。接到报告的部门应当依法作出处理。

第五十六条 医疗卫生机构发现疑似职业病病人时，应当告知劳动者本人并及时通知用人单位。

用人单位应当及时安排对疑似职业病病人进行诊断；在疑似职业病病人诊断或者医学观察期间，不得解除或者终止与其订立的劳动合同。

疑似职业病病人在诊断、医学观察期间的费用，由用人单位承担。

第五十七条 用人单位应当保障职业病病人依法享受国家规定的职业病待遇。

用人单位应当按照国家有关规定，安排职业病病人进行治疗、康复和定期检查。

用人单位对不适宜继续从事原工作的职业病病人，应当调离原岗位，并妥善安置。

用人单位对从事接触职业病危害的作业的劳动者，应当给予适当岗位津贴。

第五十八条 职业病病人的诊疗、康复费用，伤残以及丧失劳动能力的职业病病人的社会保障，按照国家有关工伤保险的规定执行。

第五十九条 职业病病人除依法享有工伤保险外，依照有关民事法律，尚有获得赔偿的权利的，有权向用人单位提出赔偿要求。

第六十条 劳动者被诊断患有职业病，但用人单位没有依法参加工伤保险的，其医疗和生活保障由该用人单位承担。

第六十一条 职业病病人变动工作单位，其依法享有的待遇不变。

用人单位在发生分立、合并、解散、破产等情形时，应当对从事接触职业病危害的作业的劳动者进行健康检查，并按照国家有关规定妥善安置职业病病人。

第六十二条 用人单位已经不存在或者无法确认劳动关系的职业病病人，可以向地方人民政府民政部门申请医疗救助和生活等方面的救助。

第五章 监 督 检 查

第六十四条 安全生产监督管理部门履行监督检查职责时，有权采取下列措施：

（一）进入被检查单位和职业病危害现场，了解情况，调查取证；

（二）查阅或者复制与违反职业病防治法律、法规的行为有关的资料和采集样品；

（三）责令违反职业病防治法律、法规的单位和个人停止违法行为。

第六十五条 发生职业病危害事故或者有证据证明危害状态可能导致职业病危害事故发生时，安全生产监督管理部门可以采取下列临时控制措施：

（一）责令暂停导致职业病危害事故的作业；

（二）封存造成职业病危害事故或者可能导致职业病危害事故发生的材料和设备；

（三）组织控制职业病危害事故现场。

在职业病危害事故或者危害状态得到有效控制后，安全生产监督管理部门应当及时解除控制措施。

第六章 法 律 责 任

第七十条 建设单位违反本法规定,有下列行为之一的,由安全生产监督管理部门给予警告,责令限期改正;逾期不改正的,处十万元以上五十万元以下的罚款;情节严重的,责令停止产生职业病危害的作业,或者提请有关人民政府按照国务院规定的权限责令停建、关闭:

(一)未按照规定进行职业病危害预评价或者未提交职业病危害预评价报告,或者职业病危害预评价报告未经安全生产监督管理部门审核同意,开工建设的;

(二)建设项目的职业病防护设施未按照规定与主体工程同时投入生产和使用的;

(三)职业病危害严重的建设项目,其职业病防护设施设计未经安全生产监督管理部门审查,或者不符合国家职业卫生标准和卫生要求施工的;

(四)未按照规定对职业病防护设施进行职业病危害控制效果评价、未经安全生产监督管理部门验收或者验收不合格,擅自投入使用的。

第七十一条 违反本法规定,有下列行为之一的,由安全生产监督管理部门给予警告,责令限期改正;逾期不改正的,处十万元以下的罚款:

(一)工作场所职业病危害因素检测、评价结果没有存档、上报、公布的;

(二)未采取本法第二十一条规定的职业病防治管理措施的;

(三)未按照规定公布有关职业病防治的规章制度、操作规程、职业病危害事故应急救援措施的;

(四)未按照规定组织劳动者进行职业卫生培训,或者未对劳动者个人职业病防护采取指导、督促措施的;

(五)国内首次使用或者首次进口与职业病危害有关的化学材料,未按照规定报送毒性鉴定资料以及经有关部门登记注册或者批准进口的文件的。

第七十二条 用人单位违反本法规定,有下列行为之一的,由安全生产监督管理部门责令限期改正,给予警告,可以并处五万元以上十万元以下的罚款:

(一)未按照规定及时、如实向安全生产监督管理部门申报产生职业病危害的项目的;

(二)未实施由专人负责的职业病危害因素日常监测,或者监测系统不能正常监测的;

(三)订立或者变更劳动合同时,未告知劳动者职业病危害真实情况的;

(四)未按照规定组织职业健康检查、建立职业健康监护档案或者未将检查结果书面告知劳动者的;

(五)未依照本法规定在劳动者离开用人单位时提供职业健康监护档案复印件的。

第七十三条 用人单位违反本法规定,有下列行为之一的,由安全生产监督管理部门给予警告,责令限期改正,逾期不改正的,处五万元以上二十万元以下的罚款;情节严重的,责令停止产生职业病危害的作业,或者提请有关人民政府按照国务院规定的权限责令关闭:

(一)工作场所职业病危害因素的强度或者浓度超过国家职业卫生标准的;

(二)未提供职业病防护设施和个人使用的职业病防护用品,或者提供的职业病防护设施和个人使用的职业病防护用品不符合国家职业卫生标准和卫生要求的;

（三）对职业病防护设备、应急救援设施和个人使用的职业病防护用品未按照规定进行维护、检修、检测，或者不能保持正常运行、使用状态的；

（四）未按照规定对工作场所职业病危害因素进行检测、评价的；

（五）工作场所职业病危害因素经治理仍然达不到国家职业卫生标准和卫生要求时，未停止存在职业病危害因素的作业的；

（六）未按照规定安排职业病病人、疑似职业病病人进行诊治的；

（七）发生或者可能发生急性职业病危害事故时，未立即采取应急救援和控制措施或者未按照规定及时报告的；

（八）未按照规定在产生严重职业病危害的作业岗位醒目位置设置警示标识和中文警示说明的；

（九）拒绝职业卫生监督管理部门监督检查的；

（十）隐瞒、伪造、篡改、毁损职业健康监护档案、工作场所职业病危害因素检测评价结果等相关资料，或者拒不提供职业病诊断、鉴定所需资料的；

（十一）未按照规定承担职业病诊断、鉴定费用和职业病病人的医疗、生活保障费用的。

第七十四条 向用人单位提供可能产生职业病危害的设备、材料，未按照规定提供中文说明书或者设置警示标识和中文警示说明的，由安全生产监督管理部门责令限期改正，给予警告，并处五万元以上二十万元以下的罚款。

第七十五条 用人单位和医疗卫生机构未按照规定报告职业病、疑似职业病的，由有关主管部门依据职责分工责令限期改正，给予警告，可以并处一万元以下的罚款；弄虚作假的，并处二万元以上五万元以下的罚款；对直接负责的主管人员和其他直接责任人员，可以依法给予降级或者撤职的处分。

第七十六条 违反本法规定，有下列情形之一的，由安全生产监督管理部门责令限期治理，并处五万元以上三十万元以下的罚款；情节严重的，责令停止产生职业病危害的作业，或者提请有关人民政府按照国务院规定的权限责令关闭：

（一）隐瞒技术、工艺、设备、材料所产生的职业病危害而采用的；

（二）隐瞒本单位职业卫生真实情况的；

（三）可能发生急性职业损伤的有毒、有害工作场所、放射工作场所或者放射性同位素的运输、贮存不符合本法第二十六条规定的；

（四）使用国家明令禁止使用的可能产生职业病危害的设备或者材料的；

（五）将产生职业病危害的作业转移给没有职业病防护条件的单位和个人，或者没有职业病防护条件的单位和个人接受产生职业病危害的作业的；

（六）擅自拆除、停止使用职业病防护设备或者应急救援设施的；

（七）安排未经职业健康检查的劳动者、有职业禁忌的劳动者、未成年工或者孕期、哺乳期女职工从事接触职业病危害的作业或者禁忌作业的；

（八）违章指挥和强令劳动者进行没有职业病防护措施的作业的。

第七十七条 生产、经营或者进口国家明令禁止使用的可能产生职业病危害的设备或者材料的，依照有关法律、行政法规的规定给予处罚。

第七十八条 用人单位违反本法规定，已经对劳动者生命健康造成严重损害的，由安全生产监督管理部门责令停止产生职业病危害的作业，或者提请有关人民政府按照国务院规定的权限责令关闭，并处十万元以上五十万元以下的罚款。

第七十九条　用人单位违反本法规定，造成重大职业病危害事故或者其他严重后果，构成犯罪的，对直接负责的主管人员和其他直接责任人员，依法追究刑事责任。

第七章　附　则

第八十七条　本法下列用语的含义：

职业病危害，是指对从事职业活动的劳动者可能导致职业病的各种危害。职业病危害因素包括：职业活动中存在的各种有害的化学、物理、生物因素以及在作业过程中产生的其他职业有害因素。

职业禁忌，是指劳动者从事特定职业或者接触特定职业病危害因素时，比一般职业人群更易于遭受职业病危害和罹患职业病或者可能导致原有自身疾病病情加重，或者在从事作业过程中诱发可能导致对他人生命健康构成危险的疾病的个人特殊生理或者病理状态。

第八十八条　劳务派遣用工单位应当履行本法规定的用人单位的义务。

（2）材料员工作提示

1）《职业病防治法》是维护劳动者健康权益的法律保障

劳动者是生产力要素中最为活跃的因素，劳动者的职业健康是社会经济发展的基础。只有劳动者健康权益获得有效维护，才能保护劳动者健康，才能促进社会经济的发展。过去一些用人单位漠视劳动者健康权益，不履行"危害告知"义务，剥夺劳动者对职业健康危害的"知情权"，严重损害了劳动者的健康和安全，实际是阻碍了经济发展。《职业病防治法》以"预防、控制和消除职业病危害，防治职业病，保护劳动者健康及相关权益，促进社会经济发展"为宗旨，依据宪法规定公民享有生命健康权益的规定，明确劳动者依法享有职业卫生保护权利，并具体细化为劳动者享有获得职业卫生培训教育、职业卫生防护、接受职业健康检查、职业病诊疗和康复服务，享有对职业病危害、危害后果及有关待遇的知情权，参与职业病防治民主管理等权利。为了使劳动者健康权益得到更可靠的保护，《职业病防治法》同时详细设定了用人单位应依法承担的责任和义务，明确了用人单位依法应尽职业病危害控制和管理，建立劳动者健康监护制度，通过合同告知，工作场所醒目标志，工作场所公告，职业卫生培训教育等形式如实告知职业病危害等多种义务和责任，维护劳动者健康及相关权益。

2）预防和防治职业病是企业生存发展的前提

职业病是可预防性疾病，国内外经验证明，预防职业病是一项"低投入、高收益"的职业病危害控制策略。《职业病防治法》坚持预防为主、防治结合方针，强调从源头预防和控制职业病危害，明确规定了用人单位、劳动者、职业卫生服务机构、卫生行政部门和其他单位在职业病防治中依法拥有的权利和应尽的义务，应当承担的法律责任。只要严格按照《职业病防治法》要求，各尽其责，人人参与，不仅可以减少职业病危害造成的巨大经济损失，而且将为全面提高劳动者健康水平和文化技术素养，提高企业管理水平和劳动生产效率，促进企业可持续发展提供重要条件。

《职业病防治法》是我国职业卫生与国际接轨，企业参与国际市场竞争的时代要求。人类已踏入 21 世纪，即将告别为了经济发展而破坏环境导致公害病和职业病的工业革命时代，正在迈入保护环境，改善生命质量，促进经济可持续发展的知识经济时代。经济全球化、市场规范化、社会文明化已成为新世纪经济发展目标。

3）提升材料管理职业素养，有效防治职业病危害

《职业病防治法》规定，用人单位应依法为职工创造符合国家职业卫生标准和卫生要求的工作环境和条件，保障职工获得相应的职业卫生保护，依法为职工交纳工伤社会保险。积极推广、应用有利于职业病防治和保护劳动者健康的新技术、新工艺、新材料，限制使用或淘汰职业病危害严重的技术、工艺、材料。企业安全生产管理部门应负责建筑活动中的职业卫生、劳动保护情况监督，加强对职工职业病防治的宣传教育，在各在建工程中普及职业病防治的知识，提高职工的自我健康保护意识。加强职工劳动过程中的防护与管理。建立、健全职业卫生管理制度和操作规程；建立、健全职业卫生档案和劳动者健康监护档案；建立、健全工作场所职业病危害因素监测及评价制度；建立、健全职业病危害事故应急救援预案。为职工采取有效的职业病防护设施，提供符合防治职业病要求的职业病防护用品。在各在建工程施工现场醒目位置设置公告栏，公布有关职业病防治的规章制度、操作规程、职业病危害事故应急救援措施和工作场所职业病危害因素情况。在可能发生急性职业损伤的有毒、有害工作场所，设置警示标志，在施工现场配置急救用品、冲洗设备、应急撤离通道。对职业病防护设备、应急救援设施和个人使用的职业病防护用品，进行经常性的维护、检修，定期检测其性能和效果，确保其处于正常状态，使用期间不得擅自拆除或者停止使用。一旦发现职工工作场所职业病危害因素不符合国家职业卫生标准和卫生要求时，立即采取相应治理措施，职业病危害因素经治理后，符合国家职业卫生标准和卫生要求的，方可重新作业。对施工中所使用的材料，向施工人员提供相关的有害因素、可能产生的危害后果、安全使用注意事项、职业病防护以及应急救治措施等信息。与职工订立劳动合同时，将工作过程中可能产生的职业病危害及其后果、职业病防护措施和待遇等如实告知职工，并在劳动合同中写明，不隐瞒或欺骗。对职工进行上岗前的职业卫生培训和在岗期间的定期职业卫生培训，普及职业卫生知识，督促职工遵守职业病防治法律、法规、规章和操作规程，指导职工正确使用职业病防护设备和个人使用的职业病防护用品。对从事接触职业病危害作业的职工，建筑企业应按照有关规定组织上岗前、在岗期间和离岗位时的职业健康检查，并将检查结果如实告知劳动者。

建筑施工生产中，材料员应配合做好以下工作：

（1）接触各种粉尘的施工生产活动的预防控制措施

加强水泥等易扬尘的材料的存放处、使用处的扬尘防护，任何人不得随意拆除，在易扬尘部位设置警示标志。对劳动者个人，应落实相关岗位的持证上岗，给施工作业人员提供扬尘防护口罩，杜绝施工操作人员超时工作。加强施工中的检查，在检查工程安全的同时，检查工人作业场所的扬尘防护措施的落实，检查个人扬尘防护措施的落实，并指导施工作业人员减少扬尘的操作方法和技巧。

（2）电焊工尘肺、眼病的预防控制措施

作业场所应为电焊工提供通风良好的操作空间。电焊工必须持证上岗，作业时佩戴有害气体防护口罩、眼睛防护罩，杜绝违章作业采取轮流作业，实施八小时工作制，杜绝施工操作人员的超时工作。在检查项目工程安全的同时，检查落实工人作业场所的通风情况，个人防护用品的佩戴，及时制止违章作业。

（3）直接操作振动机械引起的手臂振动病的预防控制措施

在作业区设置防职业病警示标志。机械操作工要持证上岗，提供振动机械防护手套，采取延长换班休息时间，杜绝作业人员的超时工作。在检查工程安全的同时，检查落实警示标志的悬挂，工人持证上岗，防震手套佩戴，工作时间不超时等情况。

（4）油漆工、粉刷工接触有机材料散发不良气体引起的中毒预防控制措施

加强作业区的通风排气措施。相关工种持证上岗，给作业人员提供防护口罩，采取轮流作业，杜绝作业人员的超时工作。在检查工程安全的同时，检查落实作业场所的良好通风，工人持证上岗，佩戴口罩，工作时间不超时。加强指导，提高中毒事故中职工救人与自救的能力。

（5）接触噪声引起的职业性耳聋的预防控制措施

在作业区设置防职业病警示标志，对噪声大的机械加强日常保养和维护，减少噪声污染。为施工操作人员提供劳动防护耳塞，采取轮流作业，杜绝施工操作人员的超时工作。在检查工程安全的同时，检查落实作业场所的降噪措施，工人佩戴防护耳塞，工作时间不超时。

（6）长期超时、超强度工作，精神长期过度紧张造成相应职业病的预防控制措施

提高机械化施工程度，减小工人劳动强度，为职工提供良好的生活、休息、娱乐场所，加强施工现场的文明施工。不盲目抢工期，即使抢工期也必须安排充足的人员能够按时换班作业，采取八小时作业换班制度，及时发放工人工资，稳定工人情绪。安全检查时，检查工人劳动强度是否适宜，工作时间不超时，工人工资发放情况。

（7）高温中暑的预防控制措施

在高温期间，为职工备足饮用水或其他饮品、防中暑药品和器材。减少工人工作时间，适当延长中午休息时间。夏季施工，在检查工程安全的同时，检查落实饮水、防中暑物品的配备，工人劳逸是否适宜，加强指导，提高中暑情况发生时职工救人与自救的能力。

三、新法规

国务院一般主要通过制定行政法规、颁布行政规定和行政规划、召开会议等制度化的方式，国务院领导通过批示、讲话和调研等非制度化的方式，影响行政规制。国务院在立法中的职责是：研究行政诉讼、行政复议、行政赔偿、行政处罚、行政许可、行政收费、行政执行等涉及政府行为共同规范的法律。本章选取了 2010 年 1 月 1 日后由国务院发布、修订或修订后重新发布的法规，摘录部分内容，为建筑企业材料员作出工作提示。

（一）工程建设类新法规

国务院发布的工程建设类的法规，直接关系建筑企业经营生产和专业管理，直接影响着建筑活动的规范性，了解其相关内容将有助于建筑企业经营生产的合规、高效运行。

1. 修改后的《建设工程勘察设计管理条例》

2015 年 6 月 12 日，国务院公布《国务院关于修改〈建设工程勘察设计管理条例〉的决定》。修订的主要内容是在原《建设工程勘察设计管理条例》（以下简称《条例》）基础上增加了第四十条，对违反条例规定，勘察设计单位未依据项目批准文件、城乡规划及专业规划，国家规定的建设工程勘察、设计深度要求编制建设工程勘察、设计文件行为的罚责。此外，还将第二十五条第一款中的"城市规划"修改为"城乡规划"，并对该条款顺序进行了调整。第 662 号令重新公布了该《条例》。

原《建设工程勘察设计管理条例》发布于 2000 年 9 月 23 日，是为了加强对建设工程勘察、设计活动的管理，保证建设工程勘察、设计质量，保护人民生命和财产安全而制定。《条例》所称建设工程勘察，是指根据建设工程的要求，查明、分析、评价建设场地的地质地理环境特征和岩土工程条件，编制建设工程勘察文件的活动。条例所称建设工程设计，是指根据建设工程的要求，对建设工程所需的技术、经济、资源、环境等条件进行综合分析、论证，编制建设工程设计文件的活动。抢险救灾及其他临时性建筑和农民自建两层以下住宅的勘察、设计活动，不适用该《条例》。

《条例》要求，从事建设工程勘察、设计活动，应当坚持先勘察、后设计、再施工的原则。同时明确县级以上人民政府建设行政主管部门和交通、水利等有关部门应当依照《条例》的规定，加强对建设工程勘察、设计活动的监督管理。《条例》明示了国家鼓励在建设工程勘察、设计活动中采用先进技术、先进工艺、先进设备、新型材料和现代管理方法。密切关注国务院各部委的实施细则或地方政策，及时掌握先进设备、新型材料和现代管理方法，可以有效利用政策支持为企业获得更多资源。

修改后的《条例》分七章四十六条。

（1）主要内容

工程勘察设计单位与建筑施工企业有着密切的关联，既可与建筑总承包企业组成联合体参与建设项目的总承包，也可以通过签署合作合同而成为经营伙伴。同时，作为工程建设的共同相关方，针对其订立的法规必然会影响到建筑施工企业。故此，撷取本《条例》中的部分内容，结合第 662 令对其修改的内容进行工作提示。

第二章   资 质 资 格 管 理

第八条   禁止建设工程勘察、设计单位超越其资质等级许可的范围或者以其他建设工程勘察、设计单位的名义承揽建设工程勘察、设计业务。禁止建设工程勘察、设计单位允许其他单位或者个人以本单位的名义承揽建设工程勘察、设计业务。

第九条   未经注册的建设工程勘察、设计人员，不得以注册执业人员的名义从事建设工程勘察、设计活动。

第十条   建设工程勘察、设计注册执业人员和其他专业技术人员只能受聘于一个建设工程勘察、设计单位；未受聘于建设工程勘察、设计单位的，不得从事建设工程的勘察、设计活动。

第三章   建设工程勘察设计发包与承包

第十三条   建设工程勘察、设计应当依照《中华人民共和国招标投标法》的规定，实行招标发包。

第十六条   下列建设工程的勘察、设计，经有关主管部门批准，可以直接发包：

（一）采用特定的专利或者专有技术的；

（二）建筑艺术造型有特殊要求的；

（三）国务院规定的其他建设工程的勘察、设计。

第十八条   发包方可以将整个建设工程的勘察、设计发包给一个勘察、设计单位；也可以将建设工程的勘察、设计分别发包给几个勘察、设计单位。

第十九条   除建设工程主体部分的勘察、设计外，经发包方书面同意，承包方可以将建设工程其他部分的勘察、设计再分包给其他具有相应资质等级的建设工程勘察、设计单位。

第二十条   建设工程勘察、设计单位不得将所承揽的建设工程勘察、设计转包。

第二十一条   承包方必须在建设工程勘察、设计资质证书规定的资质等级和业务范围内承揽建设工程的勘察、设计业务。

第二十三条   建设工程勘察、设计的发包方与承包方应当签订建设工程勘察、设计合同。

第四章   建设工程勘察设计文件的编制与实施

第二十六条   编制初步设计文件，应当满足编制施工招标文件、主要设备材料订货和编制施工图设计文件的需要。

编制施工图设计文件，应当满足设备材料采购、非标准设备制作和施工的需要，并注明建设工程合理使用年限。

第二十七条   设计文件中选用的材料、构配件、设备，应当注明其规格、型号、性能等技术指标，其质量要求必须符合国家规定的标准。

除有特殊要求的建筑材料、专用设备和工艺生产线等外，设计单位不得指定生产厂、供应商。

第二十九条　建设工程勘察、设计文件中规定采用的新技术、新材料，可能影响建设工程质量和安全，又没有国家技术标准的，应当由国家认可的检测机构进行试验、论证，出具检测报告，并经国务院有关部门或者省、自治区、直辖市人民政府有关部门组织的建设工程技术专家委员会审定后，方可使用。

第六章　罚　　则

第四十条　违反本条例规定，勘察、设计单位未依据项目批准文件，城乡规划及专业规划，国家规定的建设工程勘察、设计深度要求编制建设工程勘察、设计文件的，责令限期改正；逾期不改正的，处 10 万元以上 30 万元以下的罚款；造成工程质量事故或者环境污染和生态破坏的，责令停业整顿，降低资质等级；情节严重的，吊销资质证书；造成损失的，依法承担赔偿责任。

第四十一条　违反本条例规定，有下列行为之一的，依照《建设工程质量管理条例》第六十三条的规定给予处罚：

（一）勘察单位未按照工程建设强制性标准进行勘察的；

（二）设计单位未根据勘察成果文件进行工程设计的；

（三）设计单位指定建筑材料、建筑构配件的生产厂、供应商的；

（四）设计单位未按照工程建设强制性标准进行设计的。

（2）材料员工作提示

1）了解勘察、设计与建筑施工的关系

我国《建筑法》第二十四条规定：提倡对建筑工程实行总承包。建筑工程的发包单位可以将建筑工程的勘察、设计、施工、设备采购一并发包给一个工程总承包单位，也可以将建筑工程勘察、设计、施工、设备采购的一项或者多项发包给一个工程总承包单位。

基本建设管理体制与国民经济发展水平和政府管理机构设置有着密切的关系，我国的勘察、设计和施工机构都经历了从政府职能到事业单位再到经济实体的转变过程，只是在转变过程中，施工机构的企业化进程最快、最早，勘察和设计机构的属性和职能转变为期较长。由于机构属性不同，其管理方法差异较大。如果勘察、设计单位隶属于某个行业系统管理，虽然因为市场化进程承接的任务逐渐超越本系统领域，但其仍可能隶属于某委办局，并未演变为社会独立的经营实体，故勘察、设计机构往往与施工企业分别独立存在，若想实现工程总承包可采取组建联合体的方式实现。与此同时，部分大型勘察、设计机构或大型建筑施工企业，为完善产业链结构，在自己原有专业基础上增加功能，形成了综合性大型建设集团企业，从而具备了实现工程总承包的能力。但当遇到专业性强、功能特殊或特大型建设项目时，综合性建设集团企业仍然会寻找专业的机构，通过联合、合作等方式完成。

EPC（Engineering Procurement Construction）工程，是指公司受业主委托，按照合同约定对工程建设项目的设计、采购、施工、试运行等实行全过程或若干阶段的承包。当企业承接了 EPC 工程时，材料管理人员从设计源头就需要参与对材料设备的造型、投资及造价的预估，过程中参与采购、安装，试运行及结算阶段也仍需要关注材料设备的综合性价比和最终效果的评价。

2）了解政府及系统管理的基本思路和方法

第二章资质和资格管理及第三章建设工程勘察设计发包与承包，其管理方法和渠道与其他专业、行业或行政事项对"资质"和"资格"的管理基本相同，与建设工程发包与承包异曲同工，举一反三可更多了解政府对所管控行业通常采取的措施和办法。

3）熟悉勘察设计文件中的专业内容

主要材料设备采购、订货和非标准构配件、设备制作时涉及的材料品种、规格、型号、性能等指标应在图纸、文字说明及清单中标注齐全、说明清楚，质量必须符合（或高于）国家规定的标准，但不能标有生产厂、供应商的信息。当设计文件要求与国家、行业和地方标准存在差异时应确认设计内容的合规性、可行性和经济合理性。

处理好第二十七条第二款关于"有特殊要求的建筑材料、专用设备和工艺生产线"的"例外"事项。首先应明确"特殊要求"的技术必要性，确认由此增加的直接成本如采购价格、采购周期、运输包装、施工工艺、专业调试和间接成本如考察学习、专业培训和运行效率等，提出专业性意见和建议。

处理好"新"的机遇和风险。建设项目使用新技术、新材料时，应由建设、设计、施工等各方共同研究确认。使用时须严格遵循试验、论证、检测和审定的程序。广泛知晓政府、行业对"新"的相关鼓励性信息，在获得专业认可的基础上力争获得资源和资金的支持。

4）了解管控"底线"保护企业利益

第六章罚责规定了违反条例的行为和惩戒的标准。在建设项目运行过程中，因违反条例规定使企业利益受损时，可依据罚责维护权益。同时，将违规性行为作为合同约定的明示内容也可以有效降低过程中的风险。

2. 《无障碍环境建设条例》

2012年6月13日，国务院审议通过了《无障碍环境建设条例（草案）》（以下简称《条例》）。《条例》根据创造无障碍环境、保障残疾人等社会成员平等参与社会生活的要求，本着实用、易行、广泛受益的原则，对无障碍设施建设、无障碍信息交流和无障碍社区服务作了规定，以方便残疾人等社会成员自主安全地通行道路，出入相关建筑物，搭乘公共交通工具，获取和交流信息，获得社区服务。2012年8月1日，《无障碍环境建设条例》正式实施。

《条例》中所称无障碍环境建设，是指为便于残疾人等社会成员自主安全地通行道路、出入相关建筑物、搭乘公共交通工具、交流信息、获得社区服务所进行的建设活动。该《条例》共分六章三十五条，分别就无障碍设施建设、无障碍信息交流、无障碍社区服务和法律责任作出规定。

（1）主要内容

建筑项目的功能配备会随着社会管理水平的进步和提高而逐步成为基本功能。作为依据"以人为本"发展理念，推进社会成员平等参与社会生活的具体政策措施之一，关注、关心、关爱不同群体的基本利益亦应成为工程建设中不可缺少的内容。虽然建筑施工企业在工程建设中仅作为按图"生产"的实施者，但对有关政策的认知和理解，将有助于优化"生产"方案，改进"生产"中的工艺，推进相关材料设备的研发。现摘录《条例》中的部分内容作为工作提示。

第一章 总 则

第三条 无障碍环境建设应当与经济和社会发展水平相适应，遵循实用、易行、广泛受益的原则。

第六条 国家鼓励、支持采用无障碍通用设计的技术和产品，推进残疾人专用的无障碍技术和产品的开发、应用和推广。

第七条 国家倡导无障碍环境建设理念，鼓励公民、法人和其他组织为无障碍环境建设提供捐助和志愿服务。

第八条 对在无障碍环境建设工作中做出显著成绩的单位和个人，按照国家有关规定给予表彰和奖励。

第二章 无障碍设施建设

第九条 城镇新建、改建、扩建道路、公共建筑、公共交通设施、居住建筑、居住区，应当符合无障碍设施工程建设标准。

乡、村庄的建设和发展，应当逐步达到无障碍设施工程建设标准。

第十条 无障碍设施工程应当与主体工程同步设计、同步施工、同步验收投入使用。新建的无障碍设施应当与周边的无障碍设施相衔接。

第十三条 城市的主要道路、主要商业区和大型居住区的人行天桥和人行地下通道，应当按照无障碍设施工程建设标准配备无障碍设施，人行道交通信号设施应当逐步完善无障碍服务功能，适应残疾人等社会成员通行的需要。

第十四条 城市的大中型公共场所的公共停车场和大型居住区的停车场，应当按照无障碍设施工程建设标准设置并标明无障碍停车位。

无障碍停车位为肢体残疾人驾驶或者乘坐的机动车专用。

第十五条 民用航空器、客运列车、客运船舶、公共汽车、城市轨道交通车辆等公共交通工具应当逐步达到无障碍设施的要求。有关主管部门应当制定公共交通工具的无障碍技术标准并确定达标期限。

第十六条 视力残疾人携带导盲犬出入公共场所，应当遵守国家有关规定，公共场所的工作人员应当按照国家有关规定提供无障碍服务。

第五章 法 律 责 任

第三十一条 城镇新建、改建、扩建道路、公共建筑、公共交通设施、居住建筑、居住区，不符合无障碍设施工程建设标准的，由住房和城乡建设主管部门责令改正，依法给予处罚。

（2）材料员工作提示

1）树立社会成员公平参与社会活动的理念

无障碍环境是保障残疾人平等参与社会生活的必要条件，同时也为老年人等其他社会成员提供生活便利。《中华人民共和国残疾人保障法》和联合国《残疾人权利公约》对无障碍环境均作了规定。

无障碍设施建设最早可以追溯到 20 世纪 30 年代，欧洲国家出于对第一次世界大战产生的为数众多的残疾人的关注，开始出现了专为残疾人服务的无障碍设施建设。伴随着世界老龄化问题的显现，以及经济社会的发展，美国于 1961 年颁布了世界上第一部无障碍设计规范。经过几十年对无障碍环境的研究与实践，发达国家和地区的无障碍环境建设逐步完善，残疾人对于出行、工作、学习、生活、休闲娱乐等方面的需求都可以得到较大程度满足，其原因在于无障碍环境建设理念的发展。

无障碍环境建设理念的发展取决于整个人类社会对残疾人的态度和对人类自身生命过程认识的转变。如何对待残疾人，一个社会可以为残疾人提供怎样的生存条件，是衡量一个社会文明程度的重要标尺。而对人类自身生命进程认识的深入，也使人们认识到每个社会个体都有不同的能力限制，在不同的生命时期、不同的场合可能遇到与残疾人一样或类似的障碍，自始至终的"健全人"是不存在的。因此，无障碍环境建设消除的不仅仅是阻碍残疾人参与社会生活的障碍，更是为社会所有成员创造一个在人生不同生命阶段都能自由活动、交流的社会环境和生存空间。

阻碍残疾人、老年人及其他行动不便者独立、平等地参与社会生活的因素不仅仅是物质方面有形的障碍，还包括在制度保障、社会成员的行为习惯、意识形态、心理等方面造成的无形障碍。国际社会认识到无障碍环境建设必须消除一切有形的和无形的障碍，无障碍的社会环境建设与物质环境建设并重，通过制定法规，保障无障碍环境建设的实施；通过宣传、教育、交流合作，使每一个社会成员了解、熟悉相关知识进而自觉遵守法规并能主动帮助残疾人；通过政府组织和民间团体共同努力，使社会的每一个成员能够真正平等地享用社会资源；通过科技进步，使每项建设真正满足使用者的需求。

我国正处于经济发展的初步阶段和过程中，地区差异、贫富差异较大，此阶段中的重要特征之一就是对新标准、新规定需要有一个倡导、推进和立法的过程。材料员作为公民，应关注该《条例》所倡导的发展理念，树立"社会成员公平参与社会活动"的意识，以适当的方式为无障碍环境建设提供捐助和志愿服务。在专业工作中关注无障碍建设落实"实用、易行、广泛受益"原则的方法和途径，学习与无障碍通用技术和产品相关的知识，在无障碍设施建设中努力研究、实践施工工艺和关注使用新材料、新设备。

2）创造性做好无障碍环境建设中的专业工作

联合国在《残疾人权利公约》等国际文件中多次就无障碍环境建设制定原则性方针与要求，对世界各国无障碍建设发挥了巨大的推动作用。自 1961 年美国制定第一部无障碍标准以来，世界上多数国家都依据本国情况制定了各自的无障碍法规和标准。

无障碍环境建设内容由物质设施向全方位全过程的无障碍社会拓展，需要不断补充新的法规、条款对其进行规范化规定，关于无障碍环境建设的法规体系也就逐步丰富健全起来。到 1995 年，韩国已有 30 项关于促进残疾人和老年人无障碍通行内容的法律法规，包括《残疾人福利法》、《建筑法》、《城市规划与区域法》、《停车场法》、《房屋建筑无障碍通行法》、《公共公园法和公路法》等。

发达国家和地区都非常重视无障碍环境建设法规体系的建立。通过不断调整与完善，形成了具体规定数量化、技术规定多样化、包含惩罚性规定与免责规定的无障碍环境建设法规体系。同时还结合颁布分类细致的技术性规范，保障了无障碍环境建设的具体全面推进。国际发展经验证明，只有具备法律约束效能的法规、条例和技术规范，才能保障无障碍环境建设切实、有序、规范的实施。特别是应具有完整的奖惩规定，同时，在司法、监督等环节能够保障法律法规的执行和实施。这些，对发达国家和地区开展无障碍环境建设起到了非常有效的作用。

在无障碍环境建设的开始阶段，相关的工艺、工法和对应的材料、设备，都会有无标准做法、无工艺工法可寻的情况，需要在"无障碍"理念的指导下创造性地开展工作，在逐步完成的技术性规范中完成专业管理工作。

3）无障碍环境建设是一项系统的综合工程

无障碍建设不仅方便残疾人，而且惠及全社会公众。无障碍环境建设涉及市政建设、公共交通、建筑工程、信息交流、社区服务等诸多领域，是一项综合性、跨部门的系统工程。不是哪一家能独立完成的事情，需要在政府统一领导下，有关部门齐抓共管。同时无障碍设施建设、无障碍信息交流分别是我国城乡建设、信息化建设的重要组成部分，与无障碍建设相关的主要部门还包括民政、交通运输、教育、公安、文化、财政、发改、旅游、新闻出版广电等部门。只有各部门齐抓共管，无障碍环境建设才能全面有序推进。因此，建立健全政府主导，有关部门各司其职，协调配合地推进无障碍环境建设长效工作机制十分必要。

（二）行业管理类新法规

作为建筑业和建筑企业内的材料管理，必须遵循建筑行业的法规。在建筑行业管理的大框架内规范运行。但同时，材料管理行为如采购、供应、运输、储备、使用等又有其必须运行和管理的专业特征。本节选取了2010年1月1日后，国务院发布的行业管理法规中，涉及建筑施工和材料管理的有关内容，摘录部分条款，为建筑企业材料员作出工作提示。

1. 《中华人民共和国政府采购法实施条例》

2015年1月30日，国务院发布第658号令，自2015年3月1日起施行《中华人民共和国政府采购法实施条例》（以下简称本《条例》）。

本《条例》是根据《中华人民共和国政府采购法》（以下简称《政府采购法》）而制定的实施性规章。条例中规定：政府采购工程以及与工程建设有关的货物、服务，采用招标方式采购的，适用《中华人民共和国招标投标法》及其实施条例；采用其他方式采购的，适用《政府采购法》及本条例。本《条例》共分九章79条，分别对政府采购当事人、政府采购方式、政府采购程序、政府采购合同、质疑与投诉、监督检查和法律责任等内容作出了规定。

材料员是建筑施工企业采购活动的重要参与人，虽然此《条例》仅对政府采购的行为作出规定，但当政府采购工程及与工程建设有关的货物时，材料员都是重要的参与人、实施人。因此，掌握此条例中的相关规定，具备完成专业工作的基本技能十分必要。现摘录部分内容作为工作提示。

（1）了解本条例的制定依据及边界限定

1）主要内容

第一章 总 则

第二条 政府采购法第二条所称财政性资金是指纳入预算管理的资金。

以财政性资金作为还款来源的借贷资金，视同财政性资金。

国家机关、事业单位和团体组织的采购项目既使用财政性资金又使用非财政性资金的，使用财政性资金采购的部分，适用政府采购法及本条例；财政性资金与非财政性资金无法分割采购的，统一适用政府采购法及本条例。

《政府采购法》第二条所称服务，包括政府自身需要的服务和政府向社会公众提供的公共服务。

第七条 政府采购工程以及与工程建设有关的货物、服务，采用招标方式采购的，适用《中华人民共和国招标投标法》及其实施条例；采用其他方式采购的，适用政府采购法及本条例。

前款所称工程，是指建设工程，包括建筑物和构筑物的新建、改建、扩建及其相关的装修、拆除、修缮等；所称与工程建设有关的货物，是指构成工程不可分割的组成部分，且为实现工程基本功能所必需的设备、材料等；所称与工程建设有关的服务，是指为完成工程所需的勘察、设计、监理等服务。

政府采购工程以及与工程建设有关的货物、服务，应当执行政府采购政策。

第八条 政府采购项目信息应当在省级以上人民政府财政部门指定的媒体上发布。采购项目预算金额达到国务院财政部门规定标准的，政府采购项目信息应当在国务院财政部门指定的媒体上发布。

第九条 在政府采购活动中，采购人员及相关人员与供应商有下列利害关系之一的，应当回避：

（一）参加采购活动前3年内与供应商存在劳动关系；

（二）参加采购活动前3年内担任供应商的董事、监事；

（三）参加采购活动前3年内是供应商的控股股东或者实际控制人；

（四）与供应商的法定代表人或者负责人有夫妻、直系血亲、三代以内旁系血亲或者近姻亲关系；

（五）与供应商有其他可能影响政府采购活动公平、公正进行的关系。

供应商认为采购人员及相关人员与其他供应商有利害关系的，可以向采购人或者采购代理机构书面提出回避申请，并说明理由。采购人或者采购代理机构应当及时询问被申请回避人员，有利害关系的被申请回避人员应当回避。

2）材料员工作提示

政府采购工程及与工程建设有关的货物、服务，既包括建筑施工企业传统的工程施工，也包括实施EPC、BT或BOT、PPP等模式建造工程中的相关内容。了解本《条例》中的政策规定，可准确把握洽谈、投标和实施中的操作程序及规定限制，提高处理具体事项的效率。

例如，准确理解《条例》第二条中关于财政性资金的解释，可预测年度基本建设市场的整体规模，可了解建设方投资项目建设的周期，可寻求通过BT、BOT、PPP等模式合作的机遇等，从而影响到施工企业的经营和建造行为。

本《条例》第七条内容表明了政府通过两种渠道采购工程及与工程建设有关的货物、服务，一是适用《中华人民共和国招标投标法》，通过建筑招投标市场实现；二是执行政府采购政策，通过本条例规定的方法实现。建筑施工企业可以通过第八条所示方法获得信息。

本《条例》总则中特别对采购人及相关人员与供应商（建筑施工企业）关系限定了回避性条件，需特别注意规避。

（2）了解采购当事人的角色定位、职能分工及行为限定

1）主要内容

第二章　政府采购当事人

第十一条　采购人不得向供应商索要或者接受其给予的赠品、回扣或者与采购无关的其他商品、服务。

第十二条　《政府采购法》所称采购代理机构，是指集中采购机构和集中采购机构以外的采购代理机构。

集中采购机构是设区的市级以上人民政府依法设立的非营利事业法人，是代理集中采购项目的执行机构。集中采购机构应当根据采购人委托制定集中采购项目的实施方案，明确采购规程，组织政府采购活动，不得将集中采购项目转委托。集中采购机构以外的采购代理机构，是从事采购代理业务的社会中介机构。

第十四条　采购代理机构不得以不正当手段获取政府采购代理业务，不得与采购人、供应商恶意串通操纵政府采购活动。

采购代理机构工作人员不得接受采购人或者供应商组织的宴请、旅游、娱乐，不得收受礼品、现金、有价证券等，不得向采购人或者供应商报销应当由个人承担的费用。

第十七条　参加政府采购活动的供应商应当具备《政府采购法》第二十二条第一款规定的条件，提供下列材料：

（一）法人或者其他组织的营业执照等证明文件，自然人的身份证明；

（二）财务状况报告，依法缴纳税收和社会保障资金的相关材料；

（三）具备履行合同所必需的设备和专业技术能力的证明材料；

（四）参加政府采购活动前3年内在经营活动中没有重大违法记录的书面声明；

（五）具备法律、行政法规规定的其他条件的证明材料。

采购项目有特殊要求的，供应商还应当提供其符合特殊要求的证明材料或者情况说明。

第十八条　单位负责人为同一人或者存在直接控股、管理关系的不同供应商，不得参加同一合同项下的政府采购活动。

除单一来源采购项目外，为采购项目提供整体设计、规范编制或者项目管理、监理、检测等服务的供应商，不得再参加该采购项目的其他采购活动。

第十九条　《政府采购法》第二十二条第一款第五项所称重大违法记录，是指供应商因违法经营受到刑事处罚或者责令停产停业、吊销许可证或者执照、较大数额罚款等行政处罚。

供应商在参加政府采购活动前3年内因违法经营被禁止在一定期限内参加政府采购活

动，期限届满的，可以参加政府采购活动。

第二十条 采购人或者采购代理机构有下列情形之一的，属于以不合理的条件对供应商实行差别待遇或者歧视待遇：

（一）就同一采购项目向供应商提供有差别的项目信息；

（二）设定的资格、技术、商务条件与采购项目的具体特点和实际需要不相适应或者与合同履行无关；

（三）采购需求中的技术、服务等要求指向特定供应商、特定产品；

（四）以特定行政区域或者特定行业的业绩、奖项作为加分条件或者中标、成交条件；

（五）对供应商采取不同的资格审查或者评审标准；

（六）限定或者指定特定的专利、商标、品牌或者供应商；

（七）非法限定供应商的所有制形式、组织形式或者所在地；

（八）以其他不合理条件限制或者排斥潜在供应商。

第二十一条 采购人或者采购代理机构对供应商进行资格预审的，资格预审公告应当在省级以上人民政府财政部门指定的媒体上发布。已进行资格预审的，评审阶段可以不再对供应商资格进行审查。资格预审合格的供应商在评审阶段资格发生变化的，应当通知采购人和采购代理机构。

资格预审公告应当包括采购人和采购项目名称、采购需求、对供应商的资格要求以及供应商提交资格预审申请文件的时间和地点。提交资格预审申请文件的时间自公告发布之日起不得少于5个工作日。

第二十二条 联合体中有同类资质的供应商按照联合体分工承担相同工作的，应当按照资质等级较低的供应商确定资质等级。

以联合体形式参加政府采购活动的，联合体各方不得再单独参加或者与其他供应商另外组成联合体参加同一合同项下的政府采购活动。

2）材料员工作提示

本《条例》第二章表明政府采购当事人包括三类，即采购人、供应商和采购代理机构。其中采购代理机构又分为集团采购机构和集团采购机构以外的采购代理机构。按照《政府采购法》第二十二条规定供应商可以是法人、其他组织或自然人，也可以如第二十四条规定两个以上的自然人、法人或其他组织可以组成一个联合体，以一个供应商的身份共同参加采购活动。

第二章相关条款对上述当事人做出了资格、条件及行为限定。其中第十七条规定供应商应具有政府采购法第二十二条第一款规定的条件，即具有独立承担民事责任的能力，在参加采购活动时提供本条例中要求的材料。

第十八、十九条对供应商的其他资格和行为作出限定；第二十、第二十一条保障了供应商的政治权力和利益；第二十二条对联合体作出了限定。

（3）熟悉政府采购方式和采购程序

1）主要内容

政府采购方式和采购程序，影响着建筑企业的经营方式和施工过程中的管控方式，《政府采购法》中规定如下：

第三章　政 府 采 购 方 式

第二十三条　采购人采购公开招标数额标准以上的货物或者服务，符合《政府采购法》第二十九条、第三十条、第三十一条、第三十二条规定情形或者有需要执行政府采购政策等特殊情况的，经设区的市级以上人民政府财政部门批准，可以依法采用公开招标以外的采购方式。

第二十五条　政府采购工程依法不进行招标的，应当依照《政府采购法》和本《条例》规定的竞争性谈判或者单一来源采购方式采购。

第二十七条　《政府采购法》第三十一条第一项规定的情形，是指因货物或者服务使用不可替代的专利、专有技术，或者公共服务项目具有特殊要求，导致只能从某一特定供应商处采购。

第四章　政 府 采 购 程 序

第三十条　采购人或者采购代理机构应当在招标文件、谈判文件、询价通知书中公开采购项目预算金额。

第三十一条　招标文件的提供期限自招标文件开始发出之日起不得少于5个工作日。

采购人或者采购代理机构可以对已发出的招标文件进行必要的澄清或者修改。澄清或者修改的内容可能影响投标文件编制的，采购人或者采购代理机构应当在投标截止时间至少15日前，以书面形式通知所有获取招标文件的潜在投标人；不足15日的，采购人或者采购代理机构应当顺延提交投标文件的截止时间。

第三十二条　采购人或者采购代理机构应当按照国务院财政部门制定的招标文件标准文本编制招标文件。

招标文件应当包括采购项目的商务条件、采购需求、投标人的资格条件、投标报价要求、评标方法、评标标准以及拟签订的合同文本等。

第三十三条　招标文件要求投标人提交投标保证金的，投标保证金不得超过采购项目预算金额的2%。投标保证金应当以支票、汇票、本票或者金融机构、担保机构出具的保函等非现金形式提交。投标人未按照招标文件要求提交投标保证金的，投标无效。

采购人或者采购代理机构应当自中标通知书发出之日起5个工作日内退还未中标供应商的投标保证金，自政府采购合同签订之日起5个工作日内退还中标供应商的投标保证金。

竞争性谈判或者询价采购中要求参加谈判或者询价的供应商提交保证金的，参照前两款的规定执行。

第三十四条　政府采购招标评标方法分为最低评标价法和综合评分法。

最低评标价法，是指投标文件满足招标文件全部实质性要求且投标报价最低的供应商为中标候选人的评标方法。综合评分法，是指投标文件满足招标文件全部实质性要求且按照评审因素的量化指标评审得分最高的供应商为中标候选人的评标方法。

技术、服务等标准统一的货物和服务项目，应当采用最低评标价法。

采用综合评分法的，评审标准中的分值设置应当与评审因素的量化指标相对应。

招标文件中没有规定的评标标准不得作为评审的依据。

第三十五条 谈判文件不能完整、明确列明采购需求，需要由供应商提供最终设计方案或者解决方案的，在谈判结束后，谈判小组应当按照少数服从多数的原则投票推荐3家以上供应商的设计方案或者解决方案，并要求其在规定时间内提交最后报价。

第三十六条 询价通知书应当根据采购需求确定政府采购合同条款。在询价过程中，询价小组不得改变询价通知书所确定的政府采购合同条款。

第三十七条 《政府采购法》第三十八条第五项、第四十条第四项所称质量和服务相等，是指供应商提供的产品质量和服务均能满足采购文件规定的实质性要求。

第三十八条 达到公开招标数额标准，符合《政府采购法》第三十一条第一项规定情形，只能从唯一供应商处采购的，采购人应当将采购项目信息和唯一供应商名称在省级以上人民政府财政部门指定的媒体上公示，公示期不得少于5个工作日。

第三十九条 除国务院财政部门规定的情形外，采购人或者采购代理机构应当从政府采购评审专家库中随机抽取评审专家。

第四十条 政府采购评审专家应当遵守评审工作纪律，不得泄露评审文件、评审情况和评审中获悉的商业秘密。

评标委员会、竞争性谈判小组或者询价小组在评审过程中发现供应商有行贿、提供虚假材料或者串通等违法行为的，应当及时向财政部门报告。

政府采购评审专家在评审过程中受到非法干预的，应当及时向财政、监察等部门举报。

第四十三条 采购人或者采购代理机构应当自中标、成交供应商确定之日起2个工作日内，发出中标、成交通知书，并在省级以上人民政府财政部门指定的媒体上公告中标、成交结果，招标文件、竞争性谈判文件、询价通知书随中标、成交结果同时公告。

中标、成交结果公告内容应当包括采购人和采购代理机构的名称、地址、联系方式，项目名称和项目编号，中标或者成交供应商名称、地址和中标或者成交金额，主要中标或者成交标的的名称、规格型号、数量、单价、服务要求以及评审专家名单。

第四十四条 采购人或者采购代理机构不得通过对样品进行检测、对供应商进行考察等方式改变评审结果。

第四十五条 采购人或者采购代理机构应当按照政府采购合同规定的技术、服务、安全标准组织对供应商履约情况进行验收，并出具验收书。验收书应当包括每一项技术、服务、安全标准的履约情况。

政府向社会公众提供的公共服务项目，验收时应当邀请服务对象参与并出具意见，验收结果应当向社会公告。

2）材料员工作提示

本条例第三章表明了政府采购方式主要有三种，一是公开招标采购；二是竞争性谈判；三是单一来源采购。公开招标采购方式适用招投标法，竞争性谈判和单一来源采购在政府采购法中做出如下规定：

第三十条 符合下列情形之一的货物或者服务，可以依照本法采用竞争性谈判方式采购：

（一）招标后没有供应商投标或者没有合格标的或者重新招标未能成立的；

（二）技术复杂或者性质特殊，不能确定详细规格或者具体要求的；

（三）采用招标所需时间不能满足用户紧急需要的；

（四）不能事先计算出价格总额的。

第三十一条　符合下列情形之一的货物或者服务，可以依照本法采用单一来源方式采购：

（一）只能从唯一供应商处采购的；

（二）发生了不可预见的紧急情况不能从其他供应商处采购的；

（三）必须保证原有采购项目一致性或者服务配套的要求，需要继续从原供应商处添购，且添购资金总额不超过原合同采购金额百分之十的。

本条例第四章规定了政府采购程序，专业管理人员应熟练掌握各程序、各环节的内容、实施条件和限定性条款，严格遵循相关规定方能完成采购活动。

（4）明确采购合同及各方对质疑、投诉事项的责任和处置方法

1）主要内容

政府采购合同对建筑企业实现规范经营和管控具有示范和导向作用，对各方质疑和投诉的处置，涉及采购当事人的社会行为和法律责任，政府采购对此规定如下：

第五章　政府采购合同

第四十八条　采购文件要求中标或者成交供应商提交履约保证金的，供应商应当以支票、汇票、本票或者金融机构、担保机构出具的保函等非现金形式提交。履约保证金的数额不得超过政府采购合同金额的10%。

第四十九条　中标或者成交供应商拒绝与采购人签订合同的，采购人可以按照评审报告推荐的中标或者成交候选人名单排序，确定下一候选人为中标或者成交供应商，也可以重新开展政府采购活动。

第五十一条　采购人应当按照政府采购合同规定，及时向中标或者成交供应商支付采购资金。

第六章　质疑与投诉

第五十二条　采购人或者采购代理机构应当在3个工作日内对供应商依法提出的询问作出答复。

供应商提出的询问或者质疑超出采购人对采购代理机构委托授权范围的，采购代理机构应当告知供应商向采购人提出。

政府采购评审专家应当配合采购人或者采购代理机构答复供应商的询问和质疑。

第五十三条　《政府采购法》第五十二条规定的供应商应知其权益受到损害之日是指：

（一）对可以质疑的采购文件提出质疑的，为收到采购文件之日或者采购文件公告期限届满之日；

（二）对采购过程提出质疑的，为各采购程序环节结束之日；

（三）对中标或者成交结果提出质疑的，为中标或者成交结果公告期限届满之日。

第五十四条　询问或者质疑事项可能影响中标、成交结果的，采购人应当暂停签订合同，已经签订合同的，应当中止履行合同。

第五十五条 供应商质疑、投诉应当有明确的请求和必要的证明材料。供应商投诉的事项不得超出已质疑事项的范围。

第五十六条 财政部门处理投诉事项采用书面审查的方式，必要时可以进行调查取证或者组织质证。

对财政部门依法进行的调查取证，投诉人和与投诉事项有关的当事人应当如实反映情况，并提供相关材料。

第五十七条 投诉人捏造事实、提供虚假材料或者以非法手段取得证明材料进行投诉的，财政部门应当予以驳回。

财政部门受理投诉后，投诉人书面申请撤回投诉的，财政部门应当终止投诉处理程序。

第五十八条 财政部门处理投诉事项，需要检验、检测、鉴定、专家评审以及需要投诉人补正材料的，所需时间不计算在投诉处理期限内。

财政部门对投诉事项作出的处理决定，应当在省级以上人民政府财政部门指定的媒体上公告。

第八章　法　律　责　任

第六十六条 《政府采购法》第七十一条规定的罚款，数额为 10 万元以下。

《政府采购法》第七十二条规定的罚款，数额为 5 万元以上 25 万元以下。

第六十七条 采购人有下列情形之一的，由财政部门责令限期改正，给予警告，对直接负责的主管人员和其他直接责任人员依法给予处分，并予以通报：

（二）将应当进行公开招标的项目化整为零或者以其他任何方式规避公开招标；

（三）未按照规定在评标委员会、竞争性谈判小组或者询价小组推荐的中标或者成交候选人中确定中标或者成交供应商；

（四）未按照采购文件确定的事项签订政府采购合同；

（五）政府采购合同履行中追加与合同标的相同的货物、工程或者服务的采购金额超过原合同采购金额的 10%。

第六十八条 采购人、采购代理机构有下列情形之一的，依照政府采购法第七十一条、第七十八条的规定追究法律责任：

（一）未依照政府采购法和本条例规定的方式实施采购；

（八）对供应商的询问、质疑逾期未作处理；

（九）通过对样品进行检测、对供应商进行考察等方式改变评审结果；

（十）未按照规定组织对供应商履约情况进行验收。

第七十条 采购人员与供应商有利害关系而不依法回避的，由财政部门给予警告，并处 2000 元以上 2 万元以下的罚款。

第七十一条 有《政府采购法》第七十一条、第七十二条规定的违法行为之一，影响或者可能影响中标、成交结果的，依照下列规定处理：

（一）未确定中标或者成交供应商的，终止本次政府采购活动，重新开展政府采购活动。

（二）已确定中标或者成交供应商但尚未签订政府采购合同的，中标或者成交结果无效，从合格的中标或者成交候选人中另行确定中标或者成交供应商；没有合格的中标或者成交候选人的，重新开展政府采购活动。

（三）政府采购合同已签订但尚未履行的，撤销合同，从合格的中标或者成交候选人中另行确定中标或者成交供应商；没有合格的中标或者成交候选人的，重新开展政府采购活动。

（四）政府采购合同已经履行，给采购人、供应商造成损失的，由责任人承担赔偿责任。

政府采购当事人有其他违反政府采购法或者本条例规定的行为，经改正后仍然影响或者可能影响中标、成交结果或者依法被认定为中标、成交无效的，依照前款规定处理。

第七十二条　供应商有下列情形之一的，依照政府采购法第七十七条第一款的规定追究法律责任：

（一）向评标委员会、竞争性谈判小组或者询价小组成员行贿或者提供其他不正当利益；

（二）中标或者成交后无正当理由拒不与采购人签订政府采购合同；

（三）未按照采购文件确定的事项签订政府采购合同；

（四）将政府采购合同转包；

（五）提供假冒伪劣产品；

（六）擅自变更、中止或者终止政府采购合同。

供应商有前款第一项规定情形的，中标、成交无效。评审阶段资格发生变化，供应商未依照本条例第二十一条的规定通知采购人和采购代理机构的，处以采购金额5‰的罚款，列入不良行为记录名单，中标、成交无效。

第七十三条　供应商捏造事实、提供虚假材料或者以非法手段取得证明材料进行投诉的，由财政部门列入不良行为记录名单，禁止其1至3年内参加政府采购活动。

第七十四条　有下列情形之一的，属于恶意串通，对供应商依照《政府采购法》第七十七条第一款的规定追究法律责任，对采购人、采购代理机构及其工作人员依照《政府采购法》第七十二条的规定追究法律责任：

（一）供应商直接或者间接从采购人或者采购代理机构处获得其他供应商的相关情况并修改其投标文件或者响应文件；

（二）供应商按照采购人或者采购代理机构的授意撤换、修改投标文件或者响应文件；

（三）供应商之间协商报价、技术方案等投标文件或者响应文件的实质性内容；

（四）属于同一集团、协会、商会等组织成员的供应商按照该组织要求协同参加政府采购活动；

（五）供应商之间事先约定由某一特定供应商中标、成交；

（六）供应商之间商定部分供应商放弃参加政府采购活动或者放弃中标、成交；

（七）供应商与采购人或者采购代理机构之间、供应商相互之间，为谋求特定供应商中标、成交或者排斥其他供应商的其他串通行为。

2）材料员工作提示

采购合同的签订、履行及法律责任等内容，适用《中华人民共和国合同法》。本《条例》第四十八、四十九、五十一条对履约保证金、采购资金的支付方式、数额作出了规定。

本《条例》第六章就采购全过程任何一方对待质疑和投诉事项作出规定，对处置时间、处置方式、处置流程作出规定。

本《条例》第八章对政府采购当事人各方的违法处置确定了罚责，其中第七十二条规定引用《中华人民共和国政府采购法》第七十七条第一款的规定，如下：

供应商有下列情形之一的，处以采购金额千分之五以上千分之十以下的罚款，列入不良行为记录名单，在一至三年内禁止参加政府采购活动，有违法所得的，并处没收违法所得，情节严重的，由工商行政管理机关吊销营业执照；构成犯罪的，依法追究刑事责任：

（一）提供虚假材料谋取中标、成交的；

（二）采取不正当手段诋毁、排挤其他供应商的；

（三）与采购人、其他供应商或者采购代理机构恶意串通的；

（四）向采购人、采购代理机构行贿或者提供其他不正当利益的；

（五）在招标采购过程中与采购人进行协商谈判的；

（六）拒绝有关部门监督检查或者提供虚假情况的。

供应商有前款第（一）至（五）项情形之一的，中标、成交无效。

2.《城镇排水与污水处理条例》

2013 年 10 月 2 日，国务院发布《城镇排水与污水处理条例》（以下简称《条例》），并于 2014 年 1 月 1 日起施行。本《条例》是为了加强对城镇排水与污水处理的管理，保障城镇排水与污水处理设施安全运行，防治城镇水污染和内涝灾害，保障公民生命、财产安全和公共安全，保护环境而制定。包括七章 59 条，分别对规划与建设、排水、污水处理、设施维护与保护、法律责任等作出规定。

（1）了解立法目的和意义，把握国家排水污水处理管理的基本原则

1）主要内容

第一章 总 则

第二条 城镇排水与污水处理的规划，城镇排水与污水处理设施的建设、维护与保护，向城镇排水设施排水与污水处理，以及城镇内涝防治，适用本条例。

第四条 城镇排水与污水处理应当遵循尊重自然、统筹规划、配套建设、保障安全、综合利用的原则。

第六条 国家鼓励采取特许经营、政府购买服务等多种形式，吸引社会资金参与投资、建设和运营城镇排水与污水处理设施。

县级以上人民政府鼓励、支持城镇排水与污水处理科学技术研究，推广应用先进适用的技术、工艺、设备和材料，促进污水的再生利用和污泥、雨水的资源化利用，提高城镇排水与污水处理能力。

2）材料员工作提示

城镇排水与污水处理系统承载着城镇卫生防疫、防治水害、污染减排、环境保护、资源再生的基础功能，对于城镇可持续和健康发展是必不可少的。"尊重自然"是对排水污水处理的统领性原则。实现城市水系统的健康循环，切入点就是规范城镇排水以及污水的深度处理和利用。《条例》提出排水与污水处理工作要遵循"尊重自然"、"统筹规划"、

"配套建设"、"保障安全"、"综合利用"等原则，而"尊重自然"是统领性原则，贯穿于《条例》的始终，在各个章节都有体现。如"削减雨水径流"、"雨水径流控制"的要求；明确雨水的排水分区和排水出路的要求；特别是提出要加强雨水排放管理，"发挥河道行洪能力和水库、洼淀、湖泊调蓄功能"，都是"尊重自然"的体现。

材料员作为建筑施工企业的专业管理人员，立足准确把握上述原则基础上的专业视角，针对在投资、建设和运营城镇排水与污水处理上的"特许经营"、"政府购买服务"等多种经营形式可以开展有效的投标报价、施工生产中的成本控制及运营中的维护。无论所在企业是否实施从投资、建设、运营、转移的全部过程还是其中某个环节，均应能在合同约定的服务范围内推广应用先进适用的技术、工艺、设备和材料。

（2）促进城镇排水行业健康发展

1）主要内容

第二章　规　划　与　建　设

第八条　城镇排水与污水处理规划的编制，应当依据国民经济和社会发展规划、城乡规划、土地利用总体规划、水污染防治规划和防洪规划，并与城镇开发建设、道路、绿地、水系等专项规划相衔接。

城镇内涝防治专项规划的编制，应当根据城镇人口与规模、降雨规律、暴雨内涝风险等因素，合理确定内涝防治目标和要求，充分利用自然生态系统，提高雨水滞渗、调蓄和排放能力。

第九条　城镇排水主管部门应当将编制的城镇排水与污水处理规划报本级人民政府批准后组织实施，并报上一级人民政府城镇排水主管部门备案。

第十条　县级以上地方人民政府应当根据城镇排水与污水处理规划的要求，加大对城镇排水与污水处理设施建设和维护的投入。

第十一条　城乡规划和城镇排水与污水处理规划确定的城镇排水与污水处理设施建设用地，不得擅自改变用途。

第十二条　县级以上地方人民政府应当按照先规划后建设的原则，依据城镇排水与污水处理规划，合理确定城镇排水与污水处理设施建设标准，统筹安排管网、泵站、污水处理厂以及污泥处理处置、再生水利用、雨水调蓄和排放等排水与污水处理设施建设和改造。

城镇新区的开发和建设，应当按照城镇排水与污水处理规划确定的建设时序，优先安排排水与污水处理设施建设；未建或者已建但未达到国家有关标准的，应当按照年度改造计划进行改造，提高城镇排水与污水处理能力。

第十三条　县级以上地方人民政府应当按照城镇排涝要求，结合城镇用地性质和条件，加强雨水管网、泵站以及雨水调蓄、超标雨水径流排放等设施建设和改造。

新建、改建、扩建市政基础设施工程应当配套建设雨水收集利用设施，增加绿地、砂石地面、可渗透路面和自然地面对雨水的滞渗能力，利用建筑物、停车场、广场、道路等建设雨水收集利用设施，削减雨水径流，提高城镇内涝防治能力。

新区建设与旧城区改建，应当按照城镇排水与污水处理规划确定的雨水径流控制要求建设相关设施。

第十四条 城镇排水与污水处理规划范围内的城镇排水与污水处理设施建设项目以及需要与城镇排水与污水处理设施相连接的新建、改建、扩建建设工程，城乡规划主管部门在依法核发建设用地规划许可证时，应当征求城镇排水主管部门的意见。城镇排水主管部门应当就排水设计方案是否符合城镇排水与污水处理规划和相关标准提出意见。

建设单位应当按照排水设计方案建设连接管网等设施；未建设连接管网等设施的，不得投入使用。城镇排水主管部门或者其委托的专门机构应当加强指导和监督。

第十五条 城镇排水与污水处理设施建设工程竣工后，建设单位应当依法组织竣工验收。竣工验收合格的，方可交付使用，并自竣工验收合格之日起15日内，将竣工验收报告及相关资料报城镇排水主管部门备案。

第十六条 城镇排水与污水处理设施竣工验收合格后，由城镇排水主管部门通过招标投标、委托等方式确定符合条件的设施维护运营单位负责管理。特许经营合同、委托运营合同涉及污染物削减和污水处理运营服务费的，城镇排水主管部门应当征求环境保护主管部门、价格主管部门的意见。国家鼓励实施城镇污水处理特许经营制度。具体办法由国务院住房城乡建设主管部门会同国务院有关部门制定。

城镇排水与污水处理设施维护运营单位应当具备下列条件：

（一）有法人资格；

（二）有与从事城镇排水与污水处理设施维护运营活动相适应的资金和设备；

（三）有完善的运行管理和安全管理制度；

（四）技术负责人和关键岗位人员经专业培训并考核合格；

（五）有相应的良好业绩和维护运营经验；

（六）法律、法规规定的其他条件。

2）材料员工作提示

我国排水与污水处理设施建设的快速发展，使排水和污水处理能力建设取得了突飞猛进的进步。但是这些进步与城镇化快速发展的需求相比还是很不够的，内涝防治、管网建设与维护、污水处理升级改造和污泥处理处置、城镇污水处理以及再生水利用等建设任务还需要政策支持和大量物力、人力等社会资源的投入。

材料员所在企业无论是从事排水与污水处理设施建设、运营、交易哪一个环节或阶段的工作，均应对设施所在地相关政策、规划有充分的了解，包括但不限于城镇排水与污水处理规划、城镇内涝防治专项规划、地方政府对城镇排水与污水处理建设的投资计划；熟悉相关工程建设用地规划许可、方案审批、工程验收、特许经营等政策和工作程序，才能在企业实施该类工程建设时完成本职工作。

（3）理清排水单位与建设排水设施的双重角色

1）主要内容

建筑企业既可以是排水设施的建设者，同时也是排水单位，且建筑施工现场的排水又有其特殊性。关于排水，《条例》中规定如下：

第三章 排 水

第十八条 城镇排水主管部门应当按照城镇内涝防治专项规划的要求，确定雨水收集利用设施建设标准，明确雨水的排水分区和排水出路，合理控制雨水径流。

第十九条　除干旱地区外，新区建设应当实行雨水、污水分流；对实行雨水、污水合流的地区，应当按照城镇排水与污水处理规划要求，进行雨水、污水分流改造。雨水、污水分流改造可以结合旧城区改建和道路建设同时进行。

在雨水、污水分流地区，新区建设和旧城区改建不得将雨水管网、污水管网相互混接。

在有条件的地区，应当逐步推进初期雨水收集与处理，合理确定截流倍数，通过设置初期雨水贮存池、建设截流干管等方式，加强对初期雨水的排放调控和污染防治。

第二十条　城镇排水设施覆盖范围内的排水单位和个人，应当按照国家有关规定将污水排入城镇排水设施。

在雨水、污水分流地区，不得将污水排入雨水管网。

第二十一条　从事工业、建筑、餐饮、医疗等活动的企业事业单位、个体工商户（以下称排水户）向城镇排水设施排放污水的，应当向城镇排水主管部门申请领取污水排入排水管网许可证。城镇排水主管部门应当按照国家有关标准，重点对影响城镇排水与污水处理设施安全运行的事项进行审查。

排水户应当按照污水排入排水管网许可证的要求排放污水。

第二十二条　排水户申请领取污水排入排水管网许可证应当具备下列条件：

（一）排放口的设置符合城镇排水与污水处理规划的要求；

（二）按照国家有关规定建设相应的预处理设施和水质、水量检测设施；

（三）排放的污水符合国家或者地方规定的有关排放标准；

（四）法律、法规规定的其他条件。

符合前款规定条件的，由城镇排水主管部门核发污水排入排水管网许可证；具体办法由国务院住房城乡建设主管部门制定。

第二十三条　城镇排水主管部门应当加强对排放口设置以及预处理设施和水质、水量检测设施建设的指导和监督；对不符合规划要求或者国家有关规定的，应当要求排水户采取措施，限期整改。

第二十六条　设置于机动车道路上的窨井，应当按照国家有关规定进行建设，保证其承载力和稳定性等符合相关要求。排水管网窨井盖应当具备防坠落和防盗窃功能，满足结构强度要求。

第二十七条　城镇排水主管部门应当按照国家有关规定建立城镇排涝风险评估制度和灾害后评估制度，在汛前对城镇排水设施进行全面检查，对发现的问题，责成有关单位限期处理，并加强城镇广场、立交桥下、地下构筑物、棚户区等易涝点的治理，强化排涝措施，增加必要的强制排水设施和装备。

2）材料员工作提示

近些年，城市发展中遇到的城市内涝，水环境恶化，城市供水紧张等问题已向我们提出了严峻的挑战，使政府和社会公众对城镇排水工作的重要性有了更直接的感受。城镇排水与污水处理是一个系统的公共服务事业，它的源头连接着居民、机关、企业，中间依赖着城市地下铺设的雨水和污水收集与输送管道，末端还有污水与再生水处理以及河、湖和工农业、园林、市政杂用等各类用水设施，可以说关联着城镇社会的各个方面。科学系统地规划和管理好城镇排水与污水处理设施的建设、运营和维护工作，才能保障城镇的安全、正常运行。因此，提高对城镇排水与污水处理工作的认识，整合更广泛的社会资源，继续推动行业进步，依法推进城镇排水事业健康发展意义深远。

污水排入城镇排水管网许可既是许可，更是承诺。政府的城镇排水主管部门审批污水排入排水管网许可，明确排水户排水的水量、水质、排水口位置、内部排水设施要求等内容，一旦通过许可，也表示政府向排水户承诺将保证排水户在许可条件下正常排水的权利。建筑施工企业施工时是"排水单位"，材料员作为施工现场环境影响者应知晓建设工程所在城镇雨水、污水分区和排出水路。施工现场不仅应当向城镇排水主管部门申请领取污水排入排水管网许可证，还要接受主管部门的审查和检查。建筑施工企业从事排水与污水处理类工程建设时，应知晓建设标准、相关材料设备"推广"、"限制"和"禁止或淘汰"的相关规定。

（4）了解污水处理的相关信息

1）主要内容

第四章　污　水　处　理

第二十八条　城镇排水主管部门应当与城镇污水处理设施维护运营单位签订维护运营合同，明确双方权利义务。

城镇污水处理设施维护运营单位应当依照法律、法规和有关规定以及维护运营合同进行维护运营，定期向社会公开有关维护运营信息，并接受相关部门和社会公众的监督。

第二十九条　城镇污水处理设施维护运营单位应当保证出水水质符合国家和地方规定的排放标准，不得排放不达标污水。

城镇污水处理设施维护运营单位应当按照国家有关规定检测进出水水质，向城镇排水主管部门、环境保护主管部门报送污水处理水质和水量、主要污染物削减量等信息，并按照有关规定和维护运营合同，向城镇排水主管部门报送生产运营成本等信息。

城镇污水处理设施维护运营单位应当按照国家有关规定向价格主管部门提交相关成本信息。

城镇排水主管部门核定城镇污水处理运营成本，应当考虑主要污染物削减情况。

第三十条　城镇污水处理设施维护运营单位或者污泥处理处置单位应当安全处理处置污泥，保证处理处置后的污泥符合国家有关标准，对产生的污泥以及处理处置后的污泥去向、用途、用量等进行跟踪、记录，并向城镇排水主管部门、环境保护主管部门报告。任何单位和个人不得擅自倾倒、堆放、丢弃、遗撒污泥。

第三十一条　城镇污水处理设施维护运营单位不得擅自停运城镇污水处理设施，因检修等原因需要停运或者部分停运城镇污水处理设施的，应当在 90 个工作日前向城镇排水主管部门、环境保护主管部门报告。

城镇污水处理设施维护运营单位在出现进水水质和水量发生重大变化可能导致出水水质超标，或者发生影响城镇污水处理设施安全运行的突发情况时，应当立即采取应急处理措施，并向城镇排水主管部门、环境保护主管部门报告。

城镇排水主管部门或者环境保护主管部门接到报告后，应当及时核查处理。

第三十五条　城镇排水主管部门应当根据城镇污水处理设施维护运营单位履行维护运营合同的情况以及环境保护主管部门对城镇污水处理设施出水水质和水量的监督检查结

果，核定城镇污水处理设施运营服务费。地方人民政府有关部门应当及时、足额拨付城镇污水处理设施运营服务费。

第三十六条　城镇排水主管部门在监督考核中，发现城镇污水处理设施维护运营单位存在未依照法律、法规和有关规定以及维护运营合同进行维护运营，擅自停运或者部分停运城镇污水处理设施，或者其他无法安全运行等情形的，应当要求城镇污水处理设施维护运营单位采取措施，限期整改；逾期不整改的，或者整改后仍无法安全运行的，城镇排水主管部门可以终止维护运营合同。

城镇排水主管部门终止与城镇污水处理设施维护运营单位签订的维护运营合同的，应当采取有效措施保障城镇污水处理设施的安全运行。

第三十七条　国家鼓励城镇污水处理再生利用，工业生产、城市绿化、道路清扫、车辆冲洗、建筑施工以及生态景观等，应当优先使用再生水。

第五章　设施维护与保护

第三十八条　城镇排水与污水处理设施维护运营单位应当建立健全安全生产管理制度，加强对窨井盖等城镇排水与污水处理设施的日常巡查、维修和养护，保障设施安全运行。

从事管网维护、应急排水、井下及有限空间作业的，设施维护运营单位应当安排专门人员进行现场安全管理，设置醒目警示标志，采取有效措施避免人员坠落、车辆陷落，并及时复原窨井盖，确保操作规程的遵守和安全措施的落实。相关特种作业人员，应当按照国家有关规定取得相应的资格证书。

第三十九条　县级以上地方人民政府应当根据实际情况，依法组织编制城镇排水与污水处理应急预案，统筹安排应对突发事件以及城镇排涝所必需的物资。

城镇排水与污水处理设施维护运营单位应当制定本单位的应急预案，配备必要的抢险装备、器材，并定期组织演练。

第四十条　排水户因发生事故或者其他突发事件，排放的污水可能危及城镇排水与污水处理设施安全运行的，应当立即采取措施消除危害，并及时向城镇排水主管部门和环境保护主管部门等有关部门报告。

城镇排水与污水处理安全事故或者突发事件发生后，设施维护运营单位应当立即启动本单位应急预案，采取防护措施、组织抢修，并及时向城镇排水主管部门和有关部门报告。

第四十一条　城镇排水主管部门应当会同有关部门，按照国家有关规定划定城镇排水与污水处理设施保护范围，并向社会公布。

在保护范围内，有关单位从事爆破、钻探、打桩、顶进、挖掘、取土等可能影响城镇排水与污水处理设施安全的活动的，应当与设施维护运营单位等共同制定设施保护方案，并采取相应的安全防护措施。

第四十二条　禁止从事下列危及城镇排水与污水处理设施安全的活动：

（一）损毁、盗窃城镇排水与污水处理设施；

（二）穿凿、堵塞城镇排水与污水处理设施；

（三）向城镇排水与污水处理设施排放、倾倒剧毒、易燃易爆、腐蚀性废液和废渣；

（四）向城镇排水与污水处理设施倾倒垃圾、渣土、施工泥浆等废弃物；

（五）建设占压城镇排水与污水处理设施的建筑物、构筑物或者其他设施；

（六）其他危及城镇排水与污水处理设施安全的活动。

第四十三条 新建、改建、扩建建设工程，不得影响城镇排水与污水处理设施安全。

建设工程开工前，建设单位应当查明工程建设范围内地下城镇排水与污水处理设施的相关情况。城镇排水主管部门及其他相关部门和单位应当及时提供相关资料。

建设工程施工范围内有排水管网等城镇排水与污水处理设施的，建设单位应当与施工单位、设施维护运营单位共同制定设施保护方案，并采取相应的安全保护措施。

因工程建设需要拆除、改动城镇排水与污水处理设施的，建设单位应当制定拆除、改动方案，报城镇排水主管部门审核，并承担重建、改建和采取临时措施的费用。

第四十四条 县级以上人民政府城镇排水主管部门应当会同有关部门，加强对城镇排水与污水处理设施运行维护和保护情况的监督检查，并将检查情况及结果向社会公开。实施监督检查时，有权采取下列措施：

（一）进入现场进行检查、监测；

（二）查阅、复制有关文件和资料；

（三）要求被监督检查的单位和个人就有关问题做出说明。

被监督检查的单位和个人应当予以配合，不得妨碍和阻挠依法进行的监督检查活动。

第四十五条 审计机关应当加强对城镇排水与污水处理设施建设、运营、维护和保护等资金筹集、管理和使用情况的监督，并公布审计结果。

2）材料员工作提示

本章节对污水处理费与污水处理运营服务费以及污水处理费征收标准的制定原则、用途及补贴机制、信息公开等均作出明确规定。一是明确了污水处理设施运营服务费的概念，即通过招投标或委托合同等方式确定的、政府向城镇污水处理运营单位购买服务的费用。这一规定为各地采取特许经营、政府购买服务等多种形式吸引社会资金参与投资、建设和运营城镇排水与污水处理设施建设，提供了投融资机制平台。二是明确了污水处理费征收标准的制定原则：不应低于城镇污水处理设施正常运营的成本。运营成本除包括正常污水处理费用外，还应涵盖污泥处理成本，同时规定应专项用于城镇污水处理设施的建设、运行和污泥处理处置，不得挪作他用。除正常财政预算监督外，污水处理费收取、使用情况应当向社会公开，强化公众监督，确保有效使用。上述规定，将对城镇排水与污水处理行业的良性循环和健康发展，促进民间资本参与城镇排水与污水处理设施建设运行产生积极的推动作用。

从建筑施工企业自身的职能定位说，并不具备从事污水处理的运营职责。学习此章节一是作为材料员了解作为"排水单位"所产生的社会成本，更加严谨管理施工现场的排水设施；二是作为污水处理建设项目可能的 BOT、BOO、PPP 等建设模式的参与者，能更全面地审视项目的全过程管理和控制。同时，建筑施工企业应在工程爆破、钻探、打桩、顶进、挖掘、取土等可能影响城镇排水与污水处理设施安全的活动时，提前与设施维护运营单位共同制定设施保护方案，并采取相应的安全防护措施。在可能发生事故或者其他突发事件，排放的污水可能危及城镇排水与污水处理设施安全运行的，应当立即采取措施消除危害，并及时向城镇排水主管部门和环境保护主管部门等有关部门报告。

（5）知晓法律责任

1）主要内容

第六章 法律责任

第四十八条 违反本《条例》规定，在雨水、污水分流地区，建设单位、施工单位将雨水管网、污水管网相互混接的，由城镇排水主管部门责令改正，处5万元以上10万元以下的罚款；造成损失的，依法承担赔偿责任。

第四十九条 违反本《条例》规定，城镇排水与污水处理设施覆盖范围内的排水单位和个人，未按照国家有关规定将污水排入城镇排水设施，或者在雨水、污水分流地区将污水排入雨水管网的，由城镇排水主管部门责令改正，给予警告；逾期不改正或者造成严重后果的，对单位处10万元以上20万元以下罚款，对个人处2万元以上10万元以下罚款；造成损失的，依法承担赔偿责任。

第五十条 违反本《条例》规定，排水户未取得污水排入排水管网许可证向城镇排水设施排放污水的，由城镇排水主管部门责令停止违法行为，限期采取治理措施，补办污水排入排水管网许可证，可以处50万元以下罚款；造成损失的，依法承担赔偿责任；构成犯罪的，依法追究刑事责任。

违反本《条例》规定，排水户不按照污水排入排水管网许可证的要求排放污水的，由城镇排水主管部门责令停止违法行为，限期改正，可以处5万元以下罚款；造成严重后果的，吊销污水排入排水管网许可证，并处5万元以上50万元以下罚款，可以向社会予以通报；造成损失的，依法承担赔偿责任；构成犯罪的，依法追究刑事责任。

第五十四条 违反本《条例》规定，排水单位或者个人不缴纳污水处理费的，由城镇排水主管部门责令限期缴纳，逾期拒不缴纳的，处应缴纳污水处理费数额1倍以上3倍以下罚款。

第五十六条 违反本《条例》规定，从事危及城镇排水与污水处理设施安全的活动的，由城镇排水主管部门责令停止违法行为，限期恢复原状或者采取其他补救措施，给予警告；逾期不采取补救措施或者造成严重后果的，对单位处10万元以上30万元以下罚款，对个人处2万元以上10万元以下罚款；造成损失的，依法承担赔偿责任；构成犯罪的，依法追究刑事责任。

第五十七条 违反本《条例》规定，有关单位未与施工单位、设施维护运营单位等共同制定设施保护方案，并采取相应的安全防护措施的，由城镇排水主管部门责令改正，处2万元以上5万元以下罚款；造成严重后果的，处5万元以上10万元以下罚款；造成损失的，依法承担赔偿责任；构成犯罪的，依法追究刑事责任。

违反本《条例》规定，擅自拆除、改动城镇排水与污水处理设施的，由城镇排水主管部门责令改正，恢复原状或者采取其他补救措施，处5万元以上10万元以下罚款；造成严重后果的，处10万元以上30万元以下罚款；造成损失的，依法承担赔偿责任；构成犯罪的，依法追究刑事责任。

2）材料员工作提示

法律责任是对不遵循相关规定要求的单位和个人进行的惩罚性条款，是对应遵循内容的再次警示。

（三）行政管理类新法规

《中华人民共和国宪法》第八十九条第一款明确规定：作为最高国家行政机关，国务院可以"根据宪法和法律，规定行政措施，制定行政法规，发布决定和命令。"因此，制定行政法规是宪法赋予国务院的一项重要职权，也是国务院组织经济建设，实现国家管理职能的重要手段。行政法规是指国务院为领导和管理国家各项行政工作，根据宪法和法律，按照行政法规规定的程序制定的政治、经济、教育、科技、文化、外事等各类法规的总称。行政法规就是对法律内容具体化的一种主要形式。在国务院发布的各类法规中，针对行政管辖和行业隶属不同，现选取 2010 年 1 月 1 日后发布、修订的部分内容中涉及建筑业、建筑企业和材料管理的法规，摘录部分条款，为建筑企业材料员作出工作提示。

1. 《不动产登记暂行条例》

2014 年 11 月 24 日，国务院发布第 656 号令，自 2015 年 3 月 1 日起施行《不动产登记暂行条例》。该《条例》是为了整合不动产登记职责，规范登记行为，方便群众申请登记，保护权利人合法权益，根据《中华人民共和国物权法》等法律而制定。本《条例》所称不动产登记，是指不动产登记机构依法将不动产权利归属和其他法定事项记载于不动产登记簿的行为。所称不动产，是指土地、海域以及房屋、林木等定着物。《条例》共分六章 35 条，分别对不动产登记簿、登记程序、登记信息共享与保护和法律责任作出规定。

（1）主要内容

整合不动产登记职责、建立不动产统一登记制度，是国务院机构改革和职能转变的重要内容，也是完善社会主义市场经济体制、建设现代市场体系的必然要求，对于保护不动产权利人合法财产权、提高政府治理效率和水平，尤其是方便企业、方便群众，具有重要意义。根据《物权法》第十条规定，不动产实行统一登记，并授权行政法规对统一登记的范围、登记机构和登记办法做出规定。制定出台条例，通过立法规范登记行为、明确登记程序、界定查询权限，整合土地、房屋、林地、草原、海域等登记职责，实现不动产登记机构、登记簿册、登记依据和信息平台"四统一"。现摘录部分内容作为材料员工作的提示。

第一章　总　则

第三条　不动产首次登记、变更登记、转移登记、注销登记、更正登记、异议登记、预告登记、查封登记等，适用本《条例》。

第四条　国家实行不动产统一登记制度。

第五条　下列不动产权利，依照本《条例》的规定办理登记：

（一）集体土地所有权；

（二）房屋等建筑物、构筑物所有权；

（三）森林、林木所有权；

（四）耕地、林地、草地等土地承包经营权；

（五）建设用地使用权；

（六）宅基地使用权；

（七）海域使用权；

（八）地役权；

（九）抵押权；

（十）法律规定需要登记的其他不动产权利。

第二章 不 动 产 登 记 簿

第八条 不动产以不动产单元为基本单位进行登记。不动产单元具有唯一编码。

不动产登记机构应当按照国务院国土资源主管部门的规定设立统一的不动产登记簿。

不动产登记簿应当记载以下事项：

（一）不动产的坐落、界址、空间界限、面积、用途等自然状况；

（二）不动产权利的主体、类型、内容、来源、期限、权利变化等权属状况；

（三）涉及不动产权利限制、提示的事项；

（四）其他相关事项。

第九条 不动产登记簿应当采用电子介质，暂不具备条件的，可以采用纸质介质。不动产登记机构应当明确不动产登记簿唯一、合法的介质形式。

不动产登记簿采用电子介质的，应当定期进行异地备份，并具有唯一、确定的纸质转化形式。

第三章 登 记 程 序

第十四条 因买卖、设定抵押权等申请不动产登记的，应当由当事人双方共同申请。

属于下列情形之一的，可以由当事人单方申请：

（一）尚未登记的不动产首次申请登记的；

（二）继承、接受遗赠取得不动产权利的；

（三）人民法院、仲裁委员会生效的法律文书或者人民政府生效的决定等设立、变更、转让、消灭不动产权利的；

（四）权利人姓名、名称或者自然状况发生变化，申请变更登记的；

（五）不动产灭失或者权利人放弃不动产权利，申请注销登记的；

（六）申请更正登记或者异议登记的；

（七）法律、行政法规规定可以由当事人单方申请的其他情形。

第十九条 属于下列情形之一的，不动产登记机构可以对申请登记的不动产进行实地查看：

（一）房屋等建筑物、构筑物所有权首次登记；

（二）在建建筑物抵押权登记；

（三）因不动产灭失导致的注销登记；

（四）不动产登记机构认为需要实地查看的其他情形。

对可能存在权属争议，或者可能涉及他人利害关系的登记申请，不动产登记机构可以向申请人、利害关系人或者有关单位进行调查。

不动产登记机构进行实地查看或者调查时，申请人、被调查人应当予以配合。

第二十七条 权利人、利害关系人可以依法查询、复制不动产登记资料，不动产登记机构应当提供。

第二十八条 查询不动产登记资料的单位、个人应当向不动产登记机构说明查询目的，不得将查询获得的不动产登记资料用于其他目的；未经权利人同意，不得泄露查询获得的不动产登记资料。

（2）材料员工作提示

1）知晓不动产的定义，了解不动产登记的立法意义

本《条例》第一次明确给出定义。在不动产统一登记的内容中，除国有土地使用权和房屋使用权登记外，还包括耕地、草原、林地、海域使用权等的登记，涉及国土、建设、农业、林业、海洋等多个部门。长期以来，我国不动产登记信息分散在住建、农业、林业、国土等部门。条例出台，将使多头管理、权益管理链割裂问题得到进一步协调。

不动产登记改革，狭义理解涉及到城市房地产问题，事实上随着明确城乡不动产统一登记，城乡土地物权将进入平权时代，农村建设用地及房产价值不高，集体土地流转难等问题可能破题。在城市化进程中将成为重要的影响性因素。

建筑施工企业从事建筑活动的基本前提中包括建设用地使用权的合法性，并以此为基础而办理的各项许可手续，了解不动产登记制度的相关内容可以有效保护建筑施工企业的合法权益，规范建筑活动。

2）查询更便利信息更全面

现行不动产登记法律法规繁杂、条块分割、权责不明。如果要查阅某单位是否已实施抵押，需到土地管理部门查土地、到房管部门查房屋、到工商部门查设备，给当事人造成极大不便。不动产登记暂行条例将以法规形式打破这一格局。

《条例》规定，县级以上地方政府应当确定一个部门为本行政区域的不动产登记机构，负责不动产登记工作，并接受上级政府不动产登记主管部门指导、监督。通过不动产统一登记，将进一步提高登记质量，避免产权交叉或冲突，保证各类不动产物权归属和内容得到最全面、统一、准确的明晰和确认，有利于保障不动产交易安全，也有利于提高政府治理效率和水平，更加便民利民。

3）逐步解决城市化进程中的相关问题

不动产统一登记，对赋予农民更多财产权利、保障农户宅基地使用权、建立城乡统一的建设用地市场、集体经营性建设用地"农地入市"等重大改革，具有基础性作用。

我国城乡间土地权属不一样，城市土地属于国有，农村土地属于集体所有，但集体所有又不像股份制可以通过股权明确为个人利益。二元化的土地制度，无论对城市还是农村土地管理都有诸多不便，在农村尤为突出。建立城乡统一的建设用地市场、改革完善宅基地管理制度，为城镇化和户籍制度改革扫清制度障碍，建立城乡统一不动产登记制度是其出发点。

2. 国务院关于废止和修改部分行政法规的决定

2013 年 7 月 18 日，公布《国务院关于废止和修改部分行政法规的决定》，自公布之日起施行。为了依法推进行政审批制度改革和政府职能转变，进一步激发市场、社会的创造活力，发挥好地方政府贴近基层的优势，促进和保障政府管理由事前审批更多地转为事中事后监管，国务院对有关的行政法规进行了清理。该决定废止《煤炭生产许可证管理办法》，修改的法规包括《大中型水利水电工程建设征地补偿和移民安置条例》、《安全生产

许可证条例》等 25 个行政法规，全文共 25 条。

（1）主要内容

该决定修改的 25 个行政法规中，涉及建筑施工企业材料员工作内容的仅第二十三条，现摘录如下。

将《安全生产许可证条例》第四条修改为："省、自治区、直辖市人民政府建设主管部门负责建筑施工企业安全生产许可证的颁发和管理，并接受国务院建设主管部门的指导和监督。"

（2）材料员工作提示

修改了原条例中关于"国务院建设主管部门负责中央管理的建筑施工企业安全生产许可证的颁发和管理"，即把中央管理的建筑施工企业的此项管辖权限下放给地方政府。同时，通过增加"接受国务院建设主管部门的指导和监督"明确了国务院建设主管部门与地方各级政府的职能分工。

3. 《国有土地上房屋征收与补偿条例》

2011 年 1 月 21 日，国务院公布《国有土地上房屋征收与补偿条例》，自公布之日起施行。2001 年 6 月 13 日国务院公布的《城市房屋拆迁管理条例》同时废止。该《条例》为了规范国有土地上房屋征收与补偿活动，维护公共利益，保障被征收房屋所有权人的合法权益而制定。条例共分总则、征收决定、补偿、法律责任、附则五章 35 条。

（1）主要内容

此《条例》规定的事项涉及到产生较多争议和社会矛盾的内容。根据各利益主体历史存在及其变化，对比废止的原条例，新条例调整了适用范围、征收主体、法律关系和征收程序等内容。现摘录部分内容作为工作提示。

第一章　总　　则

第二条　为了公共利益的需要，征收国有土地上单位、个人的房屋，应当对被征收房屋所有权人（以下称被征收人）给予公平补偿。

第五条　房屋征收部门可以委托房屋征收实施单位，承担房屋征收与补偿的具体工作。房屋征收实施单位不得以营利为目的。

房屋征收部门对房屋征收实施单位在委托范围内实施的房屋征收与补偿行为负责监督，并对其行为后果承担法律责任。

第七条　任何组织和个人对违反本条例规定的行为，都有权向有关人民政府、房屋征收部门和其他有关部门举报。接到举报的有关人民政府、房屋征收部门和其他有关部门对举报应当及时核实、处理。

监察机关应当加强对参与房屋征收与补偿工作的政府和有关部门或者单位及其工作人员的监察。

第二章　征　收　决　定

第八条　为了保障国家安全、促进国民经济和社会发展等公共利益的需要，有下列情形之一，确需征收房屋的，由市、县级人民政府作出房屋征收决定：

（一）国防和外交的需要；

（二）由政府组织实施的能源、交通、水利等基础设施建设的需要；

（三）由政府组织实施的科技、教育、文化、卫生、体育、环境和资源保护、防灾减灾、文物保护、社会福利、市政公用等公共事业的需要；

（四）由政府组织实施的保障性安居工程建设的需要；

（五）由政府依照城乡规划法有关规定组织实施的对危房集中、基础设施落后等地段进行旧城区改建的需要；

（六）法律、行政法规规定的其他公共利益的需要。

第十六条 房屋征收范围确定后，不得在房屋征收范围内实施新建、扩建、改建房屋和改变房屋用途等不当增加补偿费用的行为；违反规定实施的，不予补偿。

房屋征收部门应当将前款所列事项书面通知有关部门暂停办理相关手续。暂停办理相关手续的书面通知应当载明暂停期限。暂停期限最长不得超过1年。

第三章 补 偿

第十七条 作出房屋征收决定的市、县级人民政府对被征收人给予的补偿包括：

（一）被征收房屋价值的补偿；

（二）因征收房屋造成的搬迁、临时安置的补偿；

（三）因征收房屋造成的停产停业损失的补偿。

市、县级人民政府应当制定补助和奖励办法，对被征收人给予补助和奖励。

第十九条 对被征收房屋价值的补偿，不得低于房屋征收决定公告之日被征收房屋类似房地产的市场价格。被征收房屋的价值，由具有相应资质的房地产价格评估机构按照房屋征收评估办法评估确定。

对评估确定的被征收房屋价值有异议的，可以向房地产价格评估机构申请复核评估。对复核结果有异议的，可以向房地产价格评估专家委员会申请鉴定。

房屋征收评估办法由国务院住房城乡建设主管部门制定，制定过程中，应当向社会公开征求意见。

第二十二条 因征收房屋造成搬迁的，房屋征收部门应当向被征收人支付搬迁费；选择房屋产权调换的，产权调换房屋交付前，房屋征收部门应当向被征收人支付临时安置费或者提供周转用房。

第二十三条 对因征收房屋造成停产停业损失的补偿，根据房屋被征收前的效益、停产停业期限等因素确定。具体办法由省、自治区、直辖市制定。

第二十五条 房屋征收部门与被征收人依照本条例的规定，就补偿方式、补偿金额和支付期限、用于产权调换房屋的地点和面积、搬迁费、临时安置费或者周转用房、停产停业损失、搬迁期限、过渡方式和过渡期限等事项，订立补偿协议。

补偿协议订立后，一方当事人不履行补偿协议约定的义务的，另一方当事人可以依法提起诉讼。

第二十六条 房屋征收部门与被征收人在征收补偿方案确定的签约期限内达不成补偿协议，或者被征收房屋所有权人不明确的，由房屋征收部门报请作出房屋征收决定的市、县级人民政府依照本条例的规定，按照征收补偿方案作出补偿决定，并在房屋征收范围内予以公告。

补偿决定应当公平，包括本《条例》第二十五条第一款规定的有关补偿协议的事项。被征收人对补偿决定不服的，可以依法申请行政复议，也可以依法提起行政诉讼。

第二十七条　实施房屋征收应当先补偿、后搬迁。

作出房屋征收决定的市、县级人民政府对被征收人给予补偿后，被征收人应当在补偿协议约定或者补偿决定确定的搬迁期限内完成搬迁。

任何单位和个人不得采取暴力、威胁或者违反规定中断供水、供热、供气、供电和道路通行等非法方式迫使被征收人搬迁。禁止建设单位参与搬迁活动。

第四章　法　律　责　任

第三十一条　采取暴力、威胁或者违反规定中断供水、供热、供气、供电和道路通行等非法方式迫使被征收人搬迁，造成损失的，依法承担赔偿责任；对直接负责的主管人员和其他直接责任人员，构成犯罪的，依法追究刑事责任；尚不构成犯罪的，依法给予处分；构成违反治安管理行为的，依法给予治安管理处罚。

第三十二条　采取暴力、威胁等方法阻碍依法进行的房屋征收与补偿工作，构成犯罪的，依法追究刑事责任；构成违反治安管理行为的，依法给予治安管理处罚。

（2）材料员工作提示

1）通过修改和调整的内容理解此条例的社会意义

该《条例》规定拆迁必须以"公共利益"为前提，而旧条例不分"公共利益"，只要是国有土地上房屋拆迁均适用拆迁条例。旧条例的征收主体为取得拆迁许可的单位，而该条例则分为三类。一是市、县人民政府（决定）；二是市、县政府确定的房屋征收部门（实施主体）；三是房屋征收部门委托的房屋征收实施单位，强调了政府在征收中的地位和作用。

旧《条例》调整的是拆迁人与房屋所有人、承租人的法律关系；新《条例》调整的是征收人与被征收人即市、县政府与房屋所有人之间的法律关系，不调整与承租人之间的法律关系。在实施程序中，旧《条例》分为五个程序，即：建设项目批准文件、建设用地规划许可、国有土地使用权批准、拆迁计划与拆迁方案、办理存款业务的金融机构出具拆迁补偿安置资金证明。而该《条例》规定则需要 20 个步骤。

保护各方利益主体的合法权益，调整各方的法律关系是政府的责任。特别是在大规模建设阶段，历史所形成的权益受到了新的利益归属的调整，会引起各方的矛盾冲突。在处理发展与稳定、集体与个人的关系中实现公平、协调和可持续发展是必须遵循的行为准则。

2）理解条例推进城镇建设的意义

该《条例》统筹兼顾工业化、城镇化建设与土地房屋被征收群众的利益，努力把公共利益同被征收个人利益统一起来，通过明确补偿标准、补助和奖励措施，保护被征收群众的利益，使房屋被征收群众的居住条件有改善，原有的生活水平不降低，同时通过完善征收程序，扩大公众参与，禁止建设单位参与搬迁，取消行政机关自行强制拆迁的规定从而有利于加强和改进群众工作，把强制拆迁行为减到最少。

4. 《气象灾害防御条例》

2010 年 1 月 27 日，温家宝总理签发国务院第 570 号令，公布《气象灾害防御条例》

自 2010 年 4 月 1 日起施行。该《条例》是为了加强气象灾害的防御，避免、减轻气象灾害造成的损失，保障人民生命财产安全，根据《中华人民共和国气象法》而制定。适用于在中华人民共和国领域和中华人民共和国管辖的其他海域内从事气象灾害防御活动。条例所称气象灾害，是指台风、暴雨（雪）、寒潮、大风（沙尘暴）、低温、高温、干旱、雷电、冰雹、霜冻和大雾等所造成的灾害。水旱灾害、地质灾害、海洋灾害、森林草原火灾等因气象因素引发的衍生、次生灾害的防御工作，适用有关法律、行政法规的规定。该《条例》共六章 48 条。

（1）主要内容

建筑企业所建项目的设计文件须经审查，符合国家有关标准；从事雷电防护装置施工的单位应当具备相应条件。现摘录《气象灾害防御条例》有关内容：

第二章　预　防

第十四条　国务院有关部门制定电力、通信等基础设施的工程建设标准，应当考虑气象灾害的影响。

第二十条　地方各级人民政府、有关部门和单位应当根据本地降雪、冰冻发生情况，加强电力、通信线路的巡查，做好交通疏导、积雪（冰）清除、线路维护等准备工作。

有关单位和个人应当根据本地降雪情况，做好危旧房屋加固、粮草储备、牲畜转移等准备工作。

第二十三条　各类建（构）筑物、场所和设施安装雷电防护装置应当符合国家有关防雷标准的规定。

对新建、改建、扩建建（构）筑物设计文件进行审查，应当就雷电防护装置的设计征求气象主管机构的意见；对新建、改建、扩建建（构）筑物进行竣工验收，应当同时验收雷电防护装置并有气象主管机构参加。雷电易发区内的矿区、旅游景点或者投入使用的建（构）筑物、设施需要单独安装雷电防护装置的，雷电防护装置的设计审核和竣工验收由县级以上地方气象主管机构负责。

第二十四条　专门从事雷电防护装置设计、施工、检测的单位应当具备下列条件，取得国务院气象主管机构或者省、自治区、直辖市气象主管机构颁发的资质证：

（一）有法人资格；

（二）有固定的办公场所和必要的设备、设施；

（三）有相应的专业技术人员；

（四）有完备的技术和质量管理制度；

（五）国务院气象主管机构规定的其他条件。

从事电力、通信雷电防护装置检测的单位的资质证由国务院气象主管机构和国务院电力或者国务院通信主管部门共同颁发。依法取得建设工程设计、施工资质的单位，可以在核准的资质范围内从事建设工程雷电防护装置的设计、施工。

第二十七条　县级以上人民政府有关部门在国家重大建设工程、重大区域性经济开发项目和大型太阳能、风能等气候资源开发利用项目以及城乡规划编制中，应当统筹考虑气候可行性和气象灾害的风险性，避免、减轻气象灾害的影响。

第五章 法 律 责 任

第四十五条 违反本《条例》规定，有下列行为之一的，由县级以上气象主管机构或者其他有关部门按照权限责令停止违法行为，处 5 万元以上 10 万元以下的罚款；有违法所得的，没收违法所得；给他人造成损失的，依法承担赔偿责任：

（一）无资质或者超越资质许可范围从事雷电防护装置设计、施工、检测的；

（二）在雷电防护装置设计、施工、检测中弄虚作假的。

（2）材料员工作提示

我国气象灾害多发、频发，是世界上受气象灾害影响最为严重的国家之一，几乎每年都发生多次多种气象灾害，严重危害了人民群众生命财产安全和生产生活秩序。

据统计，近 20 年来，我国因遭受各类自然灾害每年平均死亡约 4300 人，倒塌民房约 300 万间，气象灾害所造成的损失占居其中的很大成分。近 5 年来，国家每年安排灾害救助资金 50 多亿元，专门用于受灾群众紧急转移安置、因灾倒塌民房恢复重建、冬春救助以及临时生活救助，平均每年救助 6000 万到 8000 万人次。在气象灾害救助工作实践中，也遇到一些亟待解决的问题，主要是：灾害救助准备措施不足，应急响应机制不完善，灾后救助制度缺乏，救助款物监管不严等。这就需要通过制定自然灾害救助方面的法规，规范自然灾害救助工作，保障受灾人员的基本生活。

建筑施工企业的建筑活动为露天作业，受气象灾害影响较大，同时建筑物抵御气象灾害的能力也成为减轻灾害伤害程度的重要元素。虽然此《条例》更多地是从防御、避免、减轻气象灾害造成的损失角度，对各级政府、各级气象主管机构的职责和行为做出规定，但对有关新建、改建、扩建建筑物的设计、工程验收和使用也做出了限制性规定。材料员阅读并了解相关规定有助于在建筑施工活动中更好地做好本职工作。例如第二十三条规定，各类建筑物、场所和设施应安装符合国家有关防雷标准的雷电防护装置；设计文件应征求气象主管机构的意见；竣工验收应有气象主管机构参加等。截至目前，专门从事雷电防护装置设计、施工、检测的单位仍然实行资质管理。建筑施工企业取得的不同资质中，对从事雷电防护装置均有核准的允许范围，违反者应承担相应的法律责任。

四、新规章

《宪法》第 90 条规定："各部、各委员会根据法律和国务院的行政法规、决定、命令，在本部门的权限内，发布命令、指示和规章。"据此，国务院各部委享有行政规章立法权。各部委通过行政规章的方式有效地贯彻落实法律、行政法规的具体规定，担负起宪法、法律赋予的重要职责。尽管各部委立法处于中央立法的最低层次，但其根据宪法制定行政规章的职权立法和根据法条授权制定行政法规的实施细则的执行性立法是中央立法的重要组成部分，其意义是不言自明的，对国家的全局行政管理工作是不可或缺的。国务院直属机构也是国务院的组成部分，同样享有相应立法权。本章选取了住房和城乡建设部、财政部等部委 2010 年 1 月 1 日后发布或修订后重新发布的条例、规定、办法和通知中，涉及建筑业、建筑企业和材料管理相关的内容，摘录部分条款或引用其修订的主要内容，为建筑企业材料员做出工作提示。

（一）工程建设及施工企业类新规章

近五年来，社会经济活动日益活跃，市场竞争和规范发展的需求同样高涨。2010 年 1 月 1 日后住房和城乡建设部、财政部等部委相继出台了一系列涉及建筑业、建筑企业的规章，本节主要选取了涉及建筑企业生产经营的相关内容，摘录部分条款内容为材料员工作做出提示。

1.《建筑业企业资质管理规定》

2015 年 1 月 22 日，住房和城乡建设部签发第 22 号令，发布重新修订的《建筑业企业资质管理规定》，同时宣布废止 2007 年 6 月 26 日建设部颁布的《建筑业企业资质管理规定》（建设部令第 159 号），新公告规定自 2015 年 3 月 1 日起施行。

建筑企业资质是建筑施工企业存续与发展的基础性条件，新规定为了加强对建筑活动的监督管理，维护公共利益和规范建筑市场秩序，保证建设工程质量安全，促进建筑业的健康发展，根据《中华人民共和国建筑法》、《中华人民共和国行政许可法》、《建设工程质量管理条例》、《建设工程安全生产管理条例》等法律、行政法规而制定。凡在中华人民共和国境内申请建筑业企业资质，实施对建筑业企业资质监督管理的均适用新规定。新规定所称建筑业企业，是指从事土木工程、建筑工程、线路管道设备安装工程的新建、扩建、改建等施工活动的企业。新规定共分六章 42 条，分别就申请与许可、延续与变更、监督管理、法律责任做出规定。

（1）主要内容

企业资质是建筑企业生产经营的"门槛"，是从事建筑活动的基本条件。虽然其相关规定与材料员日常业务工作并无直接关系，但是，其相关事项往往通过与业务工作相关联的审批、报备及监督检查有着密切的关系。因此，知晓主要内容也成为材料员的必须。部分内容摘录如下：

第一章　总　则

第三条　企业应当按照其拥有的资产、主要人员、已完成的工程业绩和技术装备等条件申请建筑业企业资质，经审查合格，取得建筑业企业资质证书后，方可在资质许可的范围内从事建筑施工活动。

第四条　国务院住房城乡建设主管部门负责全国建筑业企业资质的统一监督管理。国务院交通运输、水利、工业信息化等有关部门配合国务院住房城乡建设主管部门实施相关资质类别建筑业企业资质的管理工作。

省、自治区、直辖市人民政府住房城乡建设主管部门负责本行政区域内建筑业企业资质的统一监督管理。省、自治区、直辖市人民政府交通运输、水利、通信等有关部门配合同级住房城乡建设主管部门实施本行政区域内相关资质类别建筑业企业资质的管理工作。

第五条　建筑业企业资质分为施工总承包资质、专业承包资质、施工劳务资质三个序列。

施工总承包资质、专业承包资质按照工程性质和技术特点分别划分为若干资质类别，各资质类别按照规定的条件划分为若干资质等级。施工劳务资质不分类别与等级。

第七条　国家鼓励取得施工总承包资质的企业拥有全资或者控股的劳务企业。

建筑业企业应当加强技术创新和人员培训，使用先进的建造技术、建筑材料，开展绿色施工。

（2）材料员工作提示

目前，建筑业企业资质管理仍然是建筑业市场监管和市场准入最重要的手段之一。企业资质管理手段的有效应用，可以加强对建筑活动的监督管理，保障建设工程质量安全，促进建筑业的健康、可持续发展。新规定的实施必将对建筑业的发展产生积极影响。

1）放权与监管并进　助行业科学发展

新《规定》的施行，标志着建筑行业市场监管进入了一个新的时代。对比新旧企业资质管理规定，可以发现新《规定》最明显的特征是体现了新时代对政府简政放权的要求，对建筑市场的管理也由事前监管逐步地转向了事中监管，最根本的目标则是规范建筑市场秩序，促进建筑业科学发展。

简政放权首先体现在下放了部分资质的审批权限，例如将施工总承包、专业承包三级资质审批权下放到地市级人民政府建设行政主管部门；同时，除住房城乡建设部许可的建筑业企业资质以外的其他资质许可程序，地市级人民政府住房城乡建设主管部门均可以依法确定。另外，本《规定》减少了资质的类别和等级规范，明确将建筑业企业资质分为施工总承包资质、专业承包资质、施工劳务资质三个序列，其中施工劳务资质不分类别与等级；并对那些市场需求较少的资质予以取消，以此规范建筑业市场环境。同时，为了进一步提高工作效率、方便企业，《规定》中还简化了资质许可程序，例如，对于原来申请住房城乡建设部许可的建筑业企业资质，一些中级以上职称的人员、现场管理人员、技术工人和企业资产等的申报资料可以由地方初审机关进行审核，住房城乡建设部仅作抽查，避免重复审查。通过部分资质审批权限的下放以及资质许可程序的简化，不仅可以更好地为建筑业企业提供服务，还可以释放企业的活力，形成经济增长的内生动力。

　　简政放权，并非表示政府管得越少越好。在现代市场经济中，尤其是在建筑业市场环境亟须得到规范的大前提下，简政放权是做减法，而市场监管是做加法。对建设行政主管部门来说，需要在加快简政放权的过程中，加强市场监管体系建设，而最有效的监管则体现在加强事中、事后监管，形成动态监管模式。本《规定》明确要求县级以上住房和城乡建设主管部门和其他有关部门应该制定动态的监管办法，积极采用信息化的手段对取得资质后的企业采取动态监管，通过事中、事后的监管对企业资质管理进行抽查。同时，《规定》还明确提出，取得建筑业企业资质证书的企业，应当保持资产、主要人员、技术装备等方面满足相应建筑业企业资质标准要求的条件，而对于不符合相应资质标准要求条件的企业责令其限期整改。前置性的行政审批尽量减少，事中、事后的市场监管真正做到位，才能真正发挥建筑业企业资质管理的目标和作用。

　　但是在简政放权和形成动态监管的同时，也需要建立市场监管的事后追查机制，发生重大事件后，如果监管部门监管不到位，也要承担相应的责任。《规定》中对此也做出了明确的规定，例如地方对住房城乡建设部许可资质的企业需要处以行政处罚的，明确规定了违法事实、处理建议报送程序；明确有关部门应加强对取得资质的企业市场行为和资质标准条件的监督管理；并强化资质审批机关行政人员法律责任等。通过市场监管事后追查机制的建立，可以维护公共利益和规范建筑市场秩序，引导建筑业结构调整和转型升级。

　　2）放低进入门槛，激发大众创业活力

　　新《规定》明确了企业可以申请施工总承包、专业承包、施工劳务资质3个序列的各类别资质，申报资质数量不受限制；企业申请资质升级不受年限限制。同时，对新设立企业申报资质的要求进一步降低，包括建造师的人数减少且无工程业绩要求，取消了土石方、混凝土预制构件、电梯安装、金属门窗和预应力等7个专业承包资质。这些政策的实施，既符合《住房城乡建设部关于推进建筑业发展和改革的若干意见》精神，推进了行政审批制度改革，坚持淡化工程建设企业资质、强化个人执业资格的改革方向，又满足了更多想投身工程建设领域的创业者的愿望，让创业者们放飞希望，实现创业梦想。此举必将为建设领域的有序发展注入新的活力、增添新的动力。

　　3）提高技术人员要求，倡导实战经验和技术创新优先

　　新《规定》要求企业应按申请资质类别明确对应的技术负责人，并要求根据技术负责人的资历、专业职称、业绩等按企业所申请资质的相应标准进行考核。这不仅要求企业的技术负责人具有执业资格和一定的理论水平，能够对企业的技术工作进行理论辅导、培训，更要求企业的技术负责人具有多年从事与企业资质等级相匹配的项目技术管理的实战经验，能够切实解决技术难题，能够带领企业的工程技术人员进行技术改造和技术创新。通过对技术负责人的综合考核，增强企业对技术引领、技术改造、技术创新重要性的认识，真正成为技术创新的主体，从而成为推动行业技术发展的有生力量。

　　新《规定》对总承包企业职称人员专业做出了限制且要求专业齐全，不仅要求有一定数量的土建工程师，而且要有结构、给排水、暖通和电气等4个专业的工程师，其他专业人员不予认可。也就是说，这4个专业的技术职称人员必须配备，缺一不可。这一《规定》对企业提出了新的挑战，因为过去许多企业不太注重专业人才结构的合理配备，专业领域的管理也时常缺位。新《规定》对企业人才的培养和使用提出了新的要求，迫使企业重新构建企业的人才结构，加快企业适应新常态下项目管理新形势的步伐，让更多的专业

人才在工程建设领域找到更合适的工作。这一规定既打破了建筑业传统的单一的用人观念，让企业更加重视多专业、复合型人才的引进和培养，不断提升企业项目综合管理的实力，同时又让更多的技术专业人才有了用武之地，能够更好地施展才华。

4) 强调技术工人队伍建设

新《规定》强调了企业必须拥有自己的技术工人，与企业依法签订 1 年以上劳动合同，而且必须是经过考核或培训合格的中级工以上技术工人。这一规定明确了企业要有固定的技术工人，同时要加强技术工人的培训，取得上岗证，实现持证上岗，切中了当前建筑企业管理的要害。目前许多企业不重视招录技术工人，不愿花成本去培养技术工人，大部分是依托项目进行劳务分包，工人流动性较大，这对项目的施工质量及施工安全带来了较大影响。工人不稳定、培训不到位、管理不落实，势必造成工程质量水平较低、安全事故频发。培养自有产业工人，是加强建筑劳务用工管理、落实质量安全责任、保障劳务人员的合法权益、促进企业健康发展的重要举措，企业只有切实重视了技术工人的招录、培训，为他们办理养老、医疗、工伤等保险，才能彻底解决他们的后顾之忧，才能让他们有安全感、归属感，才能有更多的激情认同于企业文化，投身于工程建设，才能从根本上提高工程质量，创建安全环境。只有这样，企业才能真正实现可持续发展。

5) 其他一些调整

新《规定》中，新资质不再设主项和增项，放宽企业的市场选择。取消了企业的注册资本金、企业经理等 9 项指标，仅设技术人员要求的指标。《规定》中增加了审批机关应当推行电子化审批，建立企业资质管理信息系统的要求，完全契合了住房城乡建设部提出的建筑市场要实现"数据一个库，监管一张网，管理一条线"的"三个一"监管目标，不仅可以方便企业，而且对于打击建筑市场违法违规行为，建设涵盖建筑业各方主体的诚信体系，打造统一开放、法治规范的建筑市场环境也具有相当重要的意义。规定中还建议建筑业企业应当加强技术创新和人员培训，使用先进的建造技术、建筑材料，开展绿色施工。通过政府主管部门、行业协会、企业三方合力提高建筑工人组织化程度，培育工人产业化的队伍，规范建筑业劳务市场环境。

建筑业企业资质管理作为建筑业市场准入的重要手段，在建筑业市场秩序还不够规范的现在，发挥着重要的作用。在未来，随着建筑业的更快发展，建筑业企业资质管理在规范建筑市场秩序、促进建筑业科学发展方面的作用将愈加凸显。

2. 住房和城乡建设部关于修改《房地产开发企业资质管理规定》等部门规章的决定

2015 年 5 月 4 日，住房和城乡建设部签发建设部第 25 号令，发布了对部分部门规章的修改决定。这些规章包括《房地产开发企业资质管理规定》、《市政公用事业特许经营管理办法》、《城市房屋白蚁防治管理规定》、《建设工程质量检测管理办法》、《工程造价咨询企业管理办法》、《工程建设项目招标代理机构资格认定办法》、《城市生活垃圾管理办法》、《工程监理企业资质管理规定》、《建设工程勘察设计资质管理规定》、《物业服务企业资质管理办法》、《城乡规划编制单位资质管理规定》、《房屋建筑和市政基础设施工程施工图设计文件审查管理办法》、《房地产估价机构管理办法》。上述规章的集中修改，主要依据 2013 年 12 月 28 日第十二届全国人民代表大会常务委员会第六次会议对《中华人民共和国公司法》的第四次修改，以确保《公司法》的实施。修改的内容主要涉及企业的注册资本、登记条件、登记事项和登记文件。

（1）主要内容

为准确掌握修改的内容，将此修改决定的原文摘录如下：

1. 删除《房地产开发企业资质管理规定》（建设部令第 77 号）第五条第二款第一项中的"1. 注册资本不低于 5000 万元"；删除第二项中的"1. 注册资本不低于 2000 万元"；删除第三项中的"1. 注册资本不低于 800 万元"；删除第四项中的"1. 注册资本不低于 100 万元"。

删除第六条第三项"（三）验资证明"。

删除第十条第三项中的"和验资报告"。

2. 将《市政公用事业特许经营管理办法》（建设部令第 126 号）第七条第二项修改为："（二）有相应的设施、设备"。

3. 删除《城市房屋白蚁防治管理规定》（建设部令第 130 号）第六条第三项。

4. 删除《建设工程质量检测管理办法》（建设部令第 141 号）附件二"检测机构资质标准"的第一条第一项。

5. 将《工程造价咨询企业管理办法》（建设部令第 149 号）第九条第二项中的"注册资本总额"修改为"认缴出资总额"；删除第七项。

将第十条第一项中的"注册资本总额"修改为"认缴出资总额"；删除第六项。

删除第十三条第四项中的"并附工商部门出具的股东出资情况证明"。

6. 删除《工程建设项目招标代理机构资格认定办法》（建设部令第 154 号）第九条第五项。

删除第十条第五项。

将第十一条修改为："新设立的工程招标代理机构具备第八条和第十条第（三）、（四）项条件的，可以申请暂定级工程招标代理资格"。

将第十二条第八项修改为"（八）上一年度经审计的企业财务报告（含报表及说明，下同）"。

7. 删除《城市生活垃圾管理办法》（建设部令第 157 号）第十九条第一项。

删除第二十七条第一项。

8. 将《工程监理企业资质管理规定》（建设部令第 158 号）第七条第一项中的"1. 具有独立法人资格且注册资本不少于 600 万元"修改为："1. 具有独立法人资格且具有符合国家有关规定的资产"。

将第七条第二项甲级资质标准中的"（1）具有独立法人资格且注册资本不少于 300 万元"、乙级资质标准中的"（1）具有独立法人资格且注册资本不少于 100 万元"以及丙级资质标准中的"（1）具有独立法人资格且注册资本不少于 50 万元"修改为："（1）具有独立法人资格且具有符合国家有关规定的资产"。

9. 将《建设工程勘察设计资质管理规定》（建设部令第 160 号）第三条中的"注册资本"修改为"资产"。

10. 删除《物业服务企业资质管理办法》（建设部令第 164 号）第五条第一项中的"1. 注册资本人民币 500 万元以上"；删除第二项中的"1. 注册资本人民币 300 万元以上"；删除第三项中的"1. 注册资本人民币 50 万元以上"。

删除第六条第三项。

11. 删除《城乡规划编制单位资质管理规定》(住房城乡建设部令第 12 号)第七条第二项。

删除第八条第二项。

删除第九条第二项。

删除第二十一条中的"注册资本"。

12. 删除《房屋建筑和市政基础设施工程施工图设计文件审查管理办法》(住房城乡建设部令第 13 号)第七条第五项。

删除第八条第五项。

13. 删除《房地产估价机构管理办法》(住房城乡建设部令第 14 号)第十条第一项中的"3. 有限责任公司的注册资本人民币 200 万元以上,合伙企业的出资额人民币 120 万元以上";删除第二项中的"3. 有限责任公司的注册资本人民币 100 万元以上,合伙企业的出资额人民币 60 万元以上";删除第三项中的"2. 有限责任公司的注册资本人民币 50 万元以上,合伙企业的出资额人民币 30 万元以上"。

删除第十一条第四项。

删除第十七条中的"注册资本或者出资额"。

本决定自发布之日起施行。以上部门规章根据本决定作相应的修改,重新发布。

(2) 材料员工作提示

1)《公司法》第四次修改的主要内容对专业工作的影响

最新修改的《公司法》主要涉及三个方面。一是将注册资本实缴登记制改为认缴登记制。除法律、行政法规以及国务院决定对公司注册资本实缴另有规定的外,取消了关于公司股东(发起人)应当自公司成立之日起两年内缴足出资,投资公司可以在五年内缴足出资的规定;取消了一人有限责任公司股东应当一次足额缴纳出资的规定。二是放宽注册资本登记条件。除法律、行政法规以及国务院决定对公司注册资本最低限额另有规定的外,取消了有限责任公司最低注册资本 3 万元、一人有限责任公司最低注册资本 10 万元、股份有限公司最低注册资本 500 万元的限制;不再限制公司设立时股东(发起人)的首次出资比例;不再限制股东(发起人)的货币出资比例。三是简化例证事项和登记文件。有限责任公司股东认缴出资额、公司实收资本不再作为公司登记事项。公司登记时,不需要提交验资报告。

因上述修改,住房和城乡建设部将行业管理中涉及到除法律、行政法规以及国务院决定对公司注册资本实缴另有规定以外的各类企业、机构及其有关制度办法中涉及上述内容的,均做出了修改。

2) 对《房地产开发企业资质管理规定》的修改

该《规定》是为了加强房地产开发企业资质管理,规范房地产开发企业经营行为,根据《中华人民共和国城市房地产管理法》、《城市房地产开发经营管理条例》制定并于 2000 年 3 月 29 日发布实施。原规定对资质等级依据注册资本、从业业绩、专业人员结构及职称情况和基本管控水平等条件划分为四个等级。本次修改主要涉及到依据《公司法》修改内容对相关条款或内容做出"删除"。

3) 对《市政公用事业特许经营管理办法》的修改

此《办法》是为了加快推进市政公用事业市场化,规范市政公用事业特许经营活动,加强市场监管，保障社会公共利益和公共安全，促进市政公用事业健康发展，根据国家有关法律、法规，于2004年3月19日发布，2004年5月1日起实施。

《办法》所称市政公用事业特许经营，是指政府按照有关法律、法规规定，通过市场竞争机制选择市政公用事业投资者或者经营者，明确其在一定期限和范围内经营某项市政公用事业产品或者提供某项服务的制度。城市供水、供气、供热、公共交通、污水处理、垃圾处理等行业，依法实施特许经营的，适用该《办法》。

《办法》中第七条第二项原为"有相应的注册资本金和设施、设备"，本次修改删除了"有相应的注册资本金"。

4）对《城市房屋白蚁防治管理规定》的修改

该《规定》第一次发布于1999年10月15日（建设部第72号令），2004年7月20日根据《建设部关于修改〈城市房屋白蚁防治管理规定〉的决定》修正，全文共21条。本次修改涉及的是删除第6条第3项，内容为"第六条 设立白蚁防治单位，应具备以下条件（三）有30万元以上的注册资本"。

5）对《建设工程质量检测管理办法》的修改

为了加强对建设工程质量检测的管理，根据《中华人民共和国建筑法》、《建设工程质量管理条例》制定的该办法于2005年8月23日发布，自2005年11月1日起施行。全文共36条和两个附件。附件一为《质量检测的业务内容》；附件二为《检测机构资质标准》。此次修改删除了附件二中的第一条第一项，即"（一）专项检测机构的注册资本不少于100万元人民币，见证取样检测机构不少于80万元人民币。"

6）对《工程造价咨询企业管理办法》的修改

为了加强对工程造价咨询企业的管理，提高工程造价咨询工作质量，维护建设市场秩序和社会公共利益，根据《中华人民共和国行政许可法》、《国务院对确需保留的行政审批项目设定行政许可的决定》制定的该办法于2006年3月22日发布，自2006年7月1日起实施。"办法"共分六章44条。本次修改一是将"注册资本"改为"认缴出资"；二是删除了对注册资本金和股东出资证明内容，以符合《公司法》修改的主旨。

7）对《工程建设项目招标代理机构资格认定办法》的修改

为了加强对工程建设项目招标代理机构的资格管理，维护工程建设项目招标投标活动当事人的合法权益，根据《中华人民共和国招标投标法》、《中华人民共和国行政许可法》等有关法律和行政法规制定的该办法，于2007年1月11日发布，自2007年3月1日起施行。该办法共包括38条，对工程项目招标代理机构按组织设立、注册资本金、经营业绩、专业人员结构及执业资格获得情况划分为甲、乙和暂定级三个等级。本次修改主要依据《公司法》的修改，取消了对各等级企业的注册资本金、出资证明的要求。

8）对《城市生活垃圾管理办法》的修改

《城市生活垃圾管理办法》于2007年4月10日发布，自2007年7月1日起施行。该办法是为了加强城市生活垃圾管理，改善城市市容和环境卫生，根据《中华人民共和国固体废物污染环境防治法》、《城市市容和环境卫生管理条例》等法律、行政法规而制定。全文共七章51条。本次修改内容中被删除的第19条第一项内容为："第十九条 从事城市生活垃圾经营性清扫、收集、运输服务的企业，应当具备以下条件：（一）具备企业法人资格，从事垃圾清扫、收集的企业注册资本不少于人民币100万元，从事垃圾运输的企业注册资本不少于人民币 300 万元"；第 27 条第一项内容为："第二十七条　从事城市生活垃圾经营性处置服务的企业，应当具备以下条件：（一）具备企业法人资格，规模小于 100 吨/日的卫生填埋场和堆肥厂的注册资本不少于人民币 500 万元，规模大于 100 吨/日的卫生填埋场和堆肥厂的注册资本不少于人民币 5000 万元，焚烧厂的注册资本不少于人民币 1 亿元。"。其删除的依据为《公司法》修改后的相关内容要求。

9）对《工程监理企业资质管理规定》的修改

该《规定》于 2006 年 12 月 11 日发布，自 2007 年 8 月 1 日起施行，是为了加强工程监理企业资质管理，规范建设工程监理活动，维护建筑市场秩序，根据《中华人民共和国建筑法》、《中华人民共和国行政许可法》、《建设工程质量管理条例》等法律、行政法规而制定。全文共分 6 章 34 条和 2 个附件，分别对监理企业的资质等级和业务范围划分、资质的申请和审批、监督管理和法律责任予以规定。附件 1 和附件 2 分别列示了《专业资质注册监理工程师人数配备表》和《专业工程类别和等级表》。

此次修改的内容是将各条款中凡涉及"注册资本"的内容均修改为"具有符合国家有关规定的资产"，在符合《公司法》修改内容的基础上突出了行业要求。

10）对《建设工程勘察设计资质管理规定》的修改

该《规定》于 2006 年 12 月 30 日发布，自 2007 年 9 月 1 日起施行。全文共分六章 40 条，分别对资质的分级分类、申请和审批、监督管理和法律责任做出规定。此次修改，将第 3 条中"注册资本"修改为"资产"，实际是取消了对注册资本的要求，只规定以拥有的"资产"作为申请资质的条件之一。

11）对《物业服务企业资质管理办法》的修改

本办法是为加强对物业管理活动的监督管理，规范物业管理市场秩序，提高物业管理服务水平，根据《物业管理条例》而制定，于 2007 年 10 月 20 日发布，自发布之日起施行。全文共二十三条。本次修改删除了各资质等级物业服务企业的条件中关于注册资本的内容，同时删除了资质申请时需要提交验资报告的内容。

12）对《城乡规划编制单位资质管理规定》的修改

为加强对城乡规划编制单位的管理，规范城乡规划编制工作，保证城乡规划编制质量，根据《中华人民共和国城乡规划法》、《中华人民共和国行政许可法》等法律而制定。全文共六章四十三条，对资质等级与标准、申请与审批、监督管理和法律责任做出规定。本次修改全部删除了规定中对甲、乙、丙级城乡规划编制单位资质标准中注册资本要求的条款，同时删除了资质证书上标注的注册资本变更时需要办理变更手续的内容。

13）对《房屋建筑和市政基础设施工程施工图设计文件审查管理办法》的修改

为加强对房屋建筑工程、市政基础设施工程施工图设计文件审查的管理，提高工程勘察设计质量，根据《建设工程质量管理条例》、《建设工程勘察设计管理条例》等行政法规而制定。2013 年 4 月 27 日发布，2013 年 8 月 1 日起施行，全文共 31 条。此次修改的两处均为删除"注册资本"内容。

14）对《房地产估价机构管理办法》的修改

为了规范房地产估价机构行为，维护房地产估价市场秩序，保障房地产估价活动当事人合法权益，根据《中华人民共和国城市房地产管理法》、《中华人民共和国行政许可法》和《国务院对确需保留的行政审批项目设定行政许可的决定》等法律、行政法规而制定。

该办法 2005 年 10 月 12 日以建设部令第 142 号发布，根据 2013 年 10 月 16 日住房城乡建设部令第 14 号修正。全文共六章 56 条，主要对房地产估价机构的资质核准、分支机构设立、估价管理和法律责任做出规定。此次修改主要删除了对一、二、三级资质房地产估价机构条件中关于注册资金本的限定；删除了申请资质应提交材料中的出资证明材料；删除了注册资本或出资额变化需要到资质许可机关办理变更手续的规定。

3. 住房和城乡建设部关于修改《房屋建筑和市政基础设施工程施工分包管理办法》的决定

2014 年 8 月 27 日住房和城乡建设部部长陈政高签发第 19 号令，发布对《房屋建筑和市政基础设施工程施工分包管理办法》（以下简称本办法）的修改决定，自发布之日起施行，并重新发布了修改后的《办法》。

本《办法》是为了规范房屋建筑和市政基础设施工程施工分包活动，维护建筑市场秩序，保证工程质量和施工安全，根据《中华人民共和国建筑法》、《中华人民共和国招标投标法》、《建设工程质量管理条例》等有关法律、法规而制定。本《办法》适用于在中华人民共和国境内从事房屋建筑和市政基础设施工程施工分包活动；实施对房屋建筑和市政基础设施工程施工分包活动的监督管理。本《办法》共包括 20 条内容。

（1）主要内容

工程施工分包使总、分包的工作关系和法律关系有了新的内容，会影响到包括材料管理在内的各级专业工作的流程、职责和结果。现摘录部分内容以帮助材料员在工作中更明确工作职责及责任定位。

第四条 本《办法》所称施工分包，是指建筑业企业将其所承包的房屋建筑和市政基础设施工程中的专业工程或者劳务作业发包给其他建筑业企业完成的活动。

第五条 房屋建筑和市政基础设施工程施工分包分为专业工程分包和劳务作业分包。

本《办法》所称专业工程分包，是指施工总承包企业（以下简称专业分包工程发包人）将其所承包工程中的专业工程发包给具有相应资质的其他建筑业企业（以下简称专业分包工程承包人）完成的活动。

本《办法》所称劳务作业分包，是指施工总承包企业或者专业承包企业（以下简称劳务作业发包人）将其承包工程中的劳务作业发包给劳务分包企业（以下简称劳务作业承包人）完成的活动。

本《办法》所称分包工程发包人包括本条第二款、第三款中的专业分包工程发包人和劳务作业发包人；分包工程承包人包括本条第二款、第三款中的专业分包工程承包人和劳务作业承包人。

第六条 房屋建筑和市政基础设施工程施工分包活动必须依法进行。

鼓励发展专业承包企业和劳务分包企业，提倡分包活动进入有形建筑市场公开交易，完善有形建筑市场的分包工程交易功能。

第七条 建设单位不得直接指定分包工程承包人。任何单位和个人不得对依法实施的分包活动进行干预。

第八条 分包工程承包人必须具有相应的资质，并在其资质等级许可的范围内承揽业务。

严禁个人承揽分包工程业务。

第九条　专业工程分包除在施工总承包合同中有约定外，必须经建设单位认可。专业分包工程承包人必须自行完成所承包的工程。

劳务作业分包由劳务作业发包人与劳务作业承包人通过劳务合同约定。劳务作业承包人必须自行完成所承包的任务。

第十条　分包工程发包人和分包工程承包人应当依法签订分包合同，并按照合同履行约定的义务。分包合同必须明确约定支付工程款和劳务工资的时间、结算方式以及保证按期支付的相应措施，确保工程款和劳务工资的支付。

分包工程发包人应当在订立分包合同后7个工作日内，将合同送工程所在地县级以上地方人民政府建设行政主管部门备案。分包合同发生重大变更的，分包工程发包人应当自变更后7个工作日内，将变更协议送原备案机关备案。

第十一条　分包工程发包人应当设立项目管理机构，组织管理所承包工程的施工活动。项目管理机构应当具有与承包工程的规模、技术复杂程度相适应的技术、经济管理人员。其中，项目负责人、技术负责人、项目核算负责人、质量管理人员、安全管理人员必须是本单位的人员。具体要求由省、自治区、直辖市人民政府建设行政主管部门规定。

前款所指本单位人员，是指与本单位有合法的人事或者劳动合同、工资以及社会保险关系的人员。

第十二条　分包工程发包人可以就分包合同的履行，要求分包工程承包人提供分包工程履约担保；分包工程承包人在提供担保后，要求分包工程发包人同时提供分包工程付款担保的，分包工程发包人应当提供。

第十三条　禁止将承包的工程进行转包。不履行合同约定，将其承包的全部工程发包给他人，或者将其承包的全部工程肢解后以分包的名义分别发包给他人的，属于转包行为。

违反本《办法》第十二条规定，分包工程发包人将工程分包后，未在施工现场设立项目管理机构和派驻相应人员，并未对该工程的施工活动进行组织管理的，视同转包行为。

第十四条　禁止将承包的工程进行违法分包。下列行为，属于违法分包：

（一）分包工程发包人将专业工程或者劳务作业分包给不具备相应资质条件的分包工程承包人的；

（二）施工总承包合同中未有约定，又未经建设单位认可，分包工程发包人将承包工程中的部分专业工程分包给他人的。

第十五条　禁止转让、出借企业资质证书或者以其他方式允许他人以本企业名义承揽工程。

分包工程发包人没有将其承包的工程进行分包，在施工现场所设项目管理机构的项目负责人、技术负责人、项目核算负责人、质量管理人员、安全管理人员不是工程承包人本单位人员的，视同允许他人以本企业名义承揽工程。

第十六条　分包工程承包人应当按照分包合同的约定对其承包的工程向分包工程发包人负责。分包工程发包人和分包工程承包人就分包工程对建设单位承担连带责任。

第十七条　分包工程发包人对施工现场安全负责，并对分包工程承包人的安全生产进行管理。专业分包工程承包人应当将其分包工程的施工组织设计和施工安全方案报分包工程发包人备案，专业分包工程发包人发现事故隐患，应当及时作出处理。

分包工程承包人就施工现场安全向分包工程发包人负责，并应当服从分包工程发包人对施工现场的安全生产管理。

第十八条 违反本《办法》规定，转包、违法分包或者允许他人以本企业名义承揽工程的，按照《中华人民共和国建筑法》、《中华人民共和国招标投标法》和《建设工程质量管理条例》的规定予以处罚；对于接受转包、违法分包和用他人名义承揽工程的，处1万元以上3万元以下的罚款。

第十九条 未取得建筑业企业资质承接分包工程的，按照《中华人民共和国建筑法》第六十五条第三款和《建设工程质量管理条例》第六十条第一款、第二款的规定处罚。

此次修改将第十八条修改为："违反本办法规定，转包、违法分包或者允许他人以本企业名义承揽工程的，以及接受转包和用他人名义承揽工程的，按照《中华人民共和国建筑法》、《中华人民共和国招标投标法》和《建设工程质量管理条例》的规定予以处罚。具体办法由国务院住房城乡建设主管部门依据有关法律法规另行制定"。将第三条、第十条、第十一条中的"建设行政主管部门"修改为"住房城乡建设主管部门"。

（2）材料员工作提示

1）理清责任主体，建立责权对等的管理逻辑

本《办法》中的责任主体包括施工总承包企业、专业分包工程承包企业和劳务作业承包人。其中前两者，即施工总承包企业和专业承包企业分别可以成为劳务作业发包人。由此而建立的管理层级和管理关系，将影响着工程建设过程中各项制度、措施的贯彻实施。

作为施工总承包企业，可能产生的管理层级和管理关系包括：管理各专业分包工程承包人、管理各劳务作业承包人。必须设立项目管理机构，管理机构必须配备本单位的项目负责人、技术负责人、项目核算负责人、质量管理人员和安全管理人员；必须承担组织管理所承包工程的施工活动；必须与分包工程承包人签订分包合同。作为施工总承包企业中的材料管理人员，必须依据上述行政隶属关系、合同要求和管理逻辑实施材料员管理职责。通过严格执行经过审批、备案的技术方案，通过材料设备采购、供应、使用授权管理制度，实现对质量和成本的管控。

作为专业分包工程承包企业，既是分包工程承包人，也可以是劳务作业发包人。因此，既需要对施工总承包企业（专业分包工程发包人）负责，又需要承担对劳务作业承包管理的责任。作为专业分包工程承包企业中的材料管理人员，一是需要服从施工总承包企业的统一管理，对施工总承包企业确定的材料管理总目标负责；二是按照分包合同约定或者管理制度分工，抓好所在分包工程承包企业内部的材料管理；三是如果所在分包工程承包企业实施了劳务作业分包，还应对劳务作业分包人的材料工作负责按合同和管理制度履行职责。

作为劳务作业承包企业，必须严格履行分包合同。同时，服从施工总承包企业、专业分包工程承包企业和项目管理机构的管理，按照技术方案、管理制度组织劳务作业及其相应的专业工作。

2）加强合同管理，做好制度建设

所在施工项目的工程分包情况，影响着施工现场管理层级及其复杂程度。各类工程分包合同、采购合同决定着合同主体及其相关利益方的责任和工作效率。通常施工总承包企业会通过管理制度理顺各相关方的关系。因此，制度制定是否严谨、科学，执行中是否严

格，协调解决执行中的问题是否及时都将影响着工程建设的速度，影响着工作质量，也影响着各相关方的工作效率。目前，一些大型建筑施工企业推行"标准化"建设，意在发挥施工总承包企业的管理能力，把"分散"的施工项目管理统一到一个共同的标准，既实现了施工总承包企业的整体利益，也带动和影响了专业工程分包企业、劳务作业分包企业管理水平的提升，弥补了其专业管理力量不足的缺陷。

处于工程建设不同层级和不同角色企业的材料管理人员，应从所在工程项目的整体角度和高度审视材料管理工作的定位，理顺总、分包间的管理体系和责任分工，在做好本职本岗工作的同时，在兼顾整体利益的同时，最大限度地维护所在企业的利益。

3）识别违法行为，有效防范经营管理风险

材料员要按照第十三条、十四条、十五条等内容，识别禁止行为及其"变相"禁止行为，最大限度地降低材料采购、供应、使用和结算各环节的风险。

按照第十一条规定，现场材料员并非必须由本单位人员承担，若省、自治区、直辖市人民政府建设行政主管部门也未明确规定，则更应注重通过建立合同、制度，通过流程、手续等手段加强过程的管控。

4）关注修改内容

2014 年 8 月 27 日住房和城乡建设部第 19 号令，关于修改《房屋建筑和市政基础设施工程施工分包管理办法》的决定中，将原第十八条中"对于接受转包、违法分包和用他人名义承揽工程的，处 1 万元以上 3 万元以下的罚款"，修改为"具体办法由国务院住房城乡建设主管部门依据有关法律法规另行制定"，为进一步细化执法提供了依据。

此次修改还将第三条、第十条、第十一条中的"建设行政主管部门"修改为"住房城乡建设主管部门"，即明确了建设行政主管部门，减少可能产生的行政执法中的职能交叉、责任不清。

4.《建筑工程施工许可管理办法》

1999 年 10 月 15 日建设部签发第 71 号令，首次发布《建筑工程施工许可管理办法》，后经 2001 年 7 月 4 日建设部第 91 号令修正；2014 年 6 月 25 日住房和城乡建设部签发第 18 号令，再次发布《建筑工程施工许可管理办法》。

本《办法》根据《中华人民共和国建筑法》制定，旨在加强对建筑活动的监督管理，维护建筑市场秩序，保证建筑工程的质量和安全。办法规定，在中华人民共和国境内从事各类房屋建筑及其附属设施的建造、装修装饰和与其配套的线路、管道、设备的安装，以及城镇市政基础设施工程的施工，建设单位在开工前应当依照本办法的规定，向工程所在地的县级以上地方人民政府住房城乡建设主管部门申请领取施工许可证。本《办法》共有条款 20 条。

（1）主要内容

第三条　本《办法》规定应当申请领取施工许可证的建筑工程未取得施工许可证的，一律不得开工。

任何单位和个人不得将应当申请领取施工许可证的工程项目分解为若干限额以下的工程项目，规避申请领取施工许可证。

第四条　建设单位申请领取施工许可证，应当具备下列条件，并提交相应的证明文件：

（一）依法应当办理用地批准手续的，已经办理该建筑工程用地批准手续。

（二）在城市、镇规划区的建筑工程，已经取得建设工程规划许可证。

（三）施工场地已经基本具备施工条件，需要征收房屋的，其进度符合施工要求。

（四）已经确定施工企业。按照规定应当招标的工程没有招标，应当公开招标的工程没有公开招标，或者肢解发包工程，以及将工程发包给不具备相应资质条件的企业的，所确定的施工企业无效。

（五）有满足施工需要的技术资料，施工图设计文件已按规定审查合格。

（六）有保证工程质量和安全的具体措施。施工企业编制的施工组织设计中有根据建筑工程特点制定的相应质量、安全技术措施。建立工程质量安全责任制并落实到人。专业性较强的工程项目编制了专项质量、安全施工组织设计，并按照规定办理了工程质量、安全监督手续。

（七）按照规定应当委托监理的工程已委托监理。

（八）建设资金已经落实。建设工期不足一年的，到位资金原则上不得少于工程合同价的50%；建设工期超过一年的，到位资金原则上不得少于工程合同价的30%。建设单位应当提供本单位截至申请之日无拖欠工程款情形的承诺书或者能够表明其无拖欠工程款情形的其他材料，以及银行出具的到位资金证明，有条件的可以实行银行付款保函或者其他第三方担保。

（九）法律、行政法规规定的其他条件。

第五条 申请办理施工许可证，应当按照下列程序进行：

（一）建设单位向发证机关领取《建筑工程施工许可证申请表》。

（二）建设单位持加盖单位及法定代表人印鉴的《建筑工程施工许可证申请表》，并附本办法第四条规定的证明文件，向发证机关提出申请。

（三）发证机关在收到建设单位报送的《建筑工程施工许可证申请表》和所附证明文件后，对于符合条件的，应当自收到申请之日起十五日内颁发施工许可证；对于证明文件不齐全或者失效的，应当当场或者五日内一次告知建设单位需要补正的全部内容，审批时间可以自证明文件补正齐全后作相应顺延；对于不符合条件的，应当自收到申请之日起十五日内书面通知建设单位，并说明理由。

建筑工程在施工过程中，建设单位或者施工单位发生变更的，应当重新申请领取施工许可证。

第六条 建设单位申请领取施工许可证的工程名称、地点、规模，应当符合依法签订的施工承包合同。

施工许可证应当放置在施工现场备查，并按规定在施工现场公开。

第八条 建设单位应当自领取施工许可证之日起三个月内开工。因故不能按期开工的，应当在期满前向发证机关申请延期，并说明理由；延期以两次为限，每次不超过三个月。既不开工又不申请延期或者超过延期次数、时限的，施工许可证自行废止。

第九条 在建的建筑工程因故中止施工的，建设单位应当自中止施工之日起一个月内向发证机关报告，报告内容包括中止施工的时间、原因、在施部位、维修管理措施等，并按照规定做好建筑工程的维护管理工作。

建筑工程恢复施工时，应当向发证机关报告；中止施工满一年的工程恢复施工前，建设单位应当报发证机关核验施工许可证。

第十二条　对于未取得施工许可证或者为规避办理施工许可证将工程项目分解后擅自施工的，由有管辖权的发证机关责令停止施工，限期改正，对建设单位处工程合同价款1％以上2％以下罚款；对施工单位处3万元以下罚款。

第十三条　建设单位采用欺骗、贿赂等不正当手段取得施工许可证的，由原发证机关撤销施工许可证，责令停止施工，并处1万元以上3万元以下罚款；构成犯罪的，依法追究刑事责任。

第十四条　建设单位隐瞒有关情况或者提供虚假材料申请施工许可证的，发证机关不予受理或者不予许可，并处1万元以上3万元以下罚款；构成犯罪的，依法追究刑事责任。

建设单位伪造或者涂改施工许可证的，由发证机关责令停止施工，并处1万元以上3万元以下罚款；构成犯罪的，依法追究刑事责任。

第十五条　依照本办法规定，给予单位罚款处罚的，对单位直接负责的主管人员和其他直接责任人员处单位罚款数额5％以上10％以下罚款。

单位及相关责任人受到处罚的，作为不良行为记录予以通报。

第十七条　施工许可证分为正本和副本，正本和副本具有同等法律效力。复印的施工许可证无效。

第十八条　本《办法》关于施工许可管理的规定适用于其他专业建筑工程。有关法律、行政法规有明确规定的，从其规定。

《建筑法》第八十三条第三款规定的建筑活动，不适用本办法。

军事房屋建筑工程施工许可的管理，按国务院、中央军事委员会制定的办法执行。

第十九条　省、自治区、直辖市人民政府住房城乡建设主管部门可以根据本办法制定实施细则。

（2）材料员工作提示

随着经济、社会的快速发展，原《建筑工程施工许可管理办法》在实施过程中逐渐显现出一些无法适应当前建筑市场实际情况的问题。为修改完善我国建筑工程工程施工许可制度，在分析建筑工程施工许可实施过程中存在的问题，梳理了部分发达国家和地区建筑工程施工许可的具体做法的基础上，住建部进一步修改了我国《建筑工程施工许可管理办法》。

按照该办法的规定，建筑施工许可证的申请、领取、报告等均由建设单位实施。但在实际操作中往往是建筑施工企业代行各项工作或者具体操作实施。即使建设单位组织协调相关单位共同实施时，建筑施工企业也需要参与较多的内容。因此，学习该《办法》中的内容，了解申请和办理中相关手续，把握工作进度，对后续开展材料管理活动也有较大的帮助作用。

1）取得施工许可证是施工现场开工的必备条件

本办法适用于在中华人民共和国境内从事各类房屋建筑及其附属设施的建造、装修装饰和与其配套的线路、管道、设备的安装，以及城镇市政基础设施工程的施工工程。办法规定投资额在30万元以下或者建筑面积在300平方米以下的建筑工程，可以不申请办理施工许可证。省、自治区、直辖市人民政府住房城乡建设主管部门可以根据当地的实际情况对限额进行调整。按照国务院规定的权限和程序批准开工报告的建筑工程，不再领取施工许可证。

2）取得施工许可证是对工程建设参与各方利益的保护

第四条所列举的施工许可证的办理条件，表明施工现场必须具备工程建设的基本条件，具有这些条件才能使工程建设得以顺利推进。设计文件已按规定审查合格，从源头上保证了施工生产活动的规范；地上房屋征收进度符合施工要求，减少了施工中的制约因素；监理委托完成表明建筑施工活动已在建设单位的监管之中；建设资金落实程度可以确保工程项目得以推进。因此，办理并取得施工许可证将从法律层面更好地保护各方利益。

3）清晰政府主管部门与企业的社会关系

第五条明确了申请办理施工许可证的程度，使建设单位可以把握各项工作的推进速度，从而更准确地计划相关工作。政府主管部门严格遵循办理程度及时间限定，可以提高行政管理效率。对办理开工许可后的开工时间限定、中止和恢复时的报告制度等，用规章的形式予以限定，可以有效监督政府部门行政行为。

5.《建筑施工企业主要负责人、项目负责人和专职安全生产管理人员安全生产管理规定》

2014 年 6 月 25 日，住房和城乡建设部签发第 17 号令，发布《建筑施工企业主要负责人、项目负责人和专职安全生产管理人员安全生产管理规定》，自 2014 年 9 月 1 日起施行。此文件是为了加强房屋建筑和市政基础设施工程施工安全监督管理，提高建筑施工企业主要负责人、项目负责人和专职安全生产管理人员（以下合称"安管人员"）的安全生产管理能力，根据《中华人民共和国安全生产法》、《建设工程安全生产管理条例》等法律法规而制定。该《规定》要求，在中华人民共和国境内从事房屋建筑和市政基础设施工程施工活动的建筑施工企业的"安管人员"，参加安全生产考核，履行安全生产责任，以及对其实施安全生产监督管理，应当符合本规定。本规定共有六章 35 条。

（1）主要内容

安全生产的全员、全过程特点，决定了对安全生产相关法规的认识和理解必须全面和系统地知晓。既应确保本专业职责符合安全生产相关规定，同时要配合本《规定》所指"三类"人员的工作，确保企业和项目的安全运行。相关内容摘录如下：

第一章　总　　则

第三条　企业主要负责人，是指对本企业生产经营活动和安全生产工作具有决策权的领导人员。

项目负责人，是指取得相应注册执业资格，由企业法定代表人授权，负责具体工程项目管理的人员。

专职安全生产管理人员，是指在企业专职从事安全生产管理工作的人员，包括企业安全生产管理机构的人员和工程项目专职从事安全生产管理工作的人员。

第四条　国务院住房城乡建设主管部门负责对全国"安管人员"安全生产工作进行监督管理。

县级以上地方人民政府住房城乡建设主管部门负责对本行政区域内"安管人员"安全生产工作进行监督管理。

第二章 考 核 发 证

第五条 "安管人员"应当通过其受聘企业，向企业工商注册地的省、自治区、直辖市人民政府住房城乡建设主管部门（以下简称考核机关）申请安全生产考核，并取得安全生产考核合格证书。安全生产考核不得收费。

第六条 申请参加安全生产考核的"安管人员"，应当具备相应文化程度、专业技术职称和一定安全生产工作经历，与企业确立劳动关系，并经企业年度安全生产教育培训合格。

第七条 安全生产考核包括安全生产知识考核和管理能力考核。

安全生产知识考核内容包括：建筑施工安全的法律法规、规章制度、标准规范，建筑施工安全管理基本理论等。

安全生产管理能力考核内容包括：建立和落实安全生产管理制度、辨识和监控危险性较大的分部分项工程、发现和消除安全事故隐患、报告和处置生产安全事故等方面的能力。

第八条 对安全生产考核合格的，考核机关应当在 20 个工作日内核发安全生产考核合格证书，并予以公告；对不合格的，应当通过"安管人员"所在企业通知本人并说明理由。

第九条 安全生产考核合格证书有效期为 3 年，证书在全国范围内有效。

第十条 安全生产考核合格证书有效期届满需要延续的，"安管人员"应当在有效期届满前 3 个月内，由本人通过受聘企业向原考核机关申请证书延续。准予证书延续的，证书有效期延续 3 年。

对证书有效期内未因生产安全事故或者违反本规定受到行政处罚，信用档案中无不良行为记录，且已按规定参加企业和县级以上人民政府住房城乡建设主管部门组织的安全生产教育培训的，考核机关应当在受理延续申请之日起 20 个工作日内，准予证书延续。

第十一条 "安管人员"变更受聘企业的，应当与原聘用企业解除劳动关系，并通过新聘用企业到考核机关申请办理证书变更手续。考核机关应当在受理变更申请之日起 5 个工作日内办理完毕。

第十二条 "安管人员"遗失安全生产考核合格证书的，应当在公共媒体上声明作废，通过其受聘企业向原考核机关申请补办。考核机关应当在受理申请之日起 5 个工作日内办理完毕。

第十三条 "安管人员"不得涂改、倒卖、出租、出借或者以其他形式非法转让安全生产考核合格证书。

第三章 安 全 责 任

第十四条 主要负责人对本企业安全生产工作全面负责，应当建立健全企业安全生产管理体系，设置安全生产管理机构，配备专职安全生产管理人员，保证安全生产投入，督促检查本企业安全生产工作，及时消除安全事故隐患，落实安全生产责任。

第十五条 主要负责人应当与项目负责人签订安全生产责任书，确定项目安全生产考核目标、奖惩措施，以及企业为项目提供的安全管理和技术保障措施。

工程项目实行总承包的，总承包企业应当与分包企业签订安全生产协议，明确双方安全生产责任。

第十六条　主要负责人应当按规定检查企业所承担的工程项目，考核项目负责人安全生产管理能力。发现项目负责人履职不到位的，应当责令其改正；必要时，调整项目负责人。检查情况应当记入企业和项目安全管理档案。

第十七条　项目负责人对本项目安全生产管理全面负责，应当建立项目安全生产管理体系，明确项目管理人员安全职责，落实安全生产管理制度，确保项目安全生产费用有效使用。

第十八条　项目负责人应当按规定实施项目安全生产管理，监控危险性较大分部分项工程，及时排查处理施工现场安全事故隐患，隐患排查处理情况应当记入项目安全管理档案；发生事故时，应当按规定及时报告并开展现场救援。

工程项目实行总承包的，总承包企业项目负责人应当定期考核分包企业安全生产管理情况。

第十九条　企业安全生产管理机构专职安全生产管理人员应当检查在建项目安全生产管理情况，重点检查项目负责人、项目专职安全生产管理人员履责情况，处理在建项目违规违章行为，并记入企业安全管理档案。

第二十条　项目专职安全生产管理人员应当每天在施工现场开展安全检查，现场监督危险性较大的分部分项工程安全专项施工方案实施。对检查中发现的安全事故隐患，应当立即处理；不能处理的，应当及时报告项目负责人和企业安全生产管理机构。项目负责人应当及时处理。检查及处理情况应当记入项目安全管理档案。

第二十一条　建筑施工企业应当建立安全生产教育培训制度，制定年度培训计划，每年对"安管人员"进行培训和考核，考核不合格的，不得上岗。培训情况应当记入企业安全生产教育培训档案。

第二十二条　建筑施工企业安全生产管理机构和工程项目应当按规定配备相应数量和相关专业的专职安全生产管理人员。危险性较大的分部分项工程施工时，应当安排专职安全生产管理人员现场监督。

第四章　监　督　管　理

第二十三条　县级以上人民政府住房城乡建设主管部门应当依照有关法律法规和本《规定》，对"安管人员"持证上岗、教育培训和履行职责等情况进行监督检查。

第二十四条　县级以上人民政府住房城乡建设主管部门在实施监督检查时，应当有两名以上监督检查人员参加，不得妨碍企业正常的生产经营活动，不得索取或者收受企业的财物，不得谋取其他利益。

有关企业和个人对依法进行的监督检查应当协助与配合，不得拒绝或者阻挠。

第二十五条　县级以上人民政府住房城乡建设主管部门依法进行监督检查时，发现"安管人员"有违反本规定行为的，应当依法查处并将违法事实、处理结果或者处理建议告知考核机关。

第二十六条　考核机关应当建立本行政区域内"安管人员"的信用档案。违法违规行为、被投诉举报处理、行政处罚等情况应当作为不良行为记入信用档案，并按规定向社会公开。"安管人员"及其受聘企业应当按规定向考核机关提供相关信息。

第五章　法 律 责 任

第二十七条　"安管人员"隐瞒有关情况或者提供虚假材料申请安全生产考核的,考核机关不予考核,并给予警告;"安管人员"1年内不得再次申请考核。

"安管人员"以欺骗、贿赂等不正当手段取得安全生产考核合格证书的,由原考核机关撤销安全生产考核合格证书;"安管人员"3年内不得再次申请考核。

第二十八条　"安管人员"涂改、倒卖、出租、出借或者以其他形式非法转让安全生产考核合格证书的,由县级以上地方人民政府住房城乡建设主管部门给予警告,并处1000元以上5000元以下的罚款。

第二十九条　建筑施工企业未按规定开展"安管人员"安全生产教育培训考核,或者未按规定如实将考核情况记入安全生产教育培训档案的,由县级以上地方人民政府住房城乡建设主管部门责令限期改正,并处2万元以下的罚款。

第三十条　建筑施工企业有下列行为之一的,由县级以上人民政府住房城乡建设主管部门责令限期改正;逾期未改正的,责令停业整顿,并处2万元以下的罚款;导致不具备《安全生产许可证条例》规定的安全生产条件的,应当依法暂扣或者吊销安全生产许可证:

(一)未按规定设立安全生产管理机构的;

(二)未按规定配备专职安全生产管理人员的;

(三)危险性较大的分部分项工程施工时未安排专职安全生产管理人员现场监督的;

(四)"安管人员"未取得安全生产考核合格证书的。

第三十一条　"安管人员"未按规定办理证书变更的,由县级以上地方人民政府住房城乡建设主管部门责令限期改正,并处1000元以上5000元以下的罚款。

第三十二条　主要负责人、项目负责人未按规定履行安全生产管理职责的,由县级以上人民政府住房城乡建设主管部门责令限期改正;逾期未改正的,责令建筑施工企业停业整顿;造成生产安全事故或者其他严重后果的,按照《生产安全事故报告和调查处理条例》的有关规定,依法暂扣或者吊销安全生产考核合格证书;构成犯罪的,依法追究刑事责任。

主要负责人、项目负责人有前款违法行为,尚不够刑事处罚的,处2万元以上20万元以下的罚款或者按照管理权限给予撤职处分;自刑罚执行完毕或者受处分之日起,5年内不得担任建筑施工企业的主要负责人、项目负责人。

第三十三条　专职安全生产管理人员未按规定履行安全生产管理职责的,由县级以上地方人民政府住房城乡建设主管部门责令限期改正,并处1000元以上5000元以下的罚款;造成生产安全事故或者其他严重后果的,按照《生产安全事故报告和调查处理条例》的有关规定,依法暂扣或者吊销安全生产考核合格证书;构成犯罪的,依法追究刑事责任。

第三十四条　县级以上人民政府住房城乡建设主管部门及其工作人员,有下列情形之一的,由其上级行政机关或者监察机关责令改正,对直接负责的主管人员和其他直接责任人员依法给予处分;构成犯罪的,依法追究刑事责任:

(一)向不具备法定条件的"安管人员"核发安全生产考核合格证书的;

（二）对符合法定条件的"安管人员"不予核发或者不在法定期限内核发安全生产考核合格证书的；

（三）对符合法定条件的申请不予受理或者未在法定期限内办理完毕的；

（四）利用职务上的便利，索取或者收受他人财物或者谋取其他利益的；

（五）不依法履行监督管理职责，造成严重后果的。

（2）材料员工作提示

安全生产管理全员、全过程的特点，决定了建筑施工企业及施工现场必须实现最大限度的安全生产管理覆盖。构架从企业主要负责人到项目负责人直至专职安全生产管理人员的三级联防联控管理体系，以期最大限度地减少安全生产隐患、防范生产安全事故、处置紧急情况。为加强对上述三类人员在安全生产管理上的知识技能培训，目前实施持证上岗制度。

1）建立企业安全生产管理机构，"三类"人员履职到位

负责企业安全生产管理的"三类"人员包括：企业主要负责人、项目负责人、项目专职安全生产管理人员。其中，对企业主要负责人赋予了安全生产管理"顶层设计"的任务，因此其承担着企业范围内安全生产的全部责任。项目负责人对所在项目的安全生产管理全面负责，负有安全生产的直接责任。项目专职安全生产管理人员每天在施工现场开展安全检查，处理安全事故隐患，向项目负责人和安全生产管理机构报告有关事项。

企业安全生产管理机构中的专职安全生产管理人员负责企业范围内各工程项目的安全生产管理情况，重点检查项目负责人、项目专职安全生产管理人员履职情况，处理违规违章行为。

2）加强安全生产培训，提高安全预防能力

安全生产管理重在预防，安全生产培训是预防的重要措施之一。虽然本《规定》中并未明确要求企业必须进行培训的具体内容，但对培训的方式、周期、考核、取证及其履职检查做出规定；对违反规定的行为制定了处罚标准。

在施工现场的具体工作中，材料员是施工现场安全生产工作的重要参与者。一是材料设备的搬运、储存中存在着安全生产风险，材料员应有明确的识别能力和防范措施；二是材料设备自身的安全生产风险，即对材料的性能特点，设备的操作功能等，材料员应具备相应的专业知识和操作能力。三是材料设备交付劳务作业人员后的使用过程中的安全生产事故防范，应通过安全交底、使用监督实现安全运行。必要时采取旁站监督、专人看守等方式实现对安全生产的严防死守。

3）完善材料设备管理的安全生产管理制度

建立对危险品、超限（超长、超宽、超大、超重）材料设备的管理制度；制定完备的运输、保管和发放管控流程；加强对专业工程分包单位及劳务作业分包单位的检查、监督，加强对其相关人员的培训。通过班前会、安全交底、技术交底等多种渠道，提高各级管理人员和操作人员的安全生产意识和生产安全事故的防范能力。

6.《建筑工程施工发包与承包计价管理办法》

2013年12月11日，住房和城乡建设部签发第16号令，发布《建筑工程施工发包与承包计价管理办法》，自2014年2月1日起施行。原建设部2001年11月5日发布的《建筑工程施工发包与承包计价管理办法》（建设部令第107号）同予以废止。该办法为了规

范建筑工程施工发包与承包计价行为，维护建筑工程发包与承包双方的合法权益，促进建筑市场的健康发展，根据有关法律、法规而制定。适用于在中华人民共和国境内的建筑工程施工发包与承包计价。《办法》所称建筑工程是指房屋建筑和市政基础设施工程。《办法》所称工程发承包计价包括编制工程量清单、最高投标限价、招标标底、投标报价、进行工程结算，以及签订和调整合同价款等活动，共 27 条。

（1）主要内容

第三条　建筑工程施工发包与承包价在政府宏观调控下，由市场竞争形成。

工程发承包计价应当遵循公平、合法和诚实信用的原则。

第四条　国务院住房城乡建设主管部门负责全国工程发承包计价工作的管理。

县级以上地方人民政府住房城乡建设主管部门负责本行政区域内工程发承包计价工作的管理。其具体工作可以委托工程造价管理机构负责。

第五条　国家推广工程造价咨询制度，对建筑工程项目实行全过程造价管理。

第六条　全部使用国有资金投资或者以国有资金投资为主的建筑工程（以下简称国有资金投资的建筑工程），应当采用工程量清单计价；非国有资金投资的建筑工程，鼓励采用工程量清单计价。

国有资金投资的建筑工程招标的，应当设有最高投标限价；非国有资金投资的建筑工程招标的，可以设有最高投标限价或者招标标底。

最高投标限价及其成果文件，应当由招标人报工程所在地县级以上地方人民政府住房城乡建设主管部门备案。

第七条　工程量清单应当依据国家制定的工程量清单计价规范、工程量计算规范等编制。工程量清单应当作为招标文件的组成部分。

第八条　最高投标限价应当依据工程量清单、工程计价有关规定和市场价格信息等编制。招标人设有最高投标限价的，应当在招标时公布最高投标限价的总价，以及各单位工程的分部分项工程费、措施项目费、其他项目费、规费和税金。

第九条　招标标底应当依据工程计价有关规定和市场价格信息等编制。

第十条　投标报价不得低于工程成本，不得高于最高投标限价。

投标报价应当依据工程量清单、工程计价有关规定、企业定额和市场价格信息等编制。

第十一条　投标报价低于工程成本或者高于最高投标限价总价的，评标委员会应当否决投标人的投标。

对是否低于工程成本报价的异议，评标委员会可以参照国务院住房城乡建设主管部门和省、自治区、直辖市人民政府住房城乡建设主管部门发布的有关规定进行评审。

第十二条　招标人与中标人应当根据中标价订立合同。不实行招标投标的工程由发承包双方协商订立合同。

合同价款的有关事项由发承包双方约定，一般包括合同价款约定方式，预付工程款、工程进度款、工程竣工价款的支付和结算方式，以及合同价款的调整情形等。

第十三条　发承包双方在确定合同价款时，应当考虑市场环境和生产要素价格变化对合同价款的影响。

实行工程量清单计价的建筑工程，鼓励发承包双方采用单价方式确定合同价款。

建设规模较小、技术难度较低、工期较短的建筑工程，发承包双方可以采用总价方式确定合同价款。

紧急抢险、救灾以及施工技术特别复杂的建筑工程，发承包双方可以采用成本加酬金方式确定合同价款。

第十四条 发承包双方应当在合同中约定，发生下列情形时合同价款的调整方法：

（一）法律、法规、规章或者国家有关政策变化影响合同价款的；

（二）工程造价管理机构发布价格调整信息的；

（三）经批准变更设计的；

（四）发包方更改经审定批准的施工组织设计造成费用增加的；

（五）双方约定的其他因素。

第十五条 发承包双方应当根据国务院住房城乡建设主管部门和省、自治区、直辖市人民政府住房城乡建设主管部门的规定，结合工程款、建设工期等情况在合同中约定预付工程款的具体事宜。

预付工程款按照合同价款或者年度工程计划额度的一定比例确定和支付，并在工程进度款中予以抵扣。

第十六条 承包方应当按照合同约定向发包方提交已完成工程量报告。发包方收到工程量报告后，应当按照合同约定及时核对并确认。

第十七条 发承包双方应当按合同约定，定期或者按照工程进度分段进行工程款结算和支付。

第十八条 工程完工后，应当按照下列规定进行竣工结算：

（一）承包方应当在工程完工后的约定期限内提交竣工结算文件。

（二）国有资金投资建筑工程的发包方，应当委托具有相应资质的工程造价咨询企业对竣工结算文件进行审核，并在收到竣工结算文件后的约定期限内向承包方提出由工程造价咨询企业出具的竣工结算文件审核意见；逾期未答复的，按照合同约定处理，合同没有约定的，竣工结算文件视为已被认可。

非国有资金投资的建筑工程发包方，应当在收到竣工结算文件后的约定期限内予以答复，逾期未答复的，按照合同约定处理，合同没有约定的，竣工结算文件视为已被认可；发包方对竣工结算文件有异议的，应当在答复期内向承包方提出，并可以在提出异议之日起的约定期限内与承包方协商；发包方在协商期内未与承包方协商或者经协商未能与承包方达成协议的，应当委托工程造价咨询企业进行竣工结算审核，并在协商期满后的约定期限内向承包方提出由工程造价咨询企业出具的竣工结算文件审核意见。

（三）承包方对发包方提出的工程造价咨询企业竣工结算审核意见有异议的，在接到该审核意见后一个月内，可以向有关工程造价管理机构或者有关行业组织申请调解，调解不成的，可以依法申请仲裁或者向人民法院提起诉讼。

发承包双方在合同中对本条第（一）项、第（二）项的期限没有明确约定的，应当按照国家有关规定执行；国家没有规定的，可认为其约定期限均为 28 日。

第十九条 工程竣工结算文件经发承包双方签字确认的，应当作为工程决算的依据，未经对方同意，另一方不得就已生效的竣工结算文件委托工程造价咨询企业重复审核。发包方应当按照竣工结算文件及时支付竣工结算款。

竣工结算文件应当由发包方报工程所在地县级以上地方人民政府住房城乡建设主管部门备案。

第二十条 造价工程师编制工程量清单、最高投标限价、招标标底、投标报价、工程结算审核和工程造价鉴定文件，应当签字并加盖造价工程师执业专用章。

第二十一条 县级以上地方人民政府住房城乡建设主管部门应当依照有关法律、法规和本办法规定，加强对建筑工程发承包计价活动的监督检查和投诉举报的核查，并有权采取下列措施：

（一）要求被检查单位提供有关文件和资料；

（二）就有关问题询问签署文件的人员；

（三）要求改正违反有关法律、法规、本办法或者工程建设强制性标准的行为。

县级以上地方人民政府住房城乡建设主管部门应当将监督检查的处理结果向社会公开。

第二十二条 造价工程师在最高投标限价、招标标底或者投标报价编制、工程结算审核和工程造价鉴定中，签署有虚假记载、误导性陈述的工程造价成果文件的，记入造价工程师信用档案，依照《注册造价工程师管理办法》进行查处；构成犯罪的，依法追究刑事责任。

第二十三条 工程造价咨询企业在建筑工程计价活动中，出具有虚假记载、误导性陈述的工程造价成果文件的，记入工程造价咨询企业信用档案，由县级以上地方人民政府住房城乡建设主管部门责令改正，处1万元以上3万元以下的罚款，并予以通报。

第二十四条 国家机关工作人员在建筑工程计价监督管理工作中玩忽职守、徇私舞弊、滥用职权的，由有关机关给予行政处分；构成犯罪的，依法追究刑事责任。

第二十五条 建筑工程以外的工程施工发包与承包计价管理可以参照本办法执行。

（2）材料员工作提示

1）推行工程量清单计价、最高投标限价等制度

原建设部2003年发布了《建设工程工程量清单计价规范》，开始在全国推行工程量清单计价制度。目前，国有资金投资的建筑工程都已实行了工程量清单计价。关于工程量清单制度，主要做了以下规定：一是将编制工程量清单纳入办法（第二条）。二是规定国有资金投资的建筑工程，应当采用工程量清单计价；非国有资金投资的建筑工程，鼓励采用工程量清单计价（第六条）。三是规定将工程量清单作为编制最高投标限价和投标报价的重要依据（第八、十条）。四是规定工程量清单应作为招标文件的组成部分（第七条）。

为了提高招标公开透明度，防止暗箱操作，有效控制投资总额，防止高价围标，2012年2月实施的《招标投标法实施条例》设定了最高投标限价制度，该管理办法已将其作为条款予以约定，明确了最高投标限价制度，同时明确了其编制依据、公布方法等配套规定。关于最高投标限价制度，作了以下规定：一是将编制最高投标限价纳入办法（第二条）。二是规定国有资金投资的建筑工程招标的，应当设有最高投标限价；非国有资金投资的建筑工程招标的，招标人可以设有最高投标限价，也可以只设标底不设最高投标限价（第六条）。三是规定最高投标限价的编制依据，即依据工程量清单、工程计价有关规定和市场价格信息等编制（第八条第一款）。四是规定最高投标限价的公布方法，除了公布最高投标限价的总价外，还应公布组成总价的分部分项费用（第八条第二款）。五是规定投

标报价不得高于最高投标限价，如果高于最高投标限价的，评标委员会应当否决投标人的投标（第十一条）。

2）加强监管，预防和减少工程计价纠纷

2004年，财政部会同原建设部印发了《建设工程价款结算暂行办法》，对合同价款内容、约定方式、价款调整等作了比较具体的规定，对于预防和化解纠纷作用显著。管理办法将其上升为规章。

关于预防和减少计价纠纷，作了以下规定：一是推广工程造价咨询制度，对建筑工程项目实行全过程造价管理（第五条）。二是吸收《建设工程价款结算暂行办法》和《建设工程工程量清单计价规范》有关规定，补充完善了合同价款内容、合同价款的约定方式，以及合同价款调整方法（第十二条、十三条、第十四条）。三是规定预付工程款支付方式，明确按照合同价款或者年度工程计划额度的一定比例支付（第十五条）。四是完善了造价纠纷调解机制（第十八条）。

关于加强监督检查，作了以下规定：一是规定最高投标限价及其成果文件，以及竣工结算文件应报县级以上地方人民政府建设主管部门备案（第六条、第十九条）。二是规定了建设主管部门有权采取的监督检查措施（第二十一条）。三是对造价工程师、造价咨询企业的法律责任与有关规章作了衔接（第二十二条、第二十三条）。

加强监管，首先是解决好监管的主体和依据问题。本办法明确监管的主体是县级以上地方人民政府住房城乡建设主管部门，依据的是有关法律、法规和本办法规定。其次，各级监管部门要加强对建筑工程发承包计价活动日常的定期或不定期的监督检查，以及投诉举报的核查，并应当将监督检查的处理结果向社会公开。

按照《办法》规定，各级住房城乡建设主管部门在监督检查和核查投诉举报时，有权采取的措施有：要求被检查单位提供有关文件和资料；就有关问题询问签署文件的人员；要求改正违反有关法律、法规、本《办法》或者工程建设强制性标准的行为，并应当将监督检查的处理结果向社会公开。《办法》也规定国家机关工作人员在建筑工程计价监督管理工作中玩忽职守、徇私舞弊、滥用职权的，由有关机关给予行政处分；构成犯罪的，依法追究刑事责任。

3）加强合同管理，实施已完成工程量报告制度

工程建设领域拖欠工程款、拖欠工人工资，不按合同原则和程序结算，工程结算久拖不结，以及由此引发的工程造价纠纷及社会事件显著增多。这里有发包人的主观原因，更多的是签订合同时，合同价款确定、调整的内容和方法不明确，甚至相互矛盾，以及工程款支付和违约处罚条款不清晰。为了化解这些矛盾，该《办法》用大量的条款对发承包双方应当在合同中约定的工程预付款、工程进度款、措施项目费、工程结算款的确定方式和程序，调整因素、内容和方法，支付和结算方式等有关事项进行了细化。

已完成工程量报告是承包人向发包人按合同要求提交的已完工程的工程计量和价款申请报告，它的作用主要有两个：一是支付工程进度款；二是作为工程结算的重要依据。在实际工作中，它的第二个作用往往被忽视。已完成工程量报告，一是要按合同约定的计量周期进行定期编制；二是要按国家标准规定的工程量计算规范计算已完工程量；三是根据工程计量结果以及投标报价的综合单价、价款调整因素等完成已完工程造价的确定和应支付的工程款计算；最后由发包人核定后支付工程进度款。

4）认清材料造价在工程造价中的重要作用

就建筑工程建造成本而言，材料设备成本占居其中的70％左右。因此，材料设备价格不仅影响着计价、结算中量值的高低，而且其取价依据、认价方式也会影响着发承包双方合同价款的确定方式。虽然市场指导价、政府定价等已提供了绝大部分材料设备的价格参考，但毕竟建筑施工生产所涉及的材料品种繁多，新材料、新设备、新工艺还会使部分材料设备的价格存在调整空间。因此，材料员提供准确的价格参考及定价依据，对工程计价和工程结算起着重要的作用。

7. 《关于加快推动我国绿色建筑发展的实施意见》

2012年4月27日，财政部、住房和城乡建设部按照《国务院关于印发"十二五"节能减排综合性工作方案的通知》（国发〔2011〕26号）统一部署，为进一步深入推进建筑节能，加快发展绿色建筑，促进城乡建设模式转型升级，联合发布《关于加快推动我国绿色建筑发展的实施意见》（财建（2012）167号，以下简称实施意见）。实施意见就绿色建筑发展的重要意义、推动绿色建筑发展的主要目标与基本原则、建立健全绿色建筑标准规范及评价标识体系、建立高星级绿色建筑财政政策激励机制、推进绿色生态城区建设规模化发展绿色建筑、引导保障性住房及公益性行业优先发展绿色建筑、大力推进绿色建筑科技进步及产业发展、切实加强绿色建筑综合能力建设等提出意见。

（1）主要内容

节能、减排已不再是追求"卓越"的标志，而是缓解生存压力、挣脱发展束缚的必须。但是，在传统建筑施工领域推进"绿色建筑"确有其认识上的误区和实施上的难点。因此认真学习《关于加快推动我国绿色建筑发展的实施意见》，在提高认识的基础上实现专业管理上的转变十分重要。现将内容摘录如下：

一、充分认识绿色建筑发展的重要意义

绿色建筑是指满足《绿色建筑评价标准》GB/T 50378—2014，在全寿命周期内最大限度地节能、节地、节水、节材，保护环境和减少污染，为人们提供健康、适用和高效的使用空间，与自然和谐共生的建筑。

我国正处于工业化、城镇化和新农村建设快速发展的历史时期，深入推进建筑节能，加快发展绿色建筑面临难得的历史机遇。目前，我国城乡建设增长方式仍然粗放，发展质量和效益不高，建筑建造和使用过程能源资源消耗高、利用效率低的问题比较突出。大力发展绿色建筑，以绿色、生态、低碳理念指导城乡建设，能够最大效率地利用资源和最低限度地影响环境，有效转变城乡建设发展模式，缓解城镇化进程中资源环境约束；能够充分体现以人为本理念，为人们提供健康、舒适、安全的居住、工作和活动空间，显著改善群众生产生活条件，提高人民满意度，并在广大群众中树立节约资源与保护环境的观念；能够全面集成建筑节能、节地、节水、节材及环境保护等多种技术，极大带动建筑技术革新，直接推动建筑生产方式的重大变革，促进建筑产业优化升级，拉动节能环保建材、新能源应用、节能服务、咨询等相关产业发展。

各级财政、住房城乡建设部门要充分认识到推动发展绿色建筑，是保障改善民生的重要举措，是建设资源节约、环境友好型社会的基本内容，对加快转变经济发展方式，深入贯彻落实科学发展观都具有重要的现实意义。要进一步增强紧迫感和责任感，紧紧抓住难得的历史机遇，尽快制定有力的政策措施，建立健全体制机制，加快推动我国绿色建筑健康发展。

二、推动绿色建筑发展的主要目标与基本原则

（一）主要目标。切实提高绿色建筑在新建建筑中的比重，到 2020 年，绿色建筑占新建建筑比重超过 30%，建筑建造和使用过程的能源资源消耗水平接近或达到现阶段发达国家水平。"十三五"期间，加强相关政策激励、标准规范、技术进步、产业支撑、认证评估等方面能力建设，建立有利于绿色建筑发展的体制机制，以新建单体建筑评价标识推广、城市新区集中推广为手段，实现绿色建筑的快速发展，政府投资的公益性建筑和直辖市、计划单列市及省会城市的保障性住房全面执行绿色建筑标准。

（二）基本原则。加快推动我国绿色建筑发展必须遵循以下原则：因地制宜、经济适用，充分考虑各地经济社会发展水平、资源禀赋、气候条件、建筑特点，合理制定地区绿色建筑发展规划和技术路线，建立健全地区绿色建筑标准体系，实施有针对性的政策措施。整体推进、突出重点，积极完善政策体系，从整体上推动绿色建筑发展，并注重集中资金和政策，支持重点城市及政府投资公益性建筑在加快绿色建筑发展方面率先突破。合理分级、分类指导，按照绿色建筑星级的不同，实施有区别的财政支持政策，以单体建筑奖励为主，支持二星级以上的高星级绿色建筑发展，提高绿色建筑质量水平；以支持绿色生态城区发展为主要抓手，引导低星级绿色建筑规模化发展。激励引导、规范约束，在发展初期，以政策激励为主，调动各方加快绿色建筑发展的积极性，加快标准标识等制度建设，完善约束机制，切实提高绿色建筑标准执行率。

三、建立健全绿色建筑标准规范及评价标识体系，引导绿色建筑健康发展

（一）健全绿色建筑标准体系。尽快完善绿色建筑标准体系，制（修）订绿色建筑规划、设计、施工、验收、运行管理及相关产品标准、规程。加快制定适合不同气候区、不同建筑类型的绿色建筑评价标准。研究制定绿色建筑工程定额及造价标准。鼓励地方结合地区实际，制定绿色建筑强制性标准。编制绿色生态城区指标体系、技术导则和标准体系。

（二）完善绿色建筑评价制度。各地住房城乡建设、财政部门要加大绿色建筑评价标识制度的推进力度，建立自愿性标识与强制性标识相结合的推进机制，对按绿色建筑标准设计建造的一般住宅和公共建筑，实行自愿性评价标识，对按绿色建筑标准设计建造的政府投资的保障性住房、学校、医院等公益性建筑及大型公共建筑，率先实行评价标识，并逐步过渡到对所有新建绿色建筑均进行评价标识。

（三）加强绿色建筑评价能力建设。培育专门的绿色建筑评价机构，负责相关设计咨询、产品部品检测、单体建筑第三方评价、区域规划等。建立绿色建筑评价职业资格制度，加快培养绿色建筑设计、施工、评估、能源服务等方面的人才。

四、建立高星级绿色建筑财政政策激励机制，引导更高水平绿色建筑建设

（一）建立高星级绿色建筑奖励审核、备案及公示制度。各级地方财政、住房城乡建设部门将设计评价标识达到二星级及以上的绿色建筑项目汇总上报至财政部、住房和城乡建设部（以下简称"两部"），两部组织专家委员会对申请项目的规划设计方案、绿色建筑评价标识报告、工程建设审批文件、性能效果分析报告等进行程序性审核，对审核通过的绿色建筑项目予以备案；项目竣工验收后，其中大型公共建筑投入使用一年后，两部组织能效测评机构对项目的实施量、工程量、实际性能效果进行评价，并将符合申请预期目标

的绿色建筑名单向社会公示，接受社会监督。

（二）对高星级绿色建筑给予财政奖励。对经过上述审核、备案及公示程序，且满足相关标准要求的二星级及以上的绿色建筑给予奖励。2012年奖励标准为：二星级绿色建筑45元/平方米（建筑面积，下同），三星级绿色建筑80元/平方米。奖励标准将根据技术进步、成本变化等情况进行调整。

（三）规范财政奖励资金的使用管理。中央财政将奖励资金拨至相关省市财政部门，由各地财政部门兑付至项目单位。对公益性建筑、商业性公共建筑、保障性住房等，奖励资金兑付给建设单位或投资方；对商业性住宅项目，各地应研究采取措施主要使购房者得益。

五、推进绿色生态城区建设，规模化发展绿色建筑

（一）积极发展绿色生态城区。鼓励城市新区按照绿色、生态、低碳理念进行规划设计，充分体现资源节约环境保护的要求，集中连片发展绿色建筑。中央财政支持绿色生态城区建设，申请绿色生态城区示范应具备以下条件：新区已按绿色、生态、低碳理念编制完成总体规划、控制性详细规划以及建筑、市政、能源等专项规划，并建立相应的指标体系；新建建筑全面执行《绿色建筑评价标准》中的一星级及以上的评价标准，其中二星级及以上绿色建筑达到30％以上，两年内绿色建筑开工建设规模不少于200万平方米。

（二）支持绿色建筑规模化发展。中央财政对经审核满足上述条件的绿色生态城区给予资金定额补助。资金补助基准为5000万元，具体根据绿色生态城区规划建设水平、绿色建筑建设规模、评价等级、能力建设情况等因素综合核定。对规划建设水平高、建设规模大、能力建设突出的绿色生态城区，将相应调增补助额度。补助资金主要用于补贴绿色建筑建设增量成本及城区绿色生态规划、指标体系制定、绿色建筑评价标识及能效测评等相关支出。

六、引导保障性住房及公益性行业优先发展绿色建筑，使绿色建筑更多地惠及民生

（一）鼓励保障性住房按照绿色建筑标准规划建设。各地要切实提高公租房、廉租房及经济适用房等保障性住房建设水平，强调绿色节能环保要求，在制定保障性住房建设规划及年度计划时，具备条件的地区应安排一定比例的保障性住房按照绿色建筑标准进行设计建造。

（二）在公益性行业加快发展绿色建筑。鼓励各地在政府办公建筑、学校、医院、博物馆等政府投资的公益性建筑建设中，率先执行绿色建筑标准。结合地区经济社会发展水平，在公益性建筑中开展强制执行绿色建筑标准试点，从2014年起，政府投资公益性建筑全部执行绿色建筑标准。

（三）切实加大保障性住房及公益性行业的财政支持力度。绿色建筑奖励及补助资金、可再生能源建筑应用资金向保障性住房及公益性行业倾斜，达到高星级奖励标准的优先奖励，保障性住房发展一星级绿色建筑达到一定规模的也将优先给予定额补助。

七、大力推进绿色建筑科技进步及产业发展，切实加强绿色建筑综合能力建设

（一）积极推动绿色建筑科技进步。各级财政、住房城乡建设部门要鼓励支持建筑节能与绿色建筑工程技术中心建设，积极支持绿色建筑重大共性关键技术研究。加大高强钢、高性能混凝土、防火与保温性能优良的建筑保温材料等绿色建材的推广力度。要根据绿色建筑发展需要，及时制定发布相关技术、产品推广公告、目录，促进行业技术进步。

（二）大力推进建筑垃圾资源化利用。积极推进地级以上城市全面开展建筑垃圾资源化利用，各级财政、住房城乡建设部门要系统推行垃圾收集、运输、处理、再利用等各项工作，加快建筑垃圾资源化利用技术、装备研发推广，实行建筑垃圾集中处理和分级利用，建立专门的建筑垃圾集中处理基地。

（三）积极推动住宅产业化。积极推广适合住宅产业化的新型建筑体系，支持集设计、生产、施工于一体的工业化基地建设；加快建立建筑设计、施工、产品生产等环节的标准体系，实现住宅部品通用化，大力推广住宅全装修，推行新建住宅一次装修到位或菜单式装修，促进个性化装修和产业化装修相统一。

各级财政、住房城乡建设部门要按照本意见的部署和要求，统一思想，提高认识，认真抓好各项政策措施的落实，要与发改、科技、规划、机关事务等有关部门加强协调配合，落实工作责任，及时研究解决绿色建筑发展中的重大问题，科学组织实施，推动我国绿色建筑快速健康发展。

（2）材料员工作提示

1）逐步深化的绿色建筑概念

绿色建筑是在建筑的全寿命期内，最大限度地节约资源、保护环境和减少污染，为人们提供健康、适用和高效的使用空间，与自然和谐共生的建筑。随着社会的发展，不仅建造绿色建筑的技术上在不断突破，而且人们对绿色建筑的认识上也在逐步深入。

"十一五"以来，我国绿色建筑工作取得明显成效，既有建筑供热计量和节能改造超额完成"十一五"目标任务，新建建筑节能标准执行率大幅度提高，可再生能源建筑应用规模进一步扩大，国家机关办公建筑和大型公共建筑节能监管体系初步建立，都是实施绿色建筑的过程。但是建设模式粗放、能源资源消耗高、利用效率低，重规模轻效率、重外观轻品质、重建设轻管理，建筑使用寿命远低于设计使用年限等还在明显地影响着我们的日常建筑活动。

开展绿色建筑行动，以绿色、循环、低碳理念指导城乡建设，严格执行建筑节能强制性标准，扎实推进既有建筑节能改造，集约节约利用资源，提高建筑的安全性、舒适性和健康性，对转变城乡建设模式，破解能源资源瓶颈约束，改善群众生产生活条件，培育节能环保、新能源等战略性新兴产业，具有十分重要的意义和作用。要把开展绿色建筑行动作为贯彻落实科学发展观、大力推进生态文明建设的重要内容，把握我国城镇化和新农村建设加快发展的历史机遇，切实推动城乡建设走上绿色、循环、低碳的科学发展轨道，促进经济社会全面、协调、可持续发展。

2）发起绿色建筑行动方案

2013年1月1日国务院发布了《关于转发发展改革委住房城乡建设部绿色建筑行动方案的通知》，对新建建筑和既有建筑确定了工作目标：

新建建筑。城镇新建建筑严格落实强制性节能标准，"十二五"期间，完成新建绿色建筑10亿平方米；到2015年末，20%的城镇新建建筑达到绿色建筑标准要求。

既有建筑节能改造。"十二五"期间，完成北方采暖地区既有居住建筑供热计量和节能改造4亿平方米以上，夏热冬冷地区既有居住建筑节能改造5000万平方米，公共建筑和公共机构办公建筑节能改造1.2亿平方米，实施农村危房改造节能示范40万套。到2020年末，基本完成北方采暖地区有改造价值的城镇居住建筑节能改造。

3）明确现阶段的重点任务

切实抓好新建建筑节能工作。一是做好城乡建设规划。建立包括绿色建筑比例、生态环保、公共交通、可再生能源利用、土地集约利用、再生水利用、废弃物回收利用等内容的指标体系，将其纳入总体规划、控制性详细规划、修建性详细规划和专项规划，并落实到具体项目。做好城乡建设规划与区域能源规划的衔接，优化能源的系统集成利用。建设用地要优先利用城乡废弃地，积极开发利用地下空间。积极引导建设绿色生态城区，推进绿色建筑规模化发展。二是促进城镇绿色建筑发展。政府投资的国家机关、学校、医院、博物馆、科技馆、体育馆等建筑，直辖市、计划单列市及省会城市的保障性住房，以及单体建筑面积超过 2 万平方米的机场、车站、宾馆、饭店、商场、写字楼等大型公共建筑，自 2014 年起全面执行绿色建筑标准。积极引导商业房地产开发项目执行绿色建筑标准，鼓励房地产开发企业建设绿色住宅小区，切实推进绿色工业建筑建设。发展改革、财政、住房城乡建设等部门要修订工程预算和建设标准，各省级人民政府要制定绿色建筑工程定额和造价标准。严格落实固定资产投资项目节能评估审查制度，强化对大型公共建筑项目执行绿色建筑标准情况的审查。强化绿色建筑评价标识管理，加强对规划、设计、施工和运行的监管。三是推进绿色农房建设。各级住房城乡建设、农业等部门要加强农村村庄建设整体规划管理，制定村镇绿色生态发展指导意见，编制农村住宅绿色建设和改造推广图集、村镇绿色建筑技术指南，免费提供技术服务。大力推广太阳能热利用、围护结构保温隔热、省柴节煤灶、节能炕等农房节能技术；切实推进生物质能利用，发展大中型沼气，加强运行管理和维护服务。科学引导农房执行建筑节能标准。四是严格落实建筑节能强制性标准。住房城乡建设部门要严把规划设计关口，加强建筑设计方案规划审查和施工图审查，城镇建筑设计阶段要 100%达到节能标准要求。加强施工阶段监管和稽查，确保工程质量和安全，切实提高节能标准执行率。严格建筑节能专项验收，对达不到强制性标准要求的建筑，不得出具竣工验收合格报告，不允许投入使用并强制进行整改。鼓励有条件的地区执行更高能效水平的建筑节能标准。

4）推进既有建筑节能改造

加快实施"节能暖房"工程。以围护结构、供热计量、管网热平衡改造为重点，大力推进北方采暖地区既有居住建筑供热计量及节能改造，"十二五"期间完成改造 4 亿平方米以上，鼓励有条件的地区超额完成任务。

推动公共建筑节能改造。开展大型公共建筑和公共机构办公建筑空调、采暖、通风、照明、热水等用能系统的节能改造，提高用能效率和管理水平。鼓励采取合同能源管理模式进行改造，对项目按节能量予以奖励。推进公共建筑节能改造重点城市示范，继续推行"节约型高等学校"建设。"十二五"期间，完成公共建筑改造 6000 万平方米，公共机构办公建筑改造 6000 万平方米。

开展夏热冬冷和夏热冬暖地区居住建筑节能改造试点。以建筑门窗、外遮阳、自然通风等为重点，在夏热冬冷和夏热冬暖地区进行居住建筑节能改造试点，探索适宜的改造模式和技术路线。"十二五"期间，完成改造 5000 万平方米以上。住房城乡建设部门要严格落实工程建设责任制，严把规划、设计、施工、材料等关口，确保工程安全、质量和效益。节能改造工程完工后，应进行建筑能效测评，对达不到要求的不得通过竣工验收。加强宣传，充分调动居民对节能改造的积极性。

　　5）推进相关技术研发和推广，发展绿色建材

　　科技部门要研究设立绿色建筑科技发展专项，加快绿色建筑共性和关键技术研发，重点攻克既有建筑节能改造、可再生能源建筑应用、节水与水资源综合利用、绿色建材、废弃物资源化、环境质量控制、提高建筑物耐久性等方面的技术，加强绿色建筑技术标准规范研究，开展绿色建筑技术的集成示范。依托高等院校、科研机构等，加快绿色建筑工程技术中心建设。发展改革、住房城乡建设部门要编制绿色建筑重点技术推广目录，因地制宜推广自然采光、自然通风、遮阳、高效空调、热泵、雨水收集、规模化中水利用、隔音等成熟技术，加快普及高效节能照明产品、风机、水泵、热水器、办公设备、家用电器及节水器具等。

　　因地制宜、就地取材，结合当地气候特点和资源禀赋，大力发展安全耐久、节能环保、施工便利的绿色建材。加快发展防火隔热性能好的建筑保温体系和材料，积极发展烧结空心制品、加气混凝土制品、多功能复合一体化墙体材料、一体化屋面、低辐射镀膜玻璃、断桥隔热门窗、遮阳系统等建材。引导高性能混凝土、高强钢的发展利用，大力发展预拌混凝土、预拌砂浆。深入推进墙体材料革新，城市城区限制使用粘土制品，县城禁止使用实心粘土砖。发展改革、住房城乡建设、工业和信息化、质检部门要研究建立绿色建材认证制度，编制绿色建材产品目录，引导规范市场消费。质检、住房城乡建设、工业和信息化部门要加强建材生产、流通和使用环节的质量监管和稽查，杜绝性能不达标的建材进入市场。积极支持绿色建材产业发展，组织开展绿色建材产业化示范。

　　6）推动建筑工业化

　　国家将建立促进建筑工业化的设计、施工、部品生产等环节的标准体系，推动结构件、部品、部件的标准化，丰富标准件的种类，提高通用性和可置换性。推广适合工业化生产的预制装配式混凝土、钢结构等建筑体系，加快发展建设工程的预制和装配技术，提高建筑工业化技术集成水平。支持集设计、生产、施工于一体的工业化基地建设，开展工业化建筑示范试点。积极推行住宅全装修，鼓励新建住宅一次装修到位或菜单式装修，促进个性化装修和产业化装修相统一。

　　7）实现资源循环利用

　　加强城市规划管理，维护规划的严肃性和稳定性。城市人民政府以及建筑的所有者和使用者要加强建筑维护管理，对符合城市规划和工程建设标准、在正常使用寿命内的建筑，除基本的公共利益需要外，不得随意拆除。拆除大型公共建筑的，要按有关程序提前向社会公示征求意见，接受社会监督。

　　落实建筑废弃物处理责任制，按照"谁产生、谁负责"的原则进行建筑废弃物的收集、运输和处理。住房城乡建设、发展改革、财政、工业和信息化部门要制定实施方案，推行建筑废弃物集中处理和分级利用，加快建筑废弃物资源化利用技术、装备研发推广，编制建筑废弃物综合利用技术标准，开展建筑废弃物资源化利用示范，研究建立建筑废弃物再生产品标识制度。地级以上城市要因地制宜设立专门的建筑废弃物集中处理基地。

8. 《夏热冬冷地区既有居住建筑节能改造补助资金管理暂行办法》

　　2012年4月9日，财政部发布《关于印发〈夏热冬冷地区既有居住建筑节能改造补助资金管理暂行办法〉的通知》（财建［2012］148号）。为贯彻落实《国务院关于印发"十二五"节能减排综合性工作方案的通知》（国发［2011］26号）精神，中央财政将安

排资金专项用于对夏热冬冷地区实施既有居住建筑节能改造进行补助。为加强资金管理，发挥资金使用效益。财政部制定了《夏热冬冷地区既有居住建筑节能改造补助资金管理暂行办法》。本办法所称"夏热冬冷地区"是指长江中下游及其周边地区，确切范围由《民用建筑热工设计规范》GB 50176—1993规定。涉及的省份主要有：上海市、重庆市、江苏省、浙江省、安徽省、江西省、湖北省、湖南省、四川省、河南省、贵州省、福建省等。办法共分四章16条，分别对补助资金使用范围及标准、补助资金申请与拨付、补助资金的使用管理做出规定。

（1）主要内容

第一章　总　则

第三条　中央财政对2012年及以后开工实施的夏热冬冷地区既有居住建筑节能改造项目给予补助，补助资金采取由中央财政对省级财政专项转移支付方式，具体项目实施管理由省级人民政府相关职能部门负责。

第二章　补助资金使用范围及标准

第五条　补助资金使用范围：

（一）建筑外门窗节能改造支出；

（二）建筑外遮阳系统节能改造支出；

（三）建筑屋顶及外墙保温节能改造支出；

（四）财政部、住房和城乡建设部批准的与夏热冬冷地区既有居住建筑节能改造相关的其他支出。

第六条　补助资金将综合考虑不同地区经济发展水平、改造内容、改造实施进度、节能及改善热舒适性效果等因素进行计算，并将考虑技术进步与产业发展等情况逐年进行调整。2012年补助标准具体计算公式为：

某地区应分配补助资金额＝所在地区补助基准×∑（单项改造内容面积×对应的单项改造权重）。

地区补助基准按东部、中部、西部地区划分：东部地区15元/m²，中部地区20元/m²，西部地区25元/m²。

单项改造内容指建筑外门窗改造、建筑外遮阳节能改造及建筑屋顶及外墙保温节能改造三项，对应的权重系数分别为30％、40％，30％。

第三章　补助资金申请与拨付

第七条　省级财政部门会同住房城乡建设部门分年度对本地区既有居住建筑节能改造面积、具体内容、实施计划等进行汇总，上报财政部、住房城乡建设部。

第八条　财政部会同住房城乡建设部综合考虑有关省（自治区、直辖市、计划单列市）改造积极性、配套政策制定情况等因素，核定每年的改造任务及补助资金额度，并将70％补助资金预拨到省级财政部门。

第九条　省级财政部门在收到补助资金后，会同住房城乡建设部门及时将资金落实到具体项目。

第十条　财政部会同住房和城乡建设部根据各地每年实际完成的工作量、改造内容及实际效果核拨剩余补助资金，并在改造任务完成后，对当地补助资金进行清算。

第四章　补助资金的使用管理

第十一条　补助资金支付管理按照财政国库管理制度有关规定执行。

第十二条　各地要认真组织既有居住建筑节能改造工作，不得以节能改造为名进行大拆大建，应对拟改造的项目进行充分的技术经济论证，并严格按照建设程序办理相关手续。

（2）材料员工作提示

此《办法》是为落实国务院关于节能减排等相关文件的实施性文件，是绿色建筑行动方案的系列举措之一。通过补助夏热冬冷地区开展既有居住建筑的节能改造，既可实现试点先行、以点带面，又可总结经验逐步完善对既有居住建筑的改造升级。

材料员学习该《办法》，可进一步了解国家对既有居住建筑优先改造或优先补助的项目，例如建筑外门窗、建筑外遮阳系统、建筑屋顶及外墙节能保温等，有助于材料员把握建筑材料的绿色发展方向。同时，学习了解补助地区和补助资金的管理也将使材料员更加关注政策导向，与时俱进把握专业发展方向，提升材料管理工作水平。

9.《房屋建筑和市政基础设施工程质量监督管理规定》

2010年8月1日，住房和城乡建设部签发第5号令，发布《房屋建筑和市政基础设施工程质量监督管理规定》，自2010年9月1日起施行。该《规定》是为了加强房屋建筑和市政基础设施工程质量的监督，保护人民生命和财产安全，规范住房和城乡建设主管部门及工程质量监督机构的质量监督行为，根据《中华人民共和国建筑法》、《建设工程质量管理条例》等有关法律、行政法规而制定，适用于在中华人民共和国境内主管部门实施对新建、扩建、改建房屋建筑和市政基础设施工程质量的监督管理，规定共20条。

（1）主要内容

第四条　本《规定》所称工程质量监督管理，是指主管部门依据有关法律法规和工程建设强制性标准，对工程实体质量和工程建设、勘察、设计、施工、监理单位（以下简称工程质量责任主体）和质量检测等单位的工程质量行为实施监督。

本《规定》所称工程实体质量监督，是指主管部门对涉及工程主体结构安全、主要使用功能的工程实体质量情况实施监督。

本《规定》所称工程质量行为监督，是指主管部门对工程质量责任主体和质量检测等单位履行法定质量责任和义务的情况实施监督。

第五条　工程质量监督管理应当包括下列内容：

（一）执行法律法规和工程建设强制性标准的情况；

（二）抽查涉及工程主体结构安全和主要使用功能的工程实体质量；

（三）抽查工程质量责任主体和质量检测等单位的工程质量行为；

（四）抽查主要建筑材料、建筑构配件的质量；

（五）对工程竣工验收进行监督；

（六）组织或者参与工程质量事故的调查处理；

（七）定期对本地区工程质量状况进行统计分析；

（八）依法对违法违规行为实施处罚。

第六条 对工程项目实施质量监督，应当依照下列程序进行：

（一）受理建设单位办理质量监督手续；

（二）制订工作计划并组织实施；

（三）对工程实体质量、工程质量责任主体和质量检测等单位的工程质量行为进行抽查、抽测；

（四）监督工程竣工验收，重点对验收的组织形式、程序等是否符合有关规定进行监督；

（五）形成工程质量监督报告；

（六）建立工程质量监督档案。

第七条 工程竣工验收合格后，建设单位应当在建筑物明显部位设置永久性标牌，载明建设、勘察、设计、施工、监理单位等工程质量责任主体的名称和主要责任人姓名。

第八条 主管部门实施监督检查时，有权采取下列措施：

（一）要求被检查单位提供有关工程质量的文件和资料；

（二）进入被检查单位的施工现场进行检查；

（三）发现有影响工程质量的问题时，责令改正。

第九条 县级以上地方人民政府建设主管部门应当根据本地区的工程质量状况，逐步建立工程质量信用档案。

第十条 县级以上地方人民政府建设主管部门应当将工程质量监督中发现的涉及主体结构安全和主要使用功能的工程质量问题及整改情况，及时向社会公布。

第十八条 抢险救灾工程、临时性房屋建筑工程和农民自建低层住宅工程，不适用本《规定》。

第十九条 省、自治区、直辖市人民政府建设主管部门可以根据本《规定》制定具体实施办法。

（2）材料员工作提示

本管理规定可以理解为是对监督的再监督，即建设工程主管部门依据有关法律法规和工程建设强制性标准，对工程实体质量和工程建设、勘察、设计、施工、监理单位以及质量检测等单位的工程质量行为而实施的监督。

材料员应特别关注第五条工程质量监督的内容，对涉及本职工作的情况进行自律、自查。例如有关材料设备执行强制性标准情况；主要建筑材料、建筑构配件的质量等。建筑工程质量终身负责制已成趋势，对自己负责、对工作负责，对未来负责将成为职业操守。

（二）行业管理类新规章

建设行业包括城镇建设、运行和保障等多方面，各地区因地区特点、资源差异和历史沿革，有着不同的行政隶属或管辖划分。为加强行业的统一规范管理，为协调各行业间和行业内各产业间衔接配合，国务院各部委或联合多部委，通过发布行业规章实现对行业的规范管理。本节选取2010年1月1日后发布的部分行业管理规章，摘录部分内容为建筑企业材料员工作做出提示。

1.《城镇污水排入排水管网许可管理办法》

2015年1月22日，住房和城乡建设部发布《城镇污水排入排水管网许可管理办法》，自2015年3月1日起施行。

该《办法》是为了加强对污水排入城镇排水管网的管理，保障城镇排水与污水处理设施安全运行，防治城镇水污染，根据《中华人民共和国行政许可法》、《城镇排水与污水处理条例》等法律法规而制定。本《办法》适用于境内申请污水排入排水管网许可（以下称排水许可），对从事工业、建筑、餐饮、医疗等活动的企业事业单位、个体工商户（以下称排水户）向城镇排水设施排放污水的活动进行监督管理。直辖市、市、县人民政府城镇排水与污水处理主管部门（以下简称城镇排水主管部门）负责本行政区域内排水许可证书的颁发和监督管理。城镇排水主管部门可以委托专门机构承担排水许可审核管理的具体工作。

本《办法》规定，城镇排水设施覆盖范围内的排水户应当按照国家有关规定，将污水排入城镇排水设施。排水户向城镇排水设施排放污水，应当按照本办法的规定，申请领取排水许可证。未取得排水许可证，排水户不得向城镇排水设施排放污水。城镇居民排放生活污水不需要申请领取排水许可证。在雨水、污水分流排放的地区，不得将污水排入雨水管网。

（1）主要内容

建筑施工现场作为排水户，应申请办理许可，亦应服从被监督和被管理，现摘录相关条款如下：

第二章 许可申请与审查

第六条 排水户向所在地城镇排水主管部门申请领取排水许可证。城镇排水主管部门应当自受理申请之日起20日内做出决定。各类施工作业需要排水的，由建设单位申请领取排水许可证。

第八条 符合以下条件的，由城镇排水主管部门核发排水许可证：

（一）污水排放口的设置符合城镇排水与污水处理规划的要求；

（二）排放污水的水质符合国家或者地方的污水排入城镇下水道水质标准等有关标准；

（三）按照国家有关规定建设相应的预处理设施；

（四）按照国家有关规定在排放口设置便于采样和水量计量的专用检测井和计量设备；列入重点排污单位名录的排水户已安装主要水污染物排放自动监测设备；

（五）法律、法规规定的其他条件。

施工作业需排水的，建设单位应当已修建预处理设施，且排水符合本条第一款第二项规定的标准。

第九条 因施工作业需要向城镇排水设施排水的，排水许可证的有效期，由城镇排水主管部门根据排水状况确定，但不得超过施工期限。

第三章 管理和监督

第十二条 排水户应当按照排水许可证确定的排水类别、总量、时限、排放口位置和数量、排放的污染物项目和浓度等要求排放污水。

第十三条 排水户不得有下列危及城镇排水设施安全的行为：

（一）向城镇排水设施排放、倾倒剧毒、易燃易爆物质、腐蚀性废液和废渣、有害气体和烹饪油烟等；

（二）堵塞城镇排水设施或者向城镇排水设施内排放、倾倒垃圾、渣土、施工泥浆、油脂、污泥等易堵塞物；

（三）擅自拆卸、移动和穿凿城镇排水设施；

（四）擅自向城镇排水设施加压排放污水。

第十四条 排水户因发生事故或者其他突发事件，排放的污水可能危及城镇排水与污水处理设施安全运行的，应当立即停止排放，采取措施消除危害，并按规定及时向城镇排水主管部门等有关部门报告。

第二十五条 违反本《办法》规定，在城镇排水与污水处理设施覆盖范围内，未按照国家有关规定将污水排入城镇排水设施，或者在雨水、污水分流地区将污水排入雨水管网的，由城镇排水主管部门责令改正，给予警告；逾期不改正或者造成严重后果的，对单位处 10 万元以上 20 万元以下罚款；对个人处 2 万元以上 10 万元以下罚款，造成损失的，依法承担赔偿责任。

（2）材料员工作提示

不良的排水行为不仅造成排水与污水处理事故频发，还会涉及公共安全和排水与污水处理的安全，包括人员和设施的安全。因此，规范排水户行为，保障污水和污泥资源再生利用，保障排水与污水处理设施安全、顺利运行，都需要用规章的形式对排水户行为进行约定。工程项目的建筑活动，属于阶段性排水户，即在工程项目建造过程中的排水应遵循本办法。

目前，我国已有 30 多个省、自治区、直辖市推进排水许可制度，将排水许可制度写入地方法规，明确了许可证审批与管理办法。一些地方的立法中，还将垃圾中转、科研（有化学等实验室的）等活动的企事业单位纳入许可范围。

《办法》第八条就施工作业排水做出了明确规定，在建设项目施工方案、施工组织设计中应明确施工现场用水方案，铺设符合要求的排水设施，排放污水的水质符合国家或者地方的污水排入城镇下水道水质标准等有关标准。虽然办法规定排水许可证由建设单位申请和办理，但在实际工程中施工单位不仅需要完善相关设施的规划设计及铺设，还要提供相关的文件资料，因此了解申请排水许可证条件，了解有效期限规定，知晓排水类别、总量、时限、排放口位置和数量、排放的污染物项目和深度等要求才能保证建筑活动的正常、顺利进行。

材料员在施工现场的建筑活动中，应特别注意含有剧毒、易燃易爆物质、腐蚀性废液废渣、有害气体材料的发放，监督使用过程，严禁倒入排水设施。建立上述材料的剩余回收制度，防止倾倒和散失。施工现场设立食堂的，在符合食品卫生安全和消防安全等关于现场食堂管理的规定外，应特别设立隔油装置，避免烹饪油烟排入排水设施。加强施工现场建筑垃圾的统一收集和清运，不得将渣土、泥浆、油脂、污泥排入排水设施。建筑施工现场发生事故或其他突发事件时，应特别防止可能发生的危及城镇排水与污水处理设施安全运行的排放物。

《办法》第五条要求城镇排水主管部门会同环境保护主管部门确定重点排污单位名录

并向社会公布。依据《中华人民共和国水污染防治法》第二十三条第二款规定，"应当安装水污染物排放自动监测设备的重点排污单位名录"由地方环境保护主管部门商同级有关部门确定。目前，一些大型建筑施工企业（集团）中，存在为工程建设活动配套的相关产业，其生产过程或者相关工艺涉及污染物排放，如果被列入上述名录，应特别遵守相关规定。例如建筑门窗生产加工中的喷涂；机械加工和制造中的防腐处理；木质板材生产等，都存在污染排放，需要特别关注政策规定的内容和变化，注意地方政府的相关规定。

2.《房屋建筑和市政基础设施工程设计文件审查管理办法》

2013年4月27日，住房和城乡建设部发布《房屋建筑和市政基础设施工程设计文件审查管理办法》，自2013年8月1日起施行，原建设部2004年8月23日发布的《房屋建筑和市政基础设施工程施工图设计文件审查管理办法》（建设部令第134号）同时废止。该《办法》是为了加强对房屋建筑工程、市政基础设施工程施工图设计文件审查的管理，提高工程勘察设计质量，根据《建设工程质量管理条例》、《建设工程勘察设计管理条例》等行政法规而制定。在中华人民共和国境内从事房屋建筑工程、市政基础设施工程施工图设计文件审查和实施监督管理的，应当遵守本办法。该《办法》共分31条。

（1）主要内容

设计文件是施工企业建筑活动必须遵循的技术文件，也是材料员从事材料管理工作的主要依据。是否依法进行审查、审查结果及过程中的变更等事项，都影响着材料员工作。现摘录部分内容如下：

第三条　国家实施施工图设计文件（含勘察文件，以下简称施工图）审查制度。

本《办法》所称施工图审查，是指施工图审查机构（以下简称审查机构）按照有关法律、法规，对施工图涉及公共利益、公众安全和工程建设强制性标准的内容进行的审查。施工图审查应当坚持先勘察、后设计的原则。

施工图未经审查合格的，不得使用。从事房屋建筑工程、市政基础设施工程施工、监理等活动，以及实施对房屋建筑和市政基础设施工程质量安全监督管理，应当以审查合格的施工图为依据。

第六条　审查机构按承接业务范围分两类，一类机构承接房屋建筑、市政基础设施工程施工图审查业务范围不受限制；二类机构可以承接中型及以下房屋建筑、市政基础设施工程的施工图审查。

房屋建筑、市政基础设施工程的规模划分，按照国务院住房城乡建设主管部门的有关规定执行。

第九条　建设单位应当将施工图送审查机构审查，但审查机构不得与所审查项目的建设单位、勘察设计企业有隶属关系或者其他利害关系。送审管理的具体办法由省、自治区、直辖市人民政府住房城乡建设主管部门按照"公开、公平、公正"的原则规定。

第十一条　审查机构应当对施工图审查下列内容：

（一）是否符合工程建设强制性标准；

（二）地基基础和主体结构的安全性；

（三）是否符合民用建筑节能强制性标准，对执行绿色建筑标准的项目，还应当审查是否符合绿色建筑标准；

（四）勘察设计企业和注册执业人员以及相关人员是否按规定在施工图上加盖相应的

图章和签字；

（五）法律、法规、规章规定必须审查的其他内容。

第十四条　任何单位或者个人不得擅自修改审查合格的施工图；确需修改的，凡涉及本办法第十一条规定内容的，建设单位应当将修改后的施工图送原审查机构审查。

（2）材料员工作提示

1）关于施工图审查制度

施工图设计文件审查（以下简称"施工图审查"）是对施工图设计阶段的勘察文件、设计文件中涉及公共利益、公众安全和工程建设强制性标准内容进行的审查。我国的施工图审查制度设立源于 2000 年颁布的《建设工程质量管理条例》。2004 年《房屋建筑和市政基础设施工程施工图设计文件审查管理办法》（建设部令第 134 号）进一步细化和完善了这项制度。经过 10 多年来的实践，施工图审查工作取得了长足进步，质量监管成效显著，较好地发挥了及时发现、排除质量安全隐患，减少事故损失的作用，监督管理机制日趋规范。各地住房城乡建设主管部门也在实践中积极探索，创新管理机制，强化对审查工作管理，起到了很好的效果。

施工图审查制度在规范勘察设计市场行为、提升勘察设计企业技术水平、推动建筑节能政策贯彻落实等方面发挥了重要的作用。但随着经济社会和审查行业的发展，在实施过程中，也出现了一些亟待解决的问题。例如建设单位自行选择审查机构，为了承揽更多业务，审查机构接受建设单位不合理要求，审查工作的独立性和公正性难以保证。同时，对于审查机构审查行为的监管还不够完善，对于建设单位在施工图审查环节中的违法违规行为缺少监管等。在总结、吸纳施工图审查工作经验，充分听取各地意见的基础上，2013年对原办法进行了修订。

2）审查委托方式及内容

根据实践运行中的经验，由各省、自治区、直辖市按照"公开、公平、公正"的原则，确定本行政区域内施工图审查的具体委托方式（第九条）。鼓励有多个审查机构的城市采取摇号、轮候、计算机程序评分选择、行业自律协商等方法实施送审。防止审查机构受限于建设单位或者迎合建设单位不合理要求，保证施工图审查质量。

为贯彻国家节能、绿色环保等有关政策措施，按照"十二五"建筑节能专项规划和绿色建筑行动方案等文件要求，进一步推动城镇绿色建筑发展，要求审查机构对执行绿色建筑标准的项目进行绿色建筑标准审查（第十一条）。建设单位送审时应当书面告知项目所执行的绿色建筑设计相关标准等级。审查通过后，审查机构应在审查合格书中注明。

3）关注对材料设备的相关审查

从项目立项、规划设计、施工生产到竣工交付，都可能涉及到材料设备的功能类型、质量等级、价格及服务等的选择。材料员应根据建设项目的主要功能需求、造价要求及施工能力，对所选用的材料设备熟悉强制性标准要求，知晓常用结构材料的性能特点、生产制造水平；对执行绿色建筑标准的项目，还应熟悉选用材料设备满足绿色建筑标准要求的性能指标；结合所在地区实施的"推广"、"限制"和"淘汰"材料设备目录，为各阶段的决策提供依据，为编制施工组织设计和专项技术方案提供专业支持。

3. 住房和城乡建设部关于废止和修改部分规章的决定

2011 年 1 月 26 日，住房和城乡建设部发布《住房和城乡建房部关于废止和修改部分规章的决定》，自发布之日起施行。该决定涉及废止《城市房屋拆迁单位管理规定》、《城市地下水开发利用保护管理规定》、《开发区规划管理办法》、《城市异产毗连房屋管理规定》、《城市房地产中介服务管理规定》五项规章；涉及修改《城市公厕管理办法》、《城市国有土地使用权出让转让规划管理办法》、《建制镇规划建设管理办法》、《城建监察规定》、《城市建设档案管理规定》、《城市地下空间开发利用管理规定》、《住宅室内装饰装修管理办法》、《城市绿线管理办法》、《外商投资城市规划服务企业管理规定》、《城市抗震防灾规划管理规定》、《城市紫线管理办法》、《城市动物园管理规定》、《建设部关于纳入国务院决定的十五项行政许可的条件的规定》、《城市地下管线工程档案管理办法》、《城市黄线管理办法》、《城市蓝线管理办法》。该《规定》共十六条。

（1）主要内容

在修改的规章中，涉及到建筑施工企业及材料员工作的内容主要包括：

1. 将《城市公厕管理办法》（建设部令第 9 号）第十条第二款中的"征用"修改为"使用"，第十七条中的"《城市建设档案管理暂行规定》"修改为"《城市建设档案管理规定》"，第二十六条中的"《中华人民共和国治安管理处罚条例》"修改为"《中华人民共和国治安管理处罚法》"。

2. 将《城市国有土地使用权出让转让规划管理办法》（建设部令第 22 号）第一条中的"《中华人民共和国城市规划法》"修改为"《中华人民共和国城乡规划法》"。

3. 将《建制镇规划建设管理办法》（建设部令第 44 号）第一条中的"《城市规划法》"修改为"《城乡规划法》"，删除第三十二条中的"征用"，第四十七条中的"《治安管理处罚条例》"修改为"《治安管理处罚法》"。

4. 将《城建监察规定》（建设部令第 55 号）第七条第一项中的"《中华人民共和国城市规划法》"修改为"《中华人民共和国城乡规划法》"。

5. 将《城市建设档案管理规定》（建设部令第 90 号）第一条中的"《中华人民共和国城市规划法》"修改为"《中华人民共和国城乡规划法》"。

6. 将《城市地下空间开发利用管理规定》（建设部令第 108 号）第一条中的"《中华人民共和国城市规划法》"和第九条、第十二条中的"《城市规划法》"修改为"《中华人民共和国城乡规划法》"。

7. 将《住宅室内装饰装修管理办法》（建设部令第 110 号）第三十九条中的"《城市规划法》"修改为"《中华人民共和国城乡规划法》"。

8. 将《城市绿线管理办法》（建设部令第 112 号）第一条、第八条、第十二条、第十六条中的"《城市规划法》"修改为"《中华人民共和国城乡规划法》"。

9. 将《外商投资城市规划服务企业管理规定》（建设部令第 116 号）第一条中的"《中华人民共和国城市规划法》"修改为"《中华人民共和国城乡规划法》"。

10. 将《城市抗震防灾规划管理规定》（建设部令第 117 号）第一条、第二十三条中的"《中华人民共和国城市规划法》"修改为"《中华人民共和国城乡规划法》"。

11. 将《城市紫线管理办法》（建设部令第 119 号）第一条中的"《中华人民共和国城市规划法》"和第二十条中的"《城市规划法》"修改为"《中华人民共和国城乡规划法》"。

12. 将《城市动物园管理规定》（建设部令第 133 号）第三十一条中的"《中华人民共和国治安管理处罚条例》"修改为"《中华人民共和国治安管理处罚法》"。

13. 将《建设部关于纳入国务院决定的十五项行政许可的条件的规定》（建设部令第135号）的第十五项行政许可删除。

14. 将《城市地下管线工程档案管理办法》（建设部令第136号）第一条中的"《中华人民共和国城市规划法》"修改为"《中华人民共和国城乡规划法》"。

15. 将《城市黄线管理办法》（建设部令第144号）第一条、第十七条中的"《城市规划法》"修改为"《中华人民共和国城乡规划法》"。

16. 将《城市蓝线管理办法》（建设部令第145号）第一条、第十四条中的"《中华人民共和国城市规划法》"修改为"《中华人民共和国城乡规划法》"。

（2）材料员工作提示

随着法规、规章的逐步完善，部分"暂行"或"条例"的法规经试行完善后成为正式施行的规章或法律；部分法规、规章的试用范围也有所调整。本决定所涉及的16项修改规章主要涉及下列名称和词汇的变更，从中可以看到法规和规章的完善程度。

原名称或词汇	变更后名称或词汇
城市建设档案管理暂行规定	城市建设档案管理规定
治安管理处罚条例	治安管理处罚法
城市规划法	城乡规划法
征用	使用

第13项修改中删除的第十五项行政许可是"出租汽车经营资格证、车辆运营证和驾驶员客运资格证核发条件"。

4.《城市照明管理规定》

2010年5月27日，住房和城乡建设部发布《城市照明管理规定》，自2010年7月1日起施行。《城市道路照明设施管理规定》（建设部令第21号）、《建设部关于修改〈城市道路照明设施管理规定〉的决定》（建设部令第104号）同时废止。该《规定》是为了加强城市照明管理，促进能源节约，改善城市照明环境而制定。适用于城市照明的规划、建设、维护和监督管理。该规定共36条。

（1）主要内容

建筑企业是从事照明工程施工的主体，必须知晓《城市照明管理规定》管理要求。现将部分内容摘录如下：

第八条 从事城市照明工程勘察、设计、施工、监理的单位应当具备相应的资质；相关专业技术人员应当依法取得相应的执业资格。

第十条 新建、改建城市照明设施，应当根据城市照明专项规划确定各类区域照明的亮度、能耗标准，并符合国家有关标准规范。

第十一条 政府投资的城市照明设施的建设经费，应当纳入城市建设资金计划。

国家鼓励社会资金用于城市照明设施的建设和维护。

第十二条 新建、改建城市道路项目的功能照明装灯率应当达到100％。

与城市道路、住宅区及重要建（构）筑物配套的城市照明设施，应当按照城市照明规划建设，与主体工程同步设计、施工、验收和使用。

第十三条 对符合城市照明设施安装条件的建（构）筑物和支撑物，可以在不影响其功能和周边环境的前提下，安装照明设施。

第三章 节 约 能 源

第十四条 国家支持城市照明科学技术研究，推广使用节能、环保的照明新技术、新产品，开展绿色照明活动，提高城市照明的科学技术水平。

第十五条 国家鼓励在城市照明设施建设和改造中安装和使用太阳能等可再生能源利用系统。

第十六条 城市照明主管部门应当依据城市照明规划，制定城市照明节能计划和节能技术措施，优先发展和建设功能照明，严格控制景观照明的范围、亮度和能耗密度，并依据国家有关规定，限时全部淘汰低效照明产品。

第十七条 城市照明主管部门应当定期开展节能教育和岗位节能培训，提高城市照明维护单位的节能水平。

第十八条 城市照明主管部门应当建立城市照明能耗考核制度，定期对城市景观照明能耗等情况进行检查。

第十九条 城市照明维护单位应当建立和完善分区、分时、分级的照明节能控制措施，严禁使用高耗能灯具，积极采用高效的光源和照明灯具、节能型的镇流器和控制电器以及先进的灯控方式，优先选择通过认证的高效节能产品。

任何单位不得在城市景观照明中有过度照明等超能耗标准的行为。

第二十条 城市照明可以采取合同能源管理的方式，选择专业性能源管理公司管理城市照明设施。

第四章 管 理 和 维 护

第二十一条 城市照明主管部门应当建立健全各项规章制度，加强对城市照明设施的监管，保证城市照明设施的完好和正常运行。

第二十二条 城市照明设施的管理和维护，应当符合有关标准规范。

第二十三条 城市照明主管部门可以采取招标投标的方式确定城市照明设施维护单位，具体负责政府投资的城市照明设施的维护工作。

第二十四条 非政府投资建设的城市照明设施由建设单位负责维护；符合下列条件的，办理资产移交手续后，可以移交城市照明主管部门管理：

（一）符合城市照明专项规划及有关标准；

（二）提供必要的维护、运行条件；

（三）提供完整的竣工验收资料；

（四）城市人民政府规定的其他条件和范围。

第二十五条 政府预算安排的城市照明设施运行维护费用应当专款专用，保证城市照明设施的正常运行。

第二十六条 城市照明设施维护单位应当定期对照明灯具进行清扫，改善照明效果，并可以采取精确等量分时照明等节能措施。

第二十八条 任何单位和个人都应当保护城市照明设施，不得实施下列行为：

（一）在城市照明设施上刻划、涂污；

（二）在城市照明设施安全距离内，擅自植树、挖坑取土或者设置其他物体，或者倾倒含酸、碱、盐等腐蚀物或者具有腐蚀性的废渣、废液；

（三）擅自在城市照明设施上张贴、悬挂、设置宣传品、广告；

（四）擅自在城市照明设施上架设线缆、安置其他设施或者接用电源；

（五）擅自迁移、拆除、利用城市照明设施；

（六）其他可能影响城市照明设施正常运行的行为。

第二十九条 损坏城市照明设施的单位和个人，应当立即保护事故现场，防止事故扩大，并通知城市照明主管部门。

第五章 法律责任

第三十条 不具备相应资质的单位和不具备相应执业资格证书的专业技术人员从事城市照明工程勘察、设计、施工、监理的，依照有关法律、法规和规章予以处罚。

第三十一条 违反本规定，在城市景观照明中有过度照明等超能耗标准行为的，由城市照明主管部门责令限期改正；逾期未改正的，处以 1000 元以上 3 万元以下的罚款。

第三十四条 本规定下列用语的含义是：

（一）城市照明是指在城市规划区内城市道路、隧道、广场、公园、公共绿地、名胜古迹以及其他建（构）筑物的功能照明或者景观照明。

（二）功能照明是指通过人工光以保障人们出行和户外活动安全为目的的照明。

（三）景观照明是指在户外通过人工光以装饰和造景为目的的照明。

（四）城市照明设施是指用于城市照明的照明器具以及配电、监控、节能等系统的设备和附属设施等。

（2）材料员工作提示

1）城市照明的发展

城市照明最早始于人们的节日庆典活动，这些节日的灯光反映了人们对夜间公共生活的强烈需求。电的发明开创了城市照明的新纪元。城市的泛光照明与电力时代同步，始于 19 世纪末的美国，并于 20 世纪 30 年代在欧美国家出现一次高潮。到 20 世纪的后 50 年，特别是 20 世纪最后 10 年，在科技、经济、文化等各方面的综合作用下，城市照明又一次成为城市建设中备受关注的焦点。目前城市照明的建设发展已经成为一个城市经济繁荣的象征，它使城市突破时间的限制来展示自身的形象、活力和魅力，在城市发展旅游观光及促进文明进步等方面均有积极的意义。

国际上许多城市都采取了积极的行动，通过城市照明再塑和美化城市夜间形象，改善居住环境，同时也促进了城市商业与旅游业的繁荣与发展，给城市带来巨大的经济效益和社会效益。世界城市照明协会（Lighting Urbar Community International）的成立说明了发展城市照明事业已是世界性的潮流。在我国，住房和城乡建设部已经明确将城市照明相关规范、标准的编制任务纳入标准工作体系，也代表了城市照明事业在我国的发展正在步入科学化、规范化的新阶段。

我国的城市照明起步较晚，自 20 世纪 90 年代以来上海外滩和南京路的城市照明在国内外引起强烈的反响，并产生了很好的经济和社会效益，城市照明才迅速在各大城市发展。如照明方式由原来单一的白炽灯、霓虹灯发展成泛光灯、内透光、固体发光光源色边、激光、动态照明灯等多种照明方式，从过去单幢建筑照明发展为成片区的照明建设，从过去的只有节日开灯发展成经常性夜间亮灯等。种种变化表明我国的城市照明已从早期的道路功能照明阶段进入目前涵盖功能照明和景观照明的新阶段。

2)《城市照明管理规定》的意义和作用

近些年，我国城市照明建设步伐加快，对完善城市功能、改善城市环境、提高人民生活水平的作用显著。但是，城市照明特别是景观照明的过快发展，加大了能源的需求，低效率、高耗能、光污染等问题较为突出。认识的误区与实践的偏差，加大了能源消耗，也制约了城市照明健康、高效、安全、科学地发展，全社会节能用能、科学照明、保护环境的意识有待进一步加强。

该《规定》遵循以人为本、经济适用、节能环保、美化环境的原则，通过对于城市照明管理的加强和规范，进一步贯彻节能减排和可持续发展的要求，营造优美的城市照明环境。

该《规定》首次明确了"城市照明"的定义，第三十四条中指出："城市照明是指在城市规划区内城市道路、隧道、广场、住宅区、公园、公共绿地、名胜古迹以及其他建（构）筑物的功能照明或者景观照明"。这样清晰的描述，将"城市照明"与"道路照明"、"亮化工程"等名词区别开来，统一了行业名称，避免了业内称谓的混杂。该《规定》适用范围拓宽至从事城市照明的规划、建设、维护和监督管理的相关活动，不再仅局限于对道路照明设施的单一管理，而是对城市照明工作全方位、全过程的管理，既包括保障人们出行和户外活动安全为目的的功能照明，也包括以装饰和造景为目的的景观照明。

针对目前照明行业的现状，该《规定》首次明确了城市照明的考核制度和工作方法，强调节能意识，要求城市照明主管部门应当建立城市照明能耗考核制度，定期对城市景观照明能耗等情况进行检查。城市照明可以采取合同能源管理的方式，选择专业性能源管理公司管理城市照明设施。另外，《规定》还首次引入了照明设施维护市场的竞争机制，以市场为导向，建立推动和实施节能措施的新机制，推动城市照明节能的产业化进程，提高能源利用效率。

该《规定》的主要特征之一就是指出从事城市照明工程勘察、设计、施工、监理的单位应当具备相应资质，相关专业技术人员应当依法取得相应的执业资格。目前，城市照明管理体制较为复杂，有些地方由建设系统管理，有些地方属电力部门管理，还存在着多头管理、重复建设等问题。因此，该《规定》明确了国家、省、市三级主管部门对城市照明的管理责任，由地方人民政府确定城市照明主管部门，以达到建设部对城市照明工作"集中高效统一管理"的要求。

绿色低碳是城市照明发展的必然趋势。在城市中，城市建设直接影响着多数人群的生活质量，从白天到黑夜，现代城市生活需要有持久和连续的活动来增加活力。在此过程中，城市照明在组织和引导都市活动方面发挥着无可替代的作用。世界上许多城市已认识到，城市照明是一个城市展现其历史文化和自然风貌，提高城市居民生活水平的重要手段，城市照明对城市经济、社会、环境和发展有着重要的影响。因此城市照明已经成为世界城市建设的重要内容。

城市照明的发展目标体现在服务于城市的功能性、艺术性、以人为本以及可持续性发展等方面。可持续发展的含义是既满足现代人的生活需求，同时又不对后代人满足其需求的能力构成危害。城市照明的建设也需要提出相应对策，在满足功能的基础上，避免过度照明或不适当的照明设计而产生光污染、光干扰，减少有害物质的排放与能源的消耗。

节能与环保已成为当今世界普遍关注的问题。20 世纪 90 年代美国率先实施绿色照明计划，欧盟委员会也拟订了绿色照明实施计划。国家经贸委绿色照明工程办公室推出了四项绿色照明标准，并要求相关企业实行"中国绿色照明工程质量承诺"。由此可知，城市夜景观的节能已有了一个良好的开端，今后的绿色照明研究将进一步从产品、设计、管理等方面挖掘亮化节能潜力，以保护人们的生存环境。

目前，我国节能减排面临的形势仍然相当严峻。"十一五"确定的节能降耗和污染减排的目标尚未实现。国务院已确定要把节能减排作为当前加强宏观调控的重点，作为调整经济结构、转变增长方式的突破口和重要抓手，作为贯彻科学发展观和构建和谐社会的重要举措。

3）加强城市照明工程建设及相关产品的管理

该《规定》提倡运用绿色照明理念和技术，提升城市照明建设和发展的质量，满足城市发展和人民群众的要求。处理好城市照明快速发展与节能减排之间的关系，大力推广高效节能产品，切实贯彻落实资源节能的基本国策，促进城市照明事业科学、健康、可持续发展，具有现实意义。该《规定》的重点是城市照明的节能管理，以科学发展观为指导，创新管理模式，完善工作机制，避免过度照明，降低能耗。该《规定》也是城市照明管理行之有效经验的总结，是城市照明管理各项行为的法则。减少对环境的污染，逐步达到实现节能减排，绿色照明的目标，真正实现从人与人的和谐发展到人与自然的和谐。

（三）行政管理类新规章

行政类管理规章，是行政主体作为国家管理的执行机关，依法对经济和社会事务进行管理而制定的规定、办法、条例和通知。政府行政管理职能反映着国家行政管理活动的内容与基本方向，是行政行为本质的具体体现。我国的政府行政管理职能随着各项改革的深入和中国社会主义市场经济体制的逐步建立，也发生了相应变化和调整。在计划经济基础上，我国政府机构在职能上存在着党政不分，党政机关职能混淆，相互扯皮、效率不高的弊病。党的十六届三中全会通过的《关于完善社会主义市场经济体制的决定》明确了政府经济职能的范围，从而开启转变政府职能，把政府的职能由权力本位转变为服务本位，明确了建立与市场经济发展要求相适应的政府的改革目标。本节选取了住房和城乡建设部等部委 2010 年 1 月 1 日后发布的规章中，涉及行政隶属、行政管辖、行政审批的相关内容，摘录下来为建筑企业材料员工作做出提示。

1.《关于开展中央支持地下综合管廊试点工作的通知》和《关于组织申报 2015 年地下综合管廊试点城市的通知》

2014 年 12 月 26 日财政部下发通知，根据中央领导讲话精神和中央经济工作会要求，决定由财政部、住房和城乡建设部开展中央财政支持地下综合管廊的试点工作。根据《关于开展中央支持地下综合管廊试点工作的通知》（以下简称通知）（财建〔2014〕839 号，以下简称通知）精神，为更好地贯彻落实并能付诸实施，财政部与住房和城乡建设部于 2015 年 1 月 4 日联合发布了《关于组织申报 2015 年地下综合管廊试点城市的通知》（以下简称申报通知)。

(1) 主要内容

了解《通知》确定的试点范围及试点方式,可以知晓所承建项目的政策依据;了解《申报通知》才能完成相应的申报工作并能依此规范建设管理活动。相应内容摘录如下:

1.《通知》约定:中央财政对地下综合管廊试点城市给予专项资金补助,一定三年,具体补助数额按城市规模分档确定,直辖市每年5亿元,省会城市每年4亿元,其他城市每年3亿元。对采用PPP模式达到一定比例的,将按上述补助基数奖励10%。

2.《通知》明确:试点城市由省级财政、住建部门联合申报。试点城市应在城市重点区域建设地下综合管廊,将供水、热力、电力、通信、广播电视、燃气、排水等管线集中铺设,统一规划、设计、施工和维护,解决"马路拉链"问题,促进城市空间集约化利用。试点城市管廊建设应统筹考虑新区建设和旧城区改造,建设里程应达到规划开发、改造片区道路的一定比例,至少3类管线入廊。试点城市按三年滚动预算要求编制实施方案,实施方案编制指南另行印发。

3.《通知》要求:采取竞争性评审方式选择试点城市。财政部、住房和城乡建设部将对申报城市进行资格审核。对通过资格审核的城市,财政部、住房城乡建设部将组织城市公开答辩,由专家进行现场评审,现场公布评审结果。

4.《通知》明确:对试点工作开展绩效评价。财政部、住房和城乡建设部定期组织绩效评价,并根据绩效评价结果进行奖罚。评价结果好的,按中央财政补助资金基数10%给予奖励;评价结果差的,扣回中央财政补助资金。具体绩效评价办法另行制订。

5.《通知》要求:各地财政、住建部门应高度重视此项工作,积极谋划,组织有关城市做好实施方案编制工作,研究制定配套政策。具体申报工作另行通知。

6.《申报通知》明确:根据《通知》,财政部、住房和城乡建设部决定启动2015年中央财政支持地下综合管廊试点城市申报工作。为做好相关工作,规范操作流程,明确目标要求,特印发了《2015年地下综合管廊试点城市申报指南》(以下简称指南)。

7.《指南》虽然仅对2015年地下综合管廊试点城市的申报做出了工作指引,但其审核的内容、实施方案的编制及有关内容值得借鉴。《指南》主要包括三项内容:一是试点申报评审流程;二是评审内容;三是实施方案编制。

8.《指南》中明确申报流程需要经过省级推荐、资格审核和竞争性评审三个环节。2015年有意愿的省份可择优推荐1个城市。财政部、住房和城乡建设部将对推荐城市进行资格审核并公布通过资格审核的城市名单。对通过资格审核的城市,财政部、住房城乡建设部组织城市公开答辩,由专家进行现场评审,现场公布评审结果。

9.《指南》中的"评审内容"包括资格审核和竞争性审核。其中资格审核要求地下综合管廊建设长度不少于10公里。入廊管线不少于3类(含),编制完成3年实施方案(含至少1年的项目运营期);竞争性审核除审核地方政府重视程度外还要求:

1) 目标任务合理性。包括项目是否符合城市现有规划、布局在重点区域、具备开工条件(含在建);技术上是否符合标准规范、是否可行;是否具有完备的消防、供电、照明、通风、排水、标识、监控与报警等附属设施。

2) 投融资模式创新性。包括投资规模是否经济合理,建设和运营成本核算是否清晰,建设和运营模式是否有效采取政府和社会资本合作(PPP)模式(含管线单位合作模式),

采取 PPP 模式部分投资占项目总投资比例，是否充分体现"以地方及社会投入为主"，地方财力是否可承受等。

3）配套措施完整性。包括是否制定强制入廊政策、建设费用和运营费用合理分担政策、运营管理办法；是否有效进行标准体系建设、投入机制建设、绩效考核和监督机制建设及其他制度机制建设；是否采取有效措施加强能力建设等。

（2）材料员工作提示

1. 广义理解建设行业在社会发展中的地位和作用

在社会发展的不同阶段，行业和专业的划分带有明显的时代特征。目前我国正处于社会主义的初级阶段，推进城市化进程成为"两个一百年"的重要目标之一，但城市建设的速度、标准和途径参差不齐。大中型城市的核心区往往人口密集、功能设施多为逐步增加和分步改善居多。虽然许多城乡通过实施"开发区"的方式分解核心区的功能，但历史特色和文化传承仍然使核心区的功能完善成为很大需求。建设行业不仅包括新建设施也涵盖既有设施的改造；不仅包括城市建设，也涵盖村镇、风景区域建设。本《通知》所指内容是为改进城市建设中水、热、电、气、油、通讯、广播电视、排水等多头管理，在各自的建设中或缺乏协同实施、或没有统一规划而造成的"马路拉链"过多的问题，推进城市建设空间信息化利用，提高建设品质和服务功能而特别进行资助的项目。作为建筑施工企业和其中的材料管理人员，应跳出传统的思维桎梏，不仅把此类项目的施工和为此类工程提供材料保证作为己任，还应从此类项目的投资渠道、建设模式和运营规则上把握工作的方法和管理的内容。例如，以 BT、PPP 模式的智慧城市建设，将影响到施工生产的组织管理、物资成本的偿还及资产的运营等多方面。《指南》中的"竞争性审核"就将投融资模式创新性，特别是 PPP 模式等作为审核的重要内容。

2. 对有政策支持的事项，应特别注意支持的条件、方式和渠道。如果有否决性条件或惩罚性条款应作为行为的底线和特殊的事项加以规避。《通知》对补贴的额度、奖励的比例及惩罚性措施都做出了规定。

3. 为了使《通知》能够落地实施，财政部、住房和城乡建设部专项制定了申报《指南》，在 2015 年先行试点。从《指南》的审核内容中可以看出，享受中央财政专项支持实施综合管廊建设，必须由政府或其委托机构成立联合实体组织，协调不同区属、不同专业、不同运营方式的多个专业体系，方能实现"长度不少于 10 公里，入廊管理线不小于3 类"的最低限制。

2. 住房和城乡建设部关于修改《市政公用设施抗灾设防管理规定》等部门规章的决定

2015 年 1 月 22 日住房和城乡建设部为依法推进行政审批制度改革，对部门规定中涉及行政审批事项的审批主体等内容做出修订。主要涉及《市政公用设施抗灾设防管理规定》、《房屋建筑工程抗震设防管理规定》、《建筑施工企业安全生产许可证管理规定》、《实施工程建设强制性标准监督规定》和《城市房屋便器水箱应用监督管理办法》等。

（1）主要内容

1）将《市政公用设施抗灾设防管理规定》（住房城乡建设部令第 1 号）第四条第二款中的"建设主管部门"修改为"住房城乡建设主管部门"。其余条款依此修改。

将第六条修改为："国家鼓励采用符合工程建设标准的先进技术方法和材料设备，进行市政公用设施的抗灾设计与施工。市政公用设施勘察、设计文件中规定采用的新技术、新材料，可能影响市政公用设施抗灾安全，又没有国家技术标准的，应当按照国家有关规定经检测和审定后，方可使用。"

将第三十一条修改为："违反本规定，擅自使用没有国家技术标准又未经审定的新技术、新材料的，由县级以上地方人民政府住房城乡建设主管部门责令限期改正，并处以1万元以上3万元以下罚款。"

2）将《房屋建筑工程抗震设防管理规定》（建设部令148号）第四条中的"建设主管部门"修改为"住房城乡建设主管部门"。其余条款依此修改。

将第九条修改为："房屋建筑工程勘察、设计文件中规定采用的新技术、新材料，可能影响房屋建筑工程抗震安全，又没有国家技术标准的，应当按照国家有关规定经检测和审定后，方可使用。"

将第二十五条修改为："违反本规定，擅自使用没有国家技术标准又未经审定的新技术、新材料的，由县级以上地方人民政府住房城乡建设主管部门责令限期改正，并处以1万元以上3万元以下罚款。"

3）将《建筑施工企业安全生产许可证管理规定》（建设部令第128号）第三条第一款修改为："国务院住房城乡建设主管部门负责对全国建筑施工企业安全生产许可证的颁发和管理工作进行监督指导。"

将第三条第二款修改为："省、自治区、直辖市人民政府住房城乡建设主管部门负责本行政区域内建筑施工企业安全生产许可证的颁发和管理工作。"

将第三条第三款中的"建设主管部门"修改为"住房城乡建设主管部门"。其余条款依此修改。

将第五条修改为："建筑施工企业从事建筑施工活动前，应当依照本规定向企业注册所在地省、自治区、直辖市人民政府住房城乡建设主管部门申请领取安全生产许可证。"

4）将《实施工程建设强制性标准监督规定》（建设部令第81号）第一条修改为："为加强工程建设强制性标准实施的监督工作，保证建设工程质量，保障人民的生命、财产安全，维护社会公共利益，根据《中华人民共和国标准化法》、《中华人民共和国标准化法实施条例》、《建设工程质量管理条例》等法律法规制定本规定。"

将第三条中的"建设行政主管部门"修改为"住房城乡建设主管部门"，"有关行政主管部门"修改为"有关主管部门"。其余条款依此修改。

将第五条第一款修改为："建设工程勘察、设计文件中规定采用的新技术、新材料，可能影响建设工程质量和安全，又没有国家技术标准的，应当由国家认可的检测机构进行试验、论证，出具检测报告，并经国务院有关主管部门或者省、自治区、直辖市人民政府有关主管部门组织的建设工程技术专家委员会审定后方可使用。"

将第二十条修改为："违反工程建设强制性标准造成工程质量、安全隐患或者工程质量安全事故的，按照《建设工程质量管理条例》、《建设工程勘察设计管理条例》和《建设工程安全生产管理条例》的有关规定进行处罚。"

5）将《城市房屋便器水箱应用监督管理办法》（建设部令第17号发布，根据建设部令第103号修正）第四条修改为："原有房屋安装使用淘汰便器水箱和配件的，房屋产权单位应当制定更新改造计划，分期分批进行改造。"

将第十三条中的"城市建设行政主管部门"修改为"住房城乡建设主管部门"。

将第十四条中的"建设部"修改为"住房和城乡建设部"。

（2）材料员工作提示

1）对审批行权主体的调整

按照国家行政机构调整后的名称及功能定位，此令中涉及的各项部门规章中凡涉及"建设主管部门"的行权主体均调整为"住房和城乡建设主管部门"。除称谓改变外，对于部分地区可能存在的"建设主管部门"多头设置的情况增加了限定条件。

2）对《市政公用设施抗灾设防管理规定》的修改

重点对需要进行"核准"的事项调整了管控方法。

例如原第六条内容为："国家鼓励采用符合工程建设标准的先进技术方法和材料设备，进行市政公用设施的抗灾设计与施工。在工程设计和施工中采用可能影响市政公用设施抗灾能力，且无相应工程建设标准的新技术、新材料的，应当按照国家有关规定申请核准"，修改后将"申请核准"调整为"经检测和审定"。

例如原第三十一条规定"违反本规定，擅自采用没有工程建设标准又未经核准的新技术、新材料的，由县级以上地方人民政府建设主管部门责令限期改正，并处以1万元以上3万元以下罚款"，修改后将其中的"核准"调整为"审定"，调整了行权主体的边界和权力的"深"度。此条款同时修改了审批部门的称谓。

3）对《房屋建筑工程抗震设防管理规定》的修改

与2所述原则相同，即对可能影响房屋建筑安全又没有国家技术标准的新技术新材料由"核准"调整为"经检测和审定"。

4）对《建筑施工企业安全生产许可证管理规定》的修改

将《规定》的第三条第一款由"国务院建设主管部门负责中央管理的建筑施工企业安全生产许可证的颁发和管理"修改为"负责对全国建筑施工企业安全生产许可证的颁发和管理工作进行监督指导"，提高了住房和城乡建设部对全国建筑施工安全生产管理的等级，不再局限于"颁发"许可证的具体权限。同时也将中央管理的建筑施工企业安全生产许可证的管理权限下放到企业注册所在地区的行业主管部门。因此，第三条第二款中增加了省、自治区、直辖市人民政府建设主管部门对安全生产许可证的颁发和管理范围。也因此，第五条规定中调整了建筑施工企业申请领取安全生产许可证的途径，包括中央管理的建筑施工企业在内的任何建筑施工企业，均为向企业注册所在地的地方政府主管部门申请领取安全生产许可证。

5）对《实施工程建设强制性标准监督规定》的修改

除第一条的修改为修辞性修改外，特别将第三条中"有关行政主管部门"修改为"有关主管部门"，取消了对"行政"主管部门的限定。

对第五条的修改是对需要"报批"的事项调整为"审定"。原第五条的内容为："工程建设中拟采用的新技术、新工艺、新材料，不符合现行强制性标准规定的，应当由拟采用单位提请建设单位组织专题技术论证，报批准标准的建设行政主管部门或者国务院有关主管部门审定"。现将审定的流程调整为"由国家认可的检测机构进行试验、论证，出具检测报告，并经国务院有关主管部门或者省、自治区、直辖市人民政府有关主管部门组织的建设工程技术专家委员会审定后，方可使用"。

对第二十条的修改增加了判别"违反"的依据。原第二十条内容为："违反工程建设强制性标准造成工程质量、安全隐患或者工程事故的，按照《建设工程质量管理条例》有关规定，对事故责任单位和责任人进行处罚"，修改后增加了按照"《建设工程勘察设计管理条例》和《建筑工程安全生产管理条例》"有关规定进行处罚。

6）对《城市房屋便器水箱应用监督管理办法》的修改

在"绿色"、"节能"的大环境下，加大对资源消耗设施的限定和改造是必然的趋势。本《办法》原第四条的内容为："凡《通知》限定期限以前竣工的房屋，安装使用淘汰便器水箱和配件的，房屋产权单位应当制定更新改造计划，报城市建设行政主管部门批准，分批分期进行改造"，修改后取消了更新改造的范围限定，扩大至"原有房屋"，可理解为无论何时建造何时竣工，只要安装和使用了淘汰的便器均须分期分批进行改造。

其他修改为部门称谓的修改。

3. 《历史文化名城名镇名村街区保护规划编制审批办法》

该《办法》于 2014 年 10 月 18 日，由住房和城乡建设部发布，自 2014 年 12 月 29 日起施行。本《办法》是为了规范历史文化名城、名镇、名村、街区保护规划编制和审批工作，根据《中华人民共和国城乡规划法》和《历史文化名城名镇名村保护条例》等法律法规而制定。本《办法》规定，在历史文化名城、名镇、名村、街区保护范围内从事建设活动，改善基础设施、公共服务设施和居住环境，应当符合保护规划。本《办法》共有 27 条内容。

（1）主要内容

第十条 编制保护规划，应当遵守国家有关标准和技术规范，采用符合国家有关规定的基础资料。

历史文化名镇、名村、街区的核心保护范围内，确因保护需要无法按照有关的消防技术标准和规范设置消防设施和消防通道的，由城市、县人民政府公安机关消防机构会同同级城乡规划主管部门制订相应的防火安全保障方案。

因公共利益需要进行建设活动，对历史建筑无法实施原址保护、必须迁移异地保护或者拆除的，应当由城市、县人民政府城乡规划主管部门会同同级文物主管部门，报省、自治区、直辖市人民政府确定的保护主管部门会同同级文物主管部门批准。

第十五条 历史文化名城、名镇、名村、街区保护规划确定的核心保护范围和建设控制地带，按照以下方法划定：

（一）各级文物保护单位的保护范围和建设控制地带以及地下文物埋藏区的界线，以县级以上地方人民政府公布的保护范围、建设控制地带为准；

（二）历史建筑的保护范围包括历史建筑本身和必要的建设控制区；

（三）历史文化街区、名镇、名村内传统格局和历史风貌较为完整、历史建筑或者传统风貌建筑集中成片的地区应当划为核心保护范围，在核心保护范围之外划定建设控制地带；

（四）历史文化名城的保护范围，应当包括历史城区和其他需要保护、控制的地区；

（五）历史文化名城、名镇、名村、街区保护规划确定的核心保护范围和建设控制地带应当边界清楚，四周范围明确，便于保护和管理。

（2）材料员工作提示

近年来，我国在历史文化名城名镇名村的保护上取得了许多可喜的成绩和成功的经验，使得一些历史悠久且具有传统风貌的街巷和建筑得到了较为完整的保存。同时，也存在诸多认识理念和保护实践的误区，导致不少古村镇在经济发展和城镇建设的过程中无情地被拆除，或者在开发过程中出现了对于资源价值并不高的建筑群落等过度开发，造成了资金的浪费和历史文化名城名镇鱼龙混杂的局面。此条例的出台对于历史文化名城名镇名村的审核、开发和保护有着深远的影响和重要的指导作用。

1）提高对历史文化名城名镇名村的保护意识

为了更好地保护历史文化名城名镇名村，要特别强调加强保护的意识。认识到历史文化名城名镇名村的文化意义和保护价值，分清应该保护、必须保护以及应该怎么保护。否则可能出现投资越多，结果离要取得的效果越远的现象。没有正确的保护意识，盲目的开发只能把这些文化遗产毁掉。该条例对历史文化名城名镇名村的定义和保护做出了详细的定义，为历史文化名城名镇名村的规划与开发工作提供了指导。

2）了解保护措施和规定

该条例规定，在保护范围内从事建设活动，应当符合保护规划的要求，不得损害历史文化遗产的真实性和完整性，不得对其传统格局和历史风貌和空间尺度构成破坏性影响，继承和弘扬中华民族优秀传统文化，正确处理经济社会发展和历史文化遗产保护的关系。明确提出对于历史文化名城名镇名村要整体保护。所谓整体保护是指不仅保护文物古迹、历史街区，还要保持传统格局、历史风貌和空间尺度，不改变与其相互依存的自然景观和环境。根据当地经济社会发展水平，按照保护规划控制历史文化名城名镇名村的人口数量，改善其基础设施、公共服务设施和居住环境。

4.《城市规划违法违纪行为处分办法》

2012 年 12 月 3 日，监察部、人力资源社会保障部、住房和城乡建设部联合签发第 29 号令，公布《城市规划违法违纪行为处分办法》，自 2013 年 1 月 1 日起施行。该《办法》是为了加强城乡规划管理，惩处城乡规划违法违纪行为，根据《中华人民共和国城乡规划法》、《中华人民共和国行政监察法》、《中华人民共和国公务员法》、《行政机关公务员处分条例》及其他有关法律、行政法规而制定。《办法》共二十一条。

（1）主要内容

第六条　地方人民政府及其有关主管部门工作人员，利用职权或者职务上的便利，为自己或者他人谋取私利，有下列行为之一的，给予记过或者记大过处分；情节较重的，给予降级或者撤职处分；情节严重的，给予开除处分：

（一）违反法定程序干预控制性详细规划的编制和修改，或者擅自修改控制性详细规划的；

（二）违反规定调整土地用途、容积率等规划条件核发规划许可，或者擅自改变规划许可内容的；

（三）违反规定对违法建设降低标准进行处罚，或者对应当依法拆除的违法建设不予拆除的。

第八条　地方人民政府城乡规划主管部门及其工作人员在国有建设用地使用权出让合同签订后，违反规定调整土地用途、容积率等规划条件的，对有关责任人员给予警告或者记过处分；情节较重的，给予记大过或者降级处分；情节严重的，给予撤职处分。

第九条　地方人民政府城乡规划主管部门及其工作人员有下列行为之一的，对有关责任人员给予警告处分；情节较重的，给予记过或者记大过处分；情节严重的，给予降级处分：

（一）未依法对经审定的修建性详细规划、建设工程设计方案总平面图予以公布的；

（二）未征求规划地段内利害关系人意见，同意修改修建性详细规划、建设工程设计方案总平面图的。

第十条　县级以上地方人民政府城乡规划主管部门及其工作人员或者由省、自治区、直辖市人民政府确定的镇人民政府及其工作人员有下列行为之一的，对有关责任人员给予警告或者记过处分；情节较重的，给予记大过或者降级处分；情节严重的，给予撤职处分：

（一）违反规划条件核发建设用地规划许可证、建设工程规划许可证的；

（二）超越职权或者对不符合法定条件的申请人核发选址意见书、建设用地规划许可证、建设工程规划许可证、乡村建设规划许可证的；

（三）对符合法定条件的申请人不予核发或者未在法定期限内核发选址意见书、建设用地规划许可证、建设工程规划许可证、乡村建设规划许可证的；

（四）违反规划批准在历史文化街区、名镇、名村核心保护范围内进行新建、扩建活动或者违反规定批准对历史建筑进行迁移、拆除的；

（五）违反基础设施用地的控制界限（黄线）、各类绿地范围的控制线（绿线）、历史文化街区和历史建筑的保护范围界限（紫线）、地表水体保护和控制的地域（蓝线）等城乡规划强制性内容的规定核发规划许可的。

第十三条　县级以上人民政府有关部门及其工作人员有下列行为之一的，对有关责任人员给予警告或者记过处分；情节较重的，给予记大过或者降级处分；情节严重的，给予撤职处分：

（一）对未依法取得选址意见书的建设项目核发建设项目批准文件的；

（二）未依法在国有土地使用权出让合同中确定规划条件或者改变国有土地使用权出让合同中依法确定的规划条件的；

（三）对未依法取得建设用地规划许可证的建设单位划拨国有土地使用权的；

（四）对未在乡、村庄规划区建设用地范围内取得乡村建设规划许可证的建设单位或者个人办理用地审批手续，造成不良影响的。

第十四条　县级以上地方人民政府及其有关主管部门违反风景名胜区规划，批准在风景名胜区的核心景区内建设宾馆、培训中心、招待所、疗养院以及别墅、住宅等与风景名胜资源保护无关的其他建筑物的，对有关责任人员给予降级或者撤职处分。

第十五条　在国家级风景名胜区内修建缆车、索道等重大建设工程，项目的选址方案未经国务院住房城乡建设主管部门核准，县级以上地方人民政府有关主管部门擅自核发选址意见书的，对有关责任人员给予警告或者记过处分；情节较重的，给予记大过或者降级处分；情节严重的，给予撤职处分。

第十六条　建设单位及其工作人员有下列行为之一的，对有关责任人员给予警告、记过或者记大过处分；情节较重的，给予降级或者撤职处分；情节严重的，给予开除处分：

（一）未依法取得建设项目规划许可，擅自开工建设的；

（二）未经城乡规划主管部门许可，擅自改变规划条件、设计方案，或者不按照规划要求配建公共设施及配套工程的；

（三）以伪造、欺骗等非法手段获取建设项目规划许可手续的；

（四）未经批准或者未按照批准内容进行临时建设，或者临时建筑物、构筑物超过批准期限不拆除的；

（五）违反历史文化名城、名镇、名村保护规划在历史文化街区、名镇、名村核心保护范围内，破坏传统格局、历史风貌，或者擅自新建、扩建、拆除建筑物、构筑物或者其他设施的；

（六）违反风景名胜区规划在风景名胜区核心景区内建设宾馆、培训中心、招待所、疗养院以及别墅、住宅等与风景名胜资源保护无关的其他建筑物的。

（2）材料员工作提示

本《办法》的内容是对各级人民政府及其工作人员在执行《中华人民共和国城乡规划法》时做出的行为规定、违纪行为及其处分办法。建筑施工企业的材料员作为建筑活动的参与者，通过学习阅读相关规定，可以知晓办理相关审批、审查、核准事项时需要了解的"允许"与"不允许"事项，可以降低经营和生产活动中的风险，可以监督相关部门工作人员正确履行职责，可以有效配合建设单位开展相关工作，可以在建筑市场经营和建筑生产活动中保护自身的权益。

例如：容积率是规划条件的重要内容之一。为进一步规范建设用地容积率的管理，住房和城乡建设部于 2012 年颁布实施了《建设用地容积率管理办法》，该《办法》明确规定："任何单位和个人都应当遵守经依法批准的控制性详细规划确定的容积率指标，不得随意调整。确需调整的，应当按本《办法》的规定进行，不得以政府会议纪要等形式代替规定程序调整容积率。"因此，如果需要变更规划条件中的容积率，必须按照法定程序进行。《城乡规划法》第 43 条规定："建设单位应当按照规划条件进行建设；确需变更的，必须向城市、县人民政府城乡规划主管部门提出申请。变更内容不符合控制性详细规划的，城乡规划主管部门不得批准。城市、县人民政府城乡规划主管部门应当及时将依法变更后的规划条件通报同级土地主管部门并公示。建设单位应当及时将依法变更后的规划条件报有关人民政府土地主管部门备案。"

学习阅读第十六条对建设单位及其工作人员的行为约定，为我们在承接建设项目时，确认建设项目的合规性，防范经营风险提供了依据。

5.《关于对 2012 年太阳能光电建筑应用示范项目名单进行公示的通知》

2012 年 5 月 11 日，财政部经济建设司与住房和城乡建设部建筑节能与科技司联合发布通知，按照《太阳能光电建筑应用财政补助资金管理暂行办法》（财建〔2009〕129号）、《关于组织实施 2012 年太阳能光电建筑应用示范的通知》（财办建〔2011〕187 号）要求，根据专家评审意见，初步确定了 2012 年光电建筑应用示范项目名单。为确保评选的公开、公平、公正，特予以公示，同时对有关事项以通知形式予以发布。

（1）主要内容

一、根据光伏产品市场价格变化最新情况，对 2012 年度中央财政对太阳能光电建筑应用示范项目的补助标准进行了适当调整，具体为：对与建筑一般结合的利用形式（构件型与支架型），补助标准为 5.5 元/瓦；对与建筑物高度紧密结合的利用形式（建材型），补助标准为 7 元/瓦。项目与建筑结合方式根据申报材料及专家评审意见确定。

二、列入 2012 年光电建筑应用项目示范的单位须在项目批准后一年内，即 2013 年 5 月底前完成相应的光伏发电装机任务。需要退出示范的项目，申报单位请在公示期间提出书面退出申请。

三、任何单位和个人对公示的项目及内容如有不同意见，请说明存在的问题、详细原因、提供相关支撑材料，同时务必注明包括姓名、联系电话在内的详细联系方式。

（2）材料员工作提示

本通知依据的《太阳能光电建筑应用财政补助资金管理暂行办法》是 2009 年 3 月 23 日发布的《关于印发〈太阳能光电建筑应用财政补助资金管理暂行办法〉的通知》（财建〔2009〕129 号）。该《通知》是为了贯彻实施《可再生能源法》，落实国务院节能减排战略部署，加快太阳能光电技术在城乡建筑领域的应用而制定。全文主要内容如下：

<h2 style="text-align:center">太阳能光电建筑应用财政补助资金管理暂行办法</h2>

第一条　根据国务院《关于印发节能减排综合性工作方案的通知》（国发〔2007〕15 号）及《财政部 建设部关于印发〈可再生能源建筑应用专项资金管理暂行办法〉的通知》（财建〔2006〕460 号）精神，中央财政从可再生能源专项资金中安排部分资金，支持太阳能光电在城乡建筑领域应用的示范推广。为加强太阳能光电建筑应用财政补助资金（以下简称补助资金）的管理，提高资金使用效益，特制定本办法。

第二条　补助资金使用范围

（一）城市光电建筑一体化应用，农村及偏远地区建筑光电利用等给予定额补助。

（二）太阳能光电产品建筑安装技术标准规程的编制。

（三）太阳能光电建筑应用共性关键技术的集成与推广。

第三条　补助资金支持项目应满足以下条件：

（一）单项工程应用太阳能光电产品装机容量应不小于 50kWp；

（二）应用的太阳能光电产品发电效率应达到先进水平，其中单晶硅光电产品效率应超过 16%，多晶硅光电产品效率应超过 14%，非晶硅光电产品效率应超过 6%；

（三）优先支持太阳能光伏组件应与建筑物实现构件化、一体化项目；

（四）优先支持并网式太阳能光电建筑应用项目；

（五）优先支持学校、医院、政府机关等公共建筑应用光电项目。

第四条　鼓励地方出台与落实有关支持光电发展的扶持政策。满足以下条件的地区，其项目将优先获得支持。

（一）落实上网电价分摊政策；

（二）实施财政补贴等其他经济激励政策；

（三）制定出台相关技术标准、规程及工法、图集；

第五条　本《通知》发出之日前已完成的项目不予支持。

第六条　2009 年补助标准原则上定为 20 元/Wp，具体标准将根据与建筑结合程度、光电产品技术先进程度等因素分类确定。以后年度补助标准将根据产业发展状况予以适当调整。

第七条　申请补助资金的单位应为太阳能光电应用项目业主单位或太阳能光电产品生产企业，申请补助资金单位应提供以下材料：

（一）项目立项审批文件（复印件）；

（二）太阳能光电建筑应用技术方案；

（三）太阳能光电产品生产企业与建筑项目等业主单位签署的中标协议；

（四）其他需要提供的材料。

第八条 申请补助资金单位的申请材料按照属地原则，经当地财政、建设部门审核后，报省级财政、建设部门。

第九条 省级财政、建设部门对申请补助资金单位的申请材料进行汇总和核查，并于每年的 4 月 30 日、8 月 30 日前联合上报财政部、住房和城乡建设部。

第十条 财政部会同住房和城乡建设部对各地上报的资金申请材料进行审查与评估，确定示范项目及补助资金的额度。

第十一条 财政部将项目补贴总额预算的 70％下达到省级财政部门。省级财政部门在收到补助资金后，会同建设部门及时将资金落实到具体项目。

第十二条 示范项目完成后，财政部根据示范项目验收评估报告，达到预期效果的，通过地方财政部门将项目剩余补助资金拨付给项目承担单位。

第十三条 补助资金支付管理按照财政国库管理制度有关规定执行。

从《太阳能光电建筑应用财政补助资金管理暂行办法》可以看出中央财政对可再生能源利用政策导向，使企业有意愿研发、生产、采购和使用相关的技术工艺和产品。从第二条及第三条内容可以获知，建筑施工企业在承建的工程中采用太阳能光电相关新技术、应用和推广关键技术集成，可配合建设单位获得中央财政支持。

6.《房地产经纪管理办法》

2011 年 1 月 20 日，住房和城乡建设部、国家发展改革委员会、人力资源和社会保障部联合发布《房地产经纪管理办法》，自 2011 年 4 月 1 日起施行。该《办法》是为了规范房地产经纪活动，保护房地产交易及经纪活动当事人的合法权益，促进房地产市场健康发展，根据《中华人民共和国城市房地产管理法》、《中华人民共和国合同法》等法律法规而制定。在中华人民共和国境内从事房地产经纪活动应遵守本《办法》。该《办法》共 6 章 40 条，分别就房地产经纪机构和人员、房地产经纪活动、监督管理、法律责任做出规定。

（1）主要内容

第一章 总 则

第三条 本《办法》所称房地产经纪，是指房地产经纪机构和房地产经纪人员为促成房地产交易，向委托人提供房地产居间、代理等服务并收取佣金的行为。

第三章 房地产经纪活动

第十四条 房地产经纪业务应当由房地产经纪机构统一承接，服务报酬由房地产经纪机构统一收取。分支机构应当以设立该分支机构的房地产经纪机构名义承揽业务。

房地产经纪人员不得以个人名义承接房地产经纪业务和收取费用。

第二十二条 房地产经纪机构与委托人签订房屋出售、出租经纪服务合同，应当查看委托出售、出租的房屋及房屋权属证书，委托人的身份证明等有关资料，并应当编制房屋状况说明书。经委托人书面同意后，方可以对外发布相应的房源信息。

房地产经纪机构与委托人签订房屋承购、承租经纪服务合同，应当查看委托人身份证明等有关资料。

第二十三条 委托人与房地产经纪机构签订房地产经纪服务合同，应当向房地产经纪机构提供真实有效的身份证明。委托出售、出租房屋的，还应当向房地产经纪机构提供真实有效的房屋权属证书。委托人未提供规定资料或者提供资料与实际不符的，房地产经纪机构应当拒绝接受委托。

第五章 法 律 责 任

第三十三条 违反本《办法》，有下列行为之一的，由县级以上地方人民政府建设（房地产）主管部门责令限期改正，记入信用档案；对房地产经纪人员处以 1 万元罚款；对房地产经纪机构处以 1 万元以上 3 万元以下罚款：

（一）房地产经纪人员以个人名义承接房地产经纪业务和收取费用的；

（二）房地产经纪机构提供代办贷款、代办房地产登记等其他服务，未向委托人说明服务内容、收费标准等情况，并未经委托人同意的；

（三）房地产经纪服务合同未由从事该业务的一名房地产经纪人或者两名房地产经纪人协理签名的；

（四）房地产经纪机构签订房地产经纪服务合同前，不向交易当事人说明和书面告知规定事项的；

（五）房地产经纪机构未按照规定如实记录业务情况或者保存房地产经纪服务合同的。

（2）材料员工作提示

《房地产经纪管理办法》主要强调了加强"三项"管理。一是对房地产经纪机构的管理。依法治理未经备案从事房地产经纪业务、提供或者代办虚假证明材料、协助当事人签订"阴阳合同"、不履行必要告知说明义务，以及不实行明码标价、违规分解收费项目、变相提高收费标准等违法违规行为。对投诉率高、整改不力的房地产经纪机构，要通过限制网签资格、注销备案、公开曝光、记入信用档案等手段进行惩处，并将有关情况通报税收、金融、工商等部门。二是对房地产经纪人员的管理。房地产经纪服务合同应当加盖房地产经纪机构印章，并由房地产经纪人员签名。通过房地产经纪机构成交的房地产交易，办理交易过户时要提交房地产经纪人员签名的房地产经纪服务合同。未取得房地产经纪人员职业资格的，不得在房地产经纪服务合同上签字；从事辅助工作的人员，要建立实名登记和工作卡制度，挂牌上岗。加大对房地产经纪人员出借证书、虚假注册等违法违规行为的查处力度，建立注册执业人员的诚信记录，并将注册执业人员参加相关培训的情况记入个人执业记录。三，对商品房预（销）售行为的监管。房地产开发企业和房地产经纪机构要严格按照商品房预（销）售方案和申报价格对外销售。各地对无证售房、捂盘惜售、哄抬房价、发布虚假信息和广告、规避限购政策、违法返本销售和售后包租，以及不按规定明码标价、价外乱收费、价格欺诈等违法违规行为，要依法依规严肃处理；对不按要求公示价格信息、隐瞒真实情况以及群众投诉较多的房地产项目，要及时进行核实处理，情况查实的责令其限期整改，整改期间可暂停网签资格。要加大现场巡查力度，及时发现违法违规和不规范行为，并通过公开曝光、暂缓预售许可等手段加大惩处和监督力度，惩处情况及时通报国土、工商、金融等部门。

房地产经纪活动虽然并未与建筑活动和建筑施工中的材料管理发生直接关联，但是建筑企业作为房地产开发活动的关联企业，开发经营活动的规范性和有效性直接影响着建筑企业经营活动的合规性和经济往来的效率。因此，学习此办法将有助于建筑企业材料员了解产业链上游企业经营动态，把握建筑市场状态，从而做好本职工作。

7.《商品房租赁管理办法》

2010 年 12 月 1 日，住房和城乡建设部发布《商品房租赁管理办法》，自 2011 年 2 月 1 日起施行，建设部 1995 年 5 月 9 日发布的《城市房屋租赁管理办法》（建设部令第 42 号）同时废止。该《办法》是为加强商品房屋租赁管理，规范商品房屋租赁行为，维护商品房屋租赁双方当事人的合法权益，根据《中华人民共和国城市房地产管理法》等有关法律、法规而制定。本《办法》适用于城市规划区内国有土地上的商品房屋租赁及其监督管理。办法共 28 条。

（1）主要内容

第六条 有下列情形之一的房屋不得出租：

（一）属于违法建筑的；

（二）不符合安全、防灾等工程建设强制性标准的；

（三）违反规定改变房屋使用性质的；

（四）法律、法规规定禁止出租的其他情形。

第七条 房屋租赁当事人应当依法订立租赁合同。房屋租赁合同的内容由当事人双方约定，一般应当包括以下内容：

（一）房屋租赁当事人的姓名（名称）和住所；

（二）房屋的坐落、面积、结构、附属设施，家具和家电等室内设施状况；

（三）租金和押金数额、支付方式；

（四）租赁用途和房屋使用要求；

（五）房屋和室内设施的安全性能；

（六）租赁期限；

（七）房屋维修责任；

（八）物业服务、水、电、燃气等相关费用的缴纳；

（九）争议解决办法和违约责任；

（十）其他约定。

房屋租赁当事人应当在房屋租赁合同中约定房屋被征收或者拆迁时的处理办法。

建设（房地产）管理部门可以会同工商行政管理部门制定房屋租赁合同示范文本，供当事人选用。

第八条 出租住房的，应当以原设计的房间为最小出租单位，人均租住建筑面积不得低于当地人民政府规定的最低标准。

厨房、卫生间、阳台和地下储藏室不得出租供人员居住。

第十条 承租人应当按照合同约定的租赁用途和使用要求合理使用房屋，不得擅自改动房屋承重结构和拆改室内设施，不得损害其他业主和使用人的合法权益。

承租人因使用不当等原因造成承租房屋和设施损坏的，承租人应当负责修复或者承担赔偿责任。

第十一条 承租人转租房屋的，应当经出租人书面同意。

承租人未经出租人书面同意转租的，出租人可以解除租赁合同，收回房屋并要求承租人赔偿损失。

第十二条 房屋租赁期间内，因赠予、析产、继承或者买卖转让房屋的，原房屋租赁合同继续有效。

承租人在房屋租赁期间死亡的，与其生前共同居住的人可以按照原租赁合同租赁该房屋。

（2）材料员工作提示

加强住宅商品房租赁市场监管，依法从事商品房租赁管理，对提供虚假租赁房源、改变房屋内部结构分割出租、隐瞒真实房屋租赁信息，以及为不符合安全、防灾等强制性标准或属于违法建筑的房屋提供租赁经纪服务等违法违规行为有所识别、认知，在遵守《商品房租赁管理办法》规定基础上最大限度地保护企业利益。